인물로 보는 우리 역사 ❸

전쟁영웅 이야기

박윤규

1963년 경남 산청에서 태어나 중앙대학교에서 문예창작을 공부했다. '오월문학상'에 소설이, '세계일보 신춘문예'에 시가 각각 당선되어 문단에 나온 뒤, '계간 아침햇살'에 동화를 발표하면서 동화작가로 본격적인 활동을 시작했다. 우리 역사에 깊은 애정을 가지고 잘못 알려지거나 숨겨진 우리 역사를 바른 시각에서 바라볼 수 있도록 쉽고 재미있게 풀어 쓰는 일에 주력하고 있다. 『첫 임금 이야기』, 『명재상 이야기』, 『전쟁영웅 이야기』 등 총 다섯 권으로 이루어질 〈인물로 보는 우리 역사〉 시리즈를 비롯해 역사서 『재상』, 고전 『운영전』, 『우리 조상들은 어떻게 사랑을 했을까?』, 동화 『산왕 부루』, 『버들붕어 하킴』, 청소년소설 『내 이름엔 별이 있다』, 『황금나무』, 『천년별곡』, 동화창작이론서 『태초에 동화가 있었다』 등 다양한 장르의 책을 펴냈다.

인물로 보는 우리 역사❸

전쟁영웅 이야기

펴낸날 초판 1쇄 2009년 8월 20일
지은이 박윤규 | **펴낸이** 신형건 | **펴낸곳** (주)푸른책들 | **출판등록** 제321-2008-00155호
주소 서울 서초구 양재동 115-6 푸르니 빌딩 (우)137-891 | **전화** 02-581-0334~5
팩스 02-582-0648 | **이메일** prooni@prooni.com | **홈페이지** www.prooni.com
ISBN 978-89-6170-090-0 44910
ISBN 978-89-6170-020-7 44910 (전5권 세트)

ⓒ 박윤규, 2009

이 도서의 국립중앙도서관 출판시도서목록(CIP)은 e-CIP 홈페이지(http://www.nl.go.kr/cip.php)에서 이용하실 수 있습니다. (CIP제어번호: CIP2009002009)

보물창고는 (주)푸른책들의 유아, 어린이, 청소년 도서 전문 임프린트입니다.

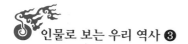

전쟁영웅 이야기

박윤규 지음

치우 천왕 / 대무신왕 / 광개토 대왕 / 을지문덕 / 연개소문 / 김유신
장보고 / 강감찬 / 김윤후와 삼별초 / 이순신 / 임경업 / 전봉준

보물창고

고난의 역사를 통해 무엇을 배울까?

밤늦도록 역사 드라마를 시청하는 민후야, 너는 역사를 뭐라고 생각하니?

아무리 역사 드라마를 좋아해도 이 물음에 대답하기는 쉽지 않지. 굳이 말하자면, 역사란 '사람이 살아온 과정의 기록'이라고 할 수 있을 거야. 하지만 살아온 모든 과정을 다 기록할 수는 없겠지. 잊어서는 안 되는 '중요한 일'들만 추려서 적고, 그것을 후손에게 전하는 거지.

그 중요한 일이란 뭘까?

아마 행복일 거야. 모든 부모님이 그러하듯이 모든 조상들도 후손이 행복하기를 바란단다. 누구도 자손의 불행과 고통을 바라지는 않을 거야. 그런데 그 행복을 여지없이 깨 버리는 고통스러운 일이 무엇인지 아니?

그래 맞아. 바로 전쟁이야. 전쟁은 개인의 생명과 가정을 참혹하게 파괴하고, 심지어 나라까지 무너뜨리고 아주 사라지도록 만들기도 하지. 그런 전쟁만큼은 조상들이 후손들에게 다시 겪게 하고 싶지 않을 거야. 그래서 전쟁은 역사 이야기 가운데 가장 중요하게 취급된단다. 역사 드라마와 영화에서 가장 많이 다루는 부분도 역시 전쟁 이야기야. 전투 장면이 나오면 네 눈도 더 반짝거리고 손에 땀을 쥐게 되지. 이 책은 바로 그런 전쟁을 통해 우리 역사를 읽고자 하는 시도란다. 어때, 긴장감으로 힘줄이 불끈 당기지?

역사 학자 토인비는 역사란 '도전과 응전'이라고 말했어. 우리 겨레야말로 무수한 도전과 응전의 역사를 거쳐 왔단다. 그러면서도 민족의 정통성과 문화를 굳게 지켜 왔으니, 스스로 뿌듯하고 자랑스러워할 만하지. 역사상 많은 나라와 민족이 있었으나, 오늘날까지 그 뿌리와 줄기를 고스란히 간직한 나라는 많지 않거든.

수천 년 우리 역사를 지켜 온 힘은 어디서 온 것일까?

겨레의 강인한 성품과 단일 민족이라는 일체감이 큰 바탕이 되었을 거야. 그리고 빠뜨릴 수 없는 것이 그 힘을 하나로 모아 발휘하게 한 영웅들이라고 나는 생각해. 역사의 주체는 사람이라는 말을 기억하겠지. 『고려사 절요』의 말은 참으로 이에 걸맞는 표현이야.

하늘이 이 나라 백성을 사랑함이 참으로 지극하구나. 나라가 어려움에 빠지면 반드시 어질고 현명한 이를 내어 구하시는구나.

그랬어. 수많은 도전을 받은 우리 역사를 보면, 위기 때마다 '어질고 현명한' 숨은 영웅들이 나타나 겨레를 벼랑 끝에서 구해 내곤 했단다. 이제 그 이야기를 하려고 해.

나도 어려서 그랬지만, 영웅들은 언제나 소년의 마음을 설레게 하지. 하지만 영웅들의 활약에 그저 그들에게 감동만 해서는 안 돼. 선조들이 왜 영웅의 이야기를 후손에게 남겼는지 생각해 보아야 해. 그게 나는 어떤 고난이 닥치더라도 넉넉히 이겨 내라는 뜻이라고 생각해. 영웅들의 용기와 지혜와 사랑을 배우고 몸과 정신에 새기라는 거지. 그 가르침을 제대로 배우려면 전쟁영웅이나 전쟁 장면만 주목해서는 안 돼. 전쟁의 원인과 배경, 전개 과정, 그 후의 영향 등을 두루 생각하면서 이야기를 들어야 해. 그래야만 같은 아픔을 되풀이하지 않게 되고, 너에게 닥치는 어려움도 극복할 지혜와 용기를 갖게 될 테니까.

민후야, 별은 어두울수록 더욱 밝게 빛나는 거 알지. 그처럼 나라가 어려울 때마다 영웅은 나타났어. 그러나 밤하늘에는 보이는 별보다 보이지 않는 별이 더 많다는 사실을 기억해야 해. 영웅들에게 힘을 불어넣어 주고 든든한 배경이 되었던 백성과 군사들, 이름 없이 사라진 의병들을 말이야.

그들은 무엇을 위해 싸웠을까?

사랑하는 사람들을 위해 자신을 던진 거겠지. 조상과 가족과 훗날 태어날 자손들을 위해, 그리고 그들의 눈물과 피와 땀을 기억하는 이 땅의 산천과 나무와 들꽃들을 위해, 그 소중한 것들을 지키기 위해 영웅들은 모든 것을 바쳤어. 아마도 그것은 뜨거운 사랑일 거야. 나와 이웃과 주위의 모든 것을 사랑하는 사람이 진정한 영웅이라고 나는 생각해. 그러므로 이 전쟁영웅 이야기를 통해 진정한 사랑을 깨닫기를 바란다.

신시개천 5905(서기2009) 여름, **아빠가**

차례

제1장
전쟁의 신
치우 천왕

자오지 환웅이 있는데
세상에서는 치우(蚩尤)라고 부른다.
치우는 천둥과 비를 크게 일으켜
산과 물을 바꾸어 놓는다는 뜻이다.

－「환단고기」

전쟁의 전설, 탁록대전

이 때는 어느 때인고 하니 까마득한 옛날, 지금으로부터 대략 4700년 전 즈음이야. 지금의 북경 서쪽으로 짐작되는 탁록 들판에 엄청난 무리의 군대가 몰려들었어. 서쪽에서 밀려온 황제군과 동쪽에서 밀려온 치우군이 한판 결전을 벌이기 위해서였지.

황제군의 세력은 엄청났어. 군사의 수도 많고 사나운 짐승들이 앞장을 섰거든. 코끼리, 호랑이, 표범, 곰, 독수리, 솔개, 매, 거기에다 응룡이라는 날개 달린 용까지 배치되어 있었어. 병사들은 창칼과 돌도끼와 몽둥이를 들고 함성을 질러 대며 사기를 드높였지.

이에 맞서는 치우군은 아주 특이한 부대로 구성되었어. 거인 종족인 과보족과 산도깨비 이매, 물도깨비 망량, 비의 신 우사, 바람의 신 풍백 등이었어. 선봉에 선 장수들은 치우의 형제 81명이었는데, 모두 뿔 달린 투구와 갑옷을 입고 청동검과 창을 거머쥔 용사들이었어. 황제군은 황제와 주요 장수만 겨우 청동검을 들었을 뿐인데 말이야. 황제군이 석기시대 군대인데 비해 치우군은 청동기시대의 군대였던 셈이지.

그런 치우의 형제들을 본 황제군 병사들은 쇠뿔이 난 괴물들인 줄 알고 잔뜩 겁에 질려 감히 덤빌 엄두를 내지 못했지.

"적군은 한갓 까마귀 떼에 지나지 않는다. 깨부수어라!"

치우군이 공격을 개시했어. 도깨비 부대가 황제군의 진영을 어지럽혔어. 공중으로 휙휙 날아다니면서 황제군의 혼을 빼놓은 거야. 그 다음에는 투구와 갑옷을 입은 선봉장들이 들이닥쳐 진열을 마구 파괴했지. 황제군은 화살을 쏘았지만 방패와 갑옷으로 무장한 치우군의 용사들은 거침없이 짓쳐들어왔어. 머릿수가 많은 것만 믿고 덤벼들었던 황제군은 거듭 패배하면서 뒤로 밀렸어.

황제는 용울음을 내는 나팔을 불었어. 그러자 놀란 도깨비 부대가 힘을 못쓰고 흩어졌지. 그 때 황제군의 응룡이 날아올라 치우군을 향해 불을 내뿜었어. 치우군의 공세가 주춤하자 황제는 비밀 병기를 사용했어.

"북을 울려라! 천둥 북을 울려라!"

천지를 뒤흔드는 엄청난 북 소리가 탁록 들판을 진동시켰어. 북 소리가 얼마나 우렁찬지 500리 밖에서도 들릴 정도였지. 그 북은 천둥소리를 내는 외다리 괴물인 기夔의 가죽으로 만든 것이었어. 게다가 용의 몸에 사람 머리를 한 뇌수雷獸의 뼈로 북채를 삼아 쳐댔어. 그 소리에 힘입은 황제군은 거침없이 진격했고, 치우군은 귀를 막으며 괴로워하는 혼란에 빠졌어. 코끼리가 치우군을 향해 '뿌오뿌오' 소리를 지르며 쿵쾅쿵쾅 달려가고, 호랑이와 표범을 비롯한 맹수들도 맹렬하게 달려들었어.

"바람과 구름을 몰아오라!"

치우가 우사와 풍백에게 명령했지.

풍백과 우사는 하늘로 날아올라 도술을 펼쳤어. 바람이 몰아치더니 구름도 덩달아 몰려왔어. 햇볕이 쨍쨍하던 탁록 들판은 어느새 자욱한 구름으로 뒤덮였지. 치우는 열기를 내뿜는 술법을 부렸어. 그러자 구름에서 안개가 피어나 황제군을 완전히 가두어 버렸지.

한 치 앞도 보이지 않게 된 황제군은 두려움에 빠졌어. 사방에서 치우군의 함성과 도깨비들의 휘파람 소리가 들리고, 거인 과보족이 쿵쿵 소리를 내며 다가와 황제군을 차근차근 해치웠거든. 황제군은 상대를 보지도 못한 채 닥치는 대로 치고 찌르느라 자기들끼리 싸우기도 했어. 맹수들도 자기편을 물고 난리였지.

"후퇴하라! 후퇴하라!"

황제가 고함을 질렀지만 후퇴도 쉽지 않았어. 안개 때문에 방향을 잃어 어디로 가야 할지 알 수 없었던 거야. 그 때 치우가 천둥 같은 소리로 꾸짖었어.

"헛된 꿈을 꾸는 헌원황제의 이름아! 네가 주제넘게도 세상을 차지하려 하니, 평화롭던 땅이 피 냄새로 가득해졌구나! 네 욕심 때문에 부족과 부족이 서로 싸우고, 나라와 나라가 다툼을 벌이게 되었도다! 어서 무기를 버리고 항복하라! 하늘과 땅도 네 죄를 묻고 계시느니라!"

"나는 세상의 주인이다! 그 누구에게도 무릎을 꿇을 수 없느니라!"

황제가 악을 쓰며 대거리를 했지. 그러면서 안개를 걷어 내려고 안간힘을 썼어. 안개가 조금 걷히고, 스러지는 안개 사이로 해가 비쳤어.

하지만 주변만 조금 밝아졌을 뿐 도무지 안개를 걷어 낼 길이 없었어.

"아니, 저놈이?"

안개를 헤치고 나갈 방법을 궁리하던 황제가 별안간 눈에 쌍심지를 켰어. 한 신하가 한가롭게 전차에 앉아 졸고 있지 뭐야.

"네 이놈, 풍후야! 신하된 자로서 어려움에 빠진 임금을 내버려 둔 채 낮잠이 웬 말이냐? 네 목숨이 열 개라도 되느냐?"

천둥 같은 꾸짖음에 풍후가 눈을 번쩍 떴어.

"낮잠이라니요. 이 안개 속을 어떻게 뚫고 나갈지 곰곰 생각하는 중이었습니다."

"그렇다면 어서 방법을 찾아라. 이러다가 안개 속에서 모두 굶어 죽겠구나!"

그 때 기발한 생각이 떠오른 풍후가 무언가를 만들기 시작했어.

"그것이 무엇이냐?"

애간장이 다 타 들어간 황제가 물었어.

"이것은 지남거*指南車라 하옵니다. 북두칠성이 언제나 북쪽을 가리키고 있듯이, 작대기 끝의 신선은 남쪽을 가리키게 되어 있습니다. 그 방향을 따라 나아가면, 안개를 뚫고 우리 땅으로 갈 수 있을 것입니다."

지남거가 완성되자 황제는 북을 치면서 명을 내렸어.

"후퇴하라! 지남거를 따라 달려라!"

갈팡질팡하던 군사들은 일제히 남쪽으로 달렸어. 한참을 달려가서야 비로소 안개 울타리에서 벗어날 수 있었어.

*지남거_ 옛날 중국 수레의 하나로, 자침(중앙 부분을 수평 방향으로 자유로이 회전할 수 있도록 한 작은 자석)을 이용하여 만든 것이다. 수레 위에 나무로 만든 신선의 형상을 얹었는데, 신선의 손가락은 수레가 달리는 방향과 관계 없이 늘 남쪽을 가리키게 만들었다.

"기어이 놈들이 항복하지 않고 안개를 벗어났습니다. 달려가 놈들을 무찌를까요?"

부하 장수들이 치우에게 물었어.

"놔 둬라. 혼쭐이 났으니 다시는 세상의 주인이 되겠다고 설치지는 않겠지."

치우는 저 멀리 도망치는 황제군을 더 이상 쫓지 않았어.

"두고 보자, 치우 놈아! 반드시 복수하리라!"

황제는 한 맺힌 목소리로 외치고는 절반만 남은 군사를 이끌고 지평선 너머로 사라졌어. 안개가 걷힌 탁록 들판에는 황제군의 시체가 산더미를 이루고, 피는 강이 되어 흘렀어.

황제와 치우

어때, 대단한 전쟁이지?

장쾌한 판타지 영화 같잖아. 용과 거대한 짐승과 맹수 거인, 그리고 도깨비까지 나오니 말이야. 물론 이런 전쟁의 장면은 입으로 전해지다가 신비한 광경으로 꾸며졌을 거야. 맹수를 전쟁에 앞세운 건 그 후에도 많이 있었지만, 도깨비나 용 같은 건 아마 그 부대의 깃발이거나 부족의 표시였을 가능성이 커.

탁록대전은 동양에서 아직 역사를 기록하기 전에 벌어진 전쟁으로는 가장 크고 치열했을 거야. 그 양편의 주장인 황제와 치우는 무려 70여 차례나 전투를 벌였대. 대체 이들은 무슨 까닭으로 그렇게 싸우고 또 싸웠을까? 그리고 전쟁의 역사를 풀어 놓기 전에 왜 이런 전설 같고 신화 같은 전쟁 이야기를 들려주는 걸까, 궁금하지?

그 궁금증을 풀려면 먼저 황제와 치우에 대해서 알아야 해. 황제가 전쟁을 먼저 일으켜 세상을 소란하게 했으므로 황제부터 소개하는 게 좋겠지.

황제는 중국 역사의 시조라고 할 수 있어. 중국인들은 황제를 신격화해서 받드는데 우리가 단군왕검을 생각하는 정도가 될 거야. 그래서 중국 최고의 역사책인 『사기』*에서도

*『사기(史記)』 중국 전한(前漢)의 사마천이 상고(上古)의 황제로부터 전한(前漢) 무제까지 역대 왕조의 역사를 기록한 책이다. 중국뿐만 아니라 그 주변 민족의 역사도 포함하고 있어 역사책으로서 높이 평가되고 있다.

황제 헌원의 이야기로 그 첫 장을 연단다. 황제보다 먼저 태호 복희씨와 염제 신농씨가 있었는데, 그들을 빼고 황제를 첫 장에 올린 건 황제가 패권을 잡아 중국 문화의 원형을 만들었다고 보는 거지. 딴은 복희씨와 신농씨는 다른 민족이어서 그랬는지도 몰라. 실제로 오늘날까지 신농씨는 베트남 사람들이 시조로 모시고 있고, 복희씨는 동이족, 혹은 동쪽 사람이라는 기록이 있거든. 그래서 아시아 대륙 중앙을 지배하게 된 중국 민족은 황제를 시조로 삼았는데, 『사기』「오제 본기」첫머리에 황제를 이렇게 소개해 놓았단다.

황제黃帝는 소전少典 부족의 자손으로서, 성은 공손公孫 이름은 헌원軒轅이라 불렀다. 그는 태어나면서부터 신령스러웠고, 태어난 지 얼마 되지 않아서 말을 할 수 있었으며, 어려서부터 매우 영리하였고, 자라면서는 성실하고 똑똑했으며, 어른이 되어서는 널리 보고 들어서 사리분별이 분명했다.

이런 헌원은 그 능력을 인정받아 염제의 사위가 되었어. 이 때 염제는 신농씨의 후손인 8대 임금 유망을 말해. 자비로웠던 신농씨는 농사와 의약의 신으로 존경 받았는데, 유망은 정치를 잘 못했나 봐. 지방의 작은 나라 왕인 제후들이 말을 듣지 않게 된 거야. 그러자 헌원은 말을

안 듣는 제후들을 공격해서 굴복시켰어. 제후들은 유망보다 헌원을 두려워하게 되었지. 자신을 따르는 제후들이 많아지자 헌원은 욕심이 생겼어. 위엄을 잃은 유망을 몰아 내고 임금이 되려고 한 거야. 그 때문에 유망과 헌원은 전쟁을 벌였고, 결국 헌원이 이겨서 유망을 멀리 쫓아 냈어. 그리고 헌원은 스스로 황제黃帝라 칭했는데, 중앙을 다스리는 임금이란 뜻이야. 그러자 크고 작은 지방의 제후들이 고개를 조아리고 조공을 바치게 되었지.

그런데 이 때 황제에게 반기를 든 사람이 바로 치우야. 황제에게 대들었으니 중국 역사에서는 치우를 좋게 소개할 리가 없지. 치우는 주로 포악하고 잔인한 반란자나 괴물로 그려져 있어. 『사기』에서는 '모든 제후가 복종했으나 치우는 매우 포악하여 헌원도 그를 토벌할 수 없었다'라고 적었고, 『십팔사략』*에서는 치우를 이렇게 소개했어.

*『십팔사략(十八史略)』_ 책의 본래 명칭은 '고금역대 십팔사략(古今歷代十八史略)'으로, 중국 송나라 말기부터 원나라 초기에 살았던 증선지가 지은 역사책이다. 『사기(史記)』, 『한서(漢書)』를 비롯하여 후한서·삼국지 등 17종의 역사책과 송대(宋代)의 역사 문헌을 요약하여 서술하고 있다. 중국왕조의 흥망을 알 수 있고, 많은 역사적 인물 이야기가 포함되어 있다.

치우는 청동 구리와 쇠로 된 이마를 가졌고, 짙은 안개를 일으키는 술법을 사용하는 까닭에 황제도 그를 진압하는 데 퍽 어려움이 많았다.

중국 역사에서는 치우를 이토록 무서운 괴물로 묘사했어. 그에 반해 헌원은 의롭고 어진 모습으로 나오지. 이것이 중국 정통 역사의 기록이야.

하지만 여러 역사책을 통틀어 보면 이와는 전혀 달라. 『중국 고대 신화」, 『산해경』 같은 책에는 황제 헌원씨는 '꾀가 많고 꼼꼼한 사람'이고, 치우는 '무기를 만드는 능력이 뛰어난 초인적인 신통력을 가진 사람'이라고 적혀 있어. 『사기』의 내용처럼 헌원이 의롭고 어질어서 치우를 다스리지 못한 게

치우의 형상이 새겨진 '귀면기와'

아니지. 힘과 기술이 치우에게 도무지 미치지 못해 이길 수가 없었던 거야.

이토록 신통한 인물인 치우는 과연 누구일까?

중국 역사책 곳곳에서 치우는 동이족의 왕으로 기록되어 있어. 그렇지만 정작 우리 역사책에는 치우에 대한 기록이 별로 없단다. 치우가 황제와 다툼을 벌이던 때는 기원전 2700~2600년 즈음이야. 단군 할아버지 때보다도 300년 정도나 더 옛날 일이지. 그러니 『삼국사기』나 『삼국유사』에 치우가 나올 턱이 없잖아.

치우에 대한 기록은 정통 역사서가 아닌 『환단고기』*, 『규원사화』* 에 잘 나와. 이를 중국 역사책과 대조해 보면 이해가 쉬워져. 『환단고기』「삼성기」에 다음과 같은 내용이 있어.

*「환단고기」 「삼성기 상(上)」, 「삼성기 하(下)」, 「단군세기」, 「북부여기」, 「태백일사」의 네 사서를 하나로 엮은 것이다. 「삼성기」는 환웅이 다스린 1565년 동안의 배달국과 그 전신이라 하는 3301년간의 환국의 역사를 다루고 있고, 「단군세기」는 47대 단군(檀君)이 2천 년 간 다스린 역사를 다루고 있다. 「북부여기」는 북부여에 6명의 왕이 있었으며 이것이 고구려의 전신이라는 내용을 골자로 하고 있고, 「태백일사」는 환국, 배달국, 삼한, 고구려, 발해, 고려의 역사를 다루고 있다. 그리고 일제강점기 초에 대종교가 경전으로 채택한 「삼일신고」와 1975년에 채택한 「천부경」, 「참전계경」이 포함되어 있다.

*「규원사화」 조선 숙종 2년(1675년)에 북애노인(北崖老人)이 지은 역사책이다. 고조선을 세운 왕검(단군왕검)부터 고열가(古列加)까지 47대 단군(檀君)의 재위기간과 정치상의 업적 등을 기록하였다. 또한 중국에 대한 사대주의에 빠진 유학자들을 비판하고 있으며, 청나라와 연합하여 옛 땅을 되찾자는 주장 등도 담고 있다.

자오지 환웅이 있는데, 세상에서는 치우蚩尤라고 부른다. 치우는 천둥과 비를 크게 일으켜 산과 물을 바꾸어 놓는다는 뜻이다.

환웅 천왕은 신시에 배달나라를 세우고 1,565년 동안 18대를 이어 다스린 건『첫 임금 이야기』(푸른책들, 2008)에서 들었지. 자오지 환웅, 그러니까 치우 천왕은 그 배달나라의 14대 환웅이었다는 거야.

치우씨 부족은 배달나라에서도 가장 용감한 부족이었어. 환웅시대에 줄곧 군사와 무기를 맡았으니 조선시대로 치면 병조판서요, 오늘날의 국방부 장관 격이었지. 그 집안에서 14대 환웅을 배출한 거지.

그 무렵은 이미 신석기시대를 마감하고 청동기시대였어. 그런데 자오지 환웅은 청동기와 더불어 철제 무기와 농기구를 만들었어. 미개한 지역은 아직 석기시대이거나 겨우 청동기를 받아들인 때였는데, 이미 철을 생산한 거야. 이런 변화를 모르니 중국 역사에서 치우를 모래와 돌을 먹고 살며 머리에 뿔이 난 괴물로 표현한 거지.『규원사화』에 이러한 사정이 잘 설명되어 있어.

이 때 중국 사람들은 화살과 돌을 주무기로 삼았으므로, 투구와 갑옷이 있는 줄도 몰랐다. 또한 치우의 높고 강한 법력술법을 부리는 능력 때문에 놀라

담이 서늘해져 싸움마다 패하고 말았다. 치우가 처음 갑옷과 쇠 투구를 만들었는데, 세상 사람들은 이를 알지 못하고 『운급헌원기』헌원을 영웅으로 묘사한 중국 야사에 이르기를, 치우를 "구리로 만든 머리에 구리 이마"라고 했으니 그 낭패가 심했다는 걸 상상할 만하다. 치우가 군대를 더욱 정비하여 나아가 싸우니, 10년 동안 헌원씨와 70여 차례나 싸웠으나 물러날 줄 몰랐고, 장수들은 피곤함을 몰랐다.

치우는 헌원과 70여 차례나 싸워 한 번도 지지 않았다고 기록했어. 하지만 중국 역사책에는 치우가 강하고 여러 번 이긴 건 사실이나 끝내 황제가 이겼다고 씌어 있어. 헌원은 새 무기를 개발하고, 다른 부족의 힘을 빌어 꾸준히 도전했는데, 결국 치우를 죽이고 황제가 되었다는 거지. 하지만 『환단고기』「신시 본기」의 내용은 그게 아니야.

헌원이 신시神市:환웅이 다스리는 나라를 본받아 병기와 갑옷을 만들고, 지남거도 만들어 싸우러 나왔다. 치우 천왕은 불같이 화를 내어 헌원의 무리가 다시는 쳐들어오지 못하도록 한바탕 크게 싸웠다. 이 때 우리쪽 장수 가운데 '치우비'라는 자가 있어 공을 탐내다가 진중에서 죽게 되었다. 『사기』에서 말하는 바, "치우를 잡아 죽였다"는 대목은 이를 말하는 듯하다. 치우 천왕은 크게 화를 내어 돌을 날려 보내는 기계를 만들어 쳐들어갔다. 적은 대항할 방도도 찾지 못하여 항복하고 말았다.

치우는 전쟁에 나설 때 자기 집안 형제 81명을 장수로 삼아 데리고 나갔어. 원래 무장 집안이니까 장수도 많았겠지. 헌원은 그 가운데 하나를 잡아죽였다는 거야. 이에 치우 천왕이 크게 화를 내 헌원을 쳐서 항복을 받고 긴긴 전쟁을 끝냈다는 내용이지. 물론 이 내용도 확신할 건 아냐. 다만 중국측의 일방적 기록만 믿어서는 안 된다는 얘기지. 그렇다면 중국측 기록과 대조하며 연구해 볼 필요가 있겠지.

하여튼 전쟁이 끝나고 나서 헌원이 황제가 된 것은 사실인 듯해. 염제 유망의 나라가 완전히 무너졌기 때문에 누군가가 왕노릇을 해야만 했겠지. 황제 헌원은 나름대로 맡은 땅을 잘 다스렸어. 그래서 한족이 크게 일어났고, 그 후손들은 헌원을 중국 역사의 출발점이자 영웅으로 삼았던 거야.

별이 된 전쟁의 신

황제와 전쟁을 끝낸 후 치우는 어떻게 되었을까?

『환단고기』에 따르면, 치우는 배달나라로 돌아가 사와라 환웅의 뒤를 이어 14대 환웅이 되었어. 천하를 평정한 공을 인정받아 천하의 큰 임금인 환웅의 자리에 오른 걸로 추정할 수 있지. 그리고 무려 109년 간이나 나라를 다스리다가 숨을 거둔 걸로 나온단다.

그 후 배달나라는 18대 거불단 환웅을 끝으로 단군시대로 이어졌어. 단군 조선은 2천여 년 뒤 여러 나라로 갈라졌지. 그 후 치우의 후손은 한족과 다른 민족들에게 밀려 한반도의 작은 땅에 살게 되었어. 그렇게 많은 세월이 흐르는 동안 치우 천왕은 까마득히 잊혀 갔던 거야.

하지만 치우 천왕은 아주 사라진 게 아냐. 『한서』「지리지」에 따르면, 치우 천왕의 묘는 중국 산둥성에 있었대. 한나라를 세운 유방이 전쟁에 나갈 때는 그 무덤에 가서 제사를 지내고 출정했다는 기록도 있어. 치우는 죽어서 전쟁의 신으로 숭배를 받은 거지. 하늘에서도 치우는 빛나는 별이 되었어. 유성 가운데 치우의 별이란 게 있는데, 밤하늘을 빠르게 가로지르는 유성의 꼬리 끝이 치켜 올라가 깃발처럼 보이는 별이야. 그 깃발 같은 것을 치우기라고 부르는데, 치우기가 보이는 하늘 아래에는 반드시 큰 전쟁이 일어난다고 해. 역사에서는 악한 괴물로 기록되었지만 이렇듯 중국 민간 신앙 속에 치우는 여전히 살아 있었던 거야. 『상서』라는 중국 역사책에 아주 재미있는 기록이 있어.

구려九黎는 치우의 무리다. 치우가 죽은 뒤 천하가 어지러워지자 황제는 치우의 형상을 그려서 천하에 보였다. 천하의 모든 사람들이 치우가 죽지 않았다고 알고 사방의 모든 나라들이 복종하였다.

물론 이 기록은 중국측의 기록이니까 치우가 죽은 걸로 되어 있지만, 몇 가지 중요한 사실을 알아 낼 수 있어.

구려는 동이족이니 치우가 우리 민족의 조상이라는 점을 분명히 했고, 황제가 나라를 다스리기 위해서는 치우의 힘이 필요했다는 걸 알 수 있어. 한족의 영웅 황제보다도 치우의 그림이 더 힘이 있을 정도니까 말이야. 이 정도로 치우는 여러 민족에게 두려움과 존경의 대상이었던 거지. 생각해 보렴. 만일 황제가 진짜 치우를 잡아죽였다면 과연 이런 일이 생길 수 있을까?

그럼 우리 역사와 문화에는 치우가 어떤 모습으로 남아 있는지 살펴볼까. 우리 민족은 대륙인 중국 동북부에서 점차 한반도로 이동해 왔기 때문에 고구려 이후에는 치우의 모습이 많이 희미해졌어. 그렇지만 군인들은 오래도록 치우를 신으로 모셨고, 민간 신앙에는 여전히 살아 있었어. 뿔이 난 도깨비 얼굴이 새겨진 기와 있지. 그걸 귀면기와라고 하는데, 거기 새겨진 얼굴이 너무 무서워서 잡귀가 집에 못 들어온대. 그 무서운 얼굴이 바로 치우의 얼굴이라는 거야. 또 절간에 가면 가장 무서운 사천왕상이나 마을을 지키는 장승의 얼굴 등도 치우의 모습에서 유래했다고 해.

치우가 새겨진 문고리

그리고 2002년 월드컵을 통해 세계에 알려진 얼굴이 있지. 대한민국의 응원단 붉은악마의 깃발에 새겨진 얼굴, 그게 바로 귀면기와에 전해 오는 치우의 모습이야. 전쟁의 신 치우가 대한민국의 응원단장으로 부활한 셈이지. "대한민국!" 하고 외치면서 말이야. 이렇게 치우 천왕은 오늘날까지 우리와 함께 살고 있단다.

자, 이제 정리를 해 볼까.

치우는 우리 민족의 영웅이고, 헌원은 중국인의 영웅이야. 두 영웅은 끊임없이 싸웠어. 우리 역사는 치우가 이겼다고 기록해 놓았고, 중국의 역사는 헌원이 이겼다고 했지. 과연 어떤 게 진실일까?

실은 누가 이겼는지는 중요하지 않을 수도 있어. 치우가 더 힘이 셌

느니 이겼느니 하고 우길 일도 아니라는 거지. 진짜 중요한 문제는 우리의 뿌리가 어디에서 시작되었느냐, 하는 거야. 그 뿌리를 우리는 치우 쪽으로 두었고, 중국의 중심 민족인 한족은 황제를 뿌리로 여겨 왔어. 그러나 사실 치우와 황제는 같은 민족일 가능성이 커. 황제와 치우는 같은 웅熊족 출신이라는 설이 있고, 『환단고기』에서는 황제 역시 배달나라의 사람으로서 서쪽으로 가서 그 곳 백성의 지지를 받아 임금이 된 걸로 나오거든.

하지만 그 무렵은 나라나 민족의 경계가 뚜렷하지 않은 때이니 굳이 겨레의 갈래를 따지는 건 의미가 없어. 그렇게 따지면 결국 인류는 한 조상에게서 난 형제일 수도 있잖아. 정작 중요한 건 황제와 치우의 대전쟁 이후로 서서히 나라와 민족의 경계가 정해졌다는 점이야. 그 후 치우의 후손은 동북쪽 대륙을 지배하다가 점점 줄어들어 한반도로 물러났고, 헌원의 후손들은 대륙 중앙을 지배하며 크게 성장했다는 거지. 그리고 두 세력 사이에는 많은 침략과 다툼이 있었는데, 전쟁의 역사를 풀어 놓기 전에 그 뿌리가 황제와 치우의 전쟁이었다는 점을 짚어 두려는 거란다.

아, 이참에 꼭 짚어 둬야 할 게 또 있어.

다시 말하지만, 항상 역사는 새롭게 해석되고 변할 가능성을 품고 있어. 옛날 자료가 새로 발굴되어 그렇게 되기도 하지만, 그 시대의 정치 상황에 따라 엉터리로 짜깁기되기도 해. 물론 그 모든 것이 보다 정확한 역사를 알기 위한 방향으로 가면 좋겠지만, 그렇지 않은 경우도 있어. 오늘날 중국 정부가 역사를 새로 해석하여 짜깁기하려는 게 대표적인 경우야. 그걸 동북공정*이라고 하는데, 동북 아시아의 모든 고대사를 자기네 역사에 포함시키려는 수작이야. 지금 자기네들이 고조선과 고구려, 발해의 땅을 차지하고 있다고 해서 그 나라들의 역사마저 자기네들 것으로 만들려는 건 억지 조작이지. 자, 여기서 정신 바짝 차리고 똑바로 들어야 해. 중국의 동북공정이라는 역사 왜곡 근원에도 황제와 치우가 자리잡고 있단다.

수천 년 동안 중국인들은 헌원을 시조로 받들며, 치우를 동이족의 조상으로 믿고 그렇게 기록해 왔어. 그런데 최근에 이런 전통이 바뀌었어. 수천 년 동안 황제 헌원만을 조상으로 치더니, 1980년대에 이르러서는 남방의 임금 염제 신농씨도 중국의 조상으로 끌어들였고, 1990년대 말에는 그 동안 괴물로 묘사했던 치우마저 조상의 반열에 올렸어. 그래서 이 세 영웅이 다투었던 탁록에 '중화삼조당'*이라는 사당을 세워서는, 황제를 가운데 두고 좌우에 신농과 치우를 배치했단다. 그러고는 모두 중국인의 조상이라는 거야.

대체 중국인들은 오늘날 왜 갑자기 수천 년 동안 황제 헌원만을 신봉하던 믿음을 슬며시 바꾸고는 다른 나라 역사까지 자기네 역사로 얽어 넣으려 할까?

여러 가지 이유가 있겠지만, 근본적인 이유는 간단해. 황제만으로는 부족하기 때문이야.

*동북공정_ 동북변강역사여현상계열연구공정(東北邊疆歷史與現狀系列研究工程)의 줄임말이다. 우리말로는 '동북 변경지역의 역사와 현상에 관한 체계적인 연구 과제'로, 중국 국경 안에서 전개된 모든 역사를 중국의 역사로 편입하려는 연구 프로젝트이다. 중국은 이 프로젝트를 2002년부터 진행해 오고 있는데, 실질적인 목적은 중국의 동북지역, 특히 고구려, 발해 등의 역사를 중국의 역사로 만들어 한반도가 통일되었을 때 일어날 가능성이 있는 영토분쟁을 사전에 방지하는 데 있다.

*중화삼조당_ 중국의 선조를 참배하는 곳이다. 건물 내에는 황제, 염제의 대형 형상이 있고, 탁록의 들판에서 출토된 돌도끼, 가락바퀴, 돌화살촉 등 인류가 처음 만들어 낸 다양한 생활용품과 전쟁무기가 전시되어 있다. 벽에는 탁록대전, 판천전쟁 등 탁록의 4대 사건을 그린 대형 벽화가 있다.

오늘날을 정보화시대라고 하는 거 알지? 과학과 학문이 발달하고 그 지식이 인터넷을 통해 빠르게 퍼지고 정보를 공유하는 시대야. 누구든지 마음만 먹으면 전문가 못지 않게 체계적으로 연구하고 방대한 지식을 가질 수 있는 사회가 된 거야. 게다가 각종 옛날 책들이 다 번역되고 해석되어 두루 퍼지지. 역사학과 고고학도 발달해서 전설 같은 옛일들도 점차 증명이 된단 말이야. 그러니까 예전처럼 책을 못 읽게 하고 거짓을 강요할 수도 없게 된 거지. 그러니 당연히 역사를 보다 정확히 정리할 필요가 있었겠지. 그런데 역사를 밝혀 가는 과정에서 중국인들에게 곤란한 일들이 생긴 게 아닐까 싶어.

가령, 철석같이 자기네 조상으로 믿었던 황제가 실은 동이족이었다고 생각해 봐. 또 중국의 찬란한 문화를 연구해 보니 실은 동이에서 흘러왔더라. 묻혀 있는 유물을 발굴해 보니 중국 땅에 동이족의 문화유산이 너무 많은 거야. 그렇다면 동이와 같은 민족인 신농, 치우도 중국의 조상으로 바꿔야겠지. 그리고 그 후손의 나라도 중국 역사의 한 부분이라고 억지로 꿰맞추어야 하는 일이 생긴 거지. 그러다 보니 동북공정을 밀어붙일 수밖에 없게 된 게 아닐까?

물론 이런 생각은 나의 추측이야. 중요한 것은 중국이 역사를 자기네 중심으로 다시 바꾸려 한다는 것이고, 그에 대응하기 위해서라도 우리는 역사를 더욱 정확하게 알아야겠지. 그리고 그 일은 단군왕검보다 먼저 있었던 우리 조상인 치우 천왕을 아는 데서 시작된다고 나는 생각해. 그래서 이야기 첫머리에 전쟁의 신 치우를 소개한 거란다.

치우 천왕에 대해 연구해 보지 않을래?

제2장
고구려의 기틀을 닦은
대무신왕

왕이 친히 죽은 자를 조상하고
병든 자를 방문하여 백성을 위로하니 백성들이 왕의 은덕에 감동하여
모두 나랏일에 몸을 바치기로 하였다.
－「삼국사기」

고구려의 어린 왕자

  치우 천왕과 황제의 대결 이후에도 수많은 나라와 민족이 생존을 걸고 다투었겠지. 자세한 기록은 없지만 고조선과 동북방 등 우리 민족의 여러 나라도 서방과 중앙의 나라들과 수없이 싸웠을 거야. 위만 조선이 망할 때도 한나라의 침공이 있었는데, 그 전쟁이 길고 참혹했어. 결국 내부의 반란으로 인해 위만 조선이 막을 내렸고, 그 후 한동안 우리 겨레는 중심축을 잃고 한반도와 북방 외진 곳으로 밀려나 흩어져 살았어.

  그렇게 반 세기 정도 지났을 때 신라가 한반도 남쪽에서 작은 나라를 이루었고, 동명성왕 고주몽이 고구려를 일으켰지. 그리고 온조가 백제를 세워 우리 역사는 삼국시대를 맞게 된 거야.

  하지만 세 나라는 여전히 작은 나라여서 겨레의 중심축이 되기엔 턱없이 부족했지. 고구려의 동명성왕이 조선의 땅과 영광을 되찾고자 다물정신*을 부르짖었으나 겨우 나라의 터전을 닦았을 뿐 힘없는

*다물정신_ '잃어버린 영토를 되찾는다.'는 뜻으로, 주몽은 다물정신을 건국이념으로 삼아 옛 고조선의 땅과 정신을 회복하여 강한 나라를 세우고자 했다.

신생 국가일 뿐이었어. 동북방의 큰 나라는 대소왕이 이끄는 동부여였고, 유리왕 때도 그건 마찬가지였어.

〈황조가〉란 시를 짓기도 한 유리왕은 머리는 좋으나 좀 나약했나 봐. 그저 전쟁을 피하려고만 했거든. 동명성왕 같은 강인함과 위엄을 보여 주지 못하는 그에게 백성들은 실망도 했겠지. 태자 도절마저도 부여에게 굽실거리지 말고 맞서 싸우자고 주장했으나 유리왕은 한사코 전쟁은 하지 않았어. 부여에서 도망쳐 온 그에게는 편들어 줄 세력도 별로 없었지. 그는 전쟁이 터지면 나라가 흔들리고, 그러면 임금 자리에서 쫓겨날지 모른다고 생각했을 거야. 그래서 유리왕은 자신의 뜻에 거슬리는 신하들을 죽이고, 도읍을 졸본에서 국내성으로 옮겨 버렸어. 그러고도 계속 부여의 등쌀에 시달리며 괴로운 나날을 보냈단다.

그러던 어느 날, 부여에서 사신이 왔어. 대소왕을 대신한 부여 사신은 유리왕에게 마구 호통을 쳤어.

"작은 나라가 큰 나라를 섬기는 건 당연한 도리가 아니오. 만일 고구려가 부여를 섬기지 않는다면 사직을 보존하지 못할 것이오!"

강인한 품성을 지닌 해명 태자도 죽고 없는 터라 고구려는 감히 대적할 엄두를 내지 못했지. 유리왕은 신하들과 회의를 한 다음 부여 사신에게 항복하듯 말했어.

"과인이 바다 한 구석에 있어 예의를 몰랐는데, 이제 명을 들었으니 어찌 따르지 않으리오."

이렇게 고구려 조정이 맥을 놓고 있을 때 한 어린 아이가 부여 사신

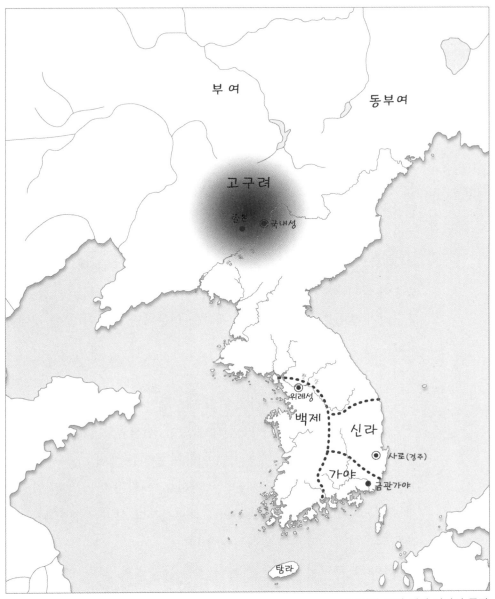

부여

동부여

고구려

졸본 ⊙ 국내성

⊙ 위례성

백제

신라

⊙ 사로(경주)

가야

● 금관가야

탐라

고구려와 초기 여러 나라의 등장

앞에 나타나서 소리쳤어.

"우리 선조 동명성왕께서는 하늘의 자손이라 어질고 재주가 많았습니다. 부여의 대소왕께서는 그걸 시기하여 우리 선조를 마굿간이나 지키는 모욕을 주었고, 그러고도 불안하여 이토록 우리를 못살게 구는 게 아닙니까?"

짱짱한 목소리로 부여 사신을 나무라는 아이는 유리왕의 셋째 왕자 무휼이었어. 이 때 무휼은 고작 여섯 살이었는데, 아주 총명하고 용감했나 봐. 무휼은 부여 사신이 해석도 못할 어려운 말을 숙제처럼 던져 주었어.

"사신은 돌아가서 대소왕께 분명히 전하세요. 지금 여기에 계란을 층층이 쌓아 놓은 게 있는데, 만일 부여가 그 계란을 허물지 않는다면 고구려가 받들어 섬길 것이고, 계란을 허문다면 섬기지 않을 것이라고요."

이게 대체 무슨 말이겠니?

사신도 그 뜻을 몰라 그저 돌아가 대소왕한테 아뢸 뿐이었지. 대소왕도 그 뜻을 몰라 여러 신하들한테 물었어. 신하들도 입을 꾹 닫고 대답을 못했지. 그 때 한 늙은 신하가 이렇게 풀이를 했어.

"층층이 쌓인 계란은 위태롭다는 것이요, 허물지 말라는 건 안전하게 하라는 뜻입니다. 이는 자신의 위태로움부터 살피는 것이 다른 나라를 굴복시키는 것보다 낫다는 말입니다."

대소왕과 부여의 대신들은 놀라 혀를 내둘렀지. 그런 어려운 말이 여섯 살 난 고구려 왕자의 입에서 나왔으니 말이야. 어쩌면 대소왕은 고주몽을 다시 만난 듯한 기분이었을지도 몰라. 무휼 같은 아이가 장성하기 전에 쳐서 없애야겠다고 생각했겠지. 하지만 대소왕도 신중한 사람이라 섣불리 군사를 일으키지는 않았어. 그러나 2년 뒤 부여는 기어코 고구려의 국경을 침략해 왔어.

"소자가 나가 적을 막겠습니다."

갓 열 살인 왕자 무휼은 직접 전쟁터로 나갔어. 고구려군은 부여군이 쳐들어오는 길목인 학반령이란 고개에 숨어 있었어. 부여군은 기마대를 앞세우고 흙먼지를 일으키며 달려왔지.

"이 때다. 쳐라!"

무휼이 칼을 높이 들자 고구려군의 공격이 시작되었어. 벼랑 위에서 바위와 통나무가 굴러 떨어지고, 불화살이 쏟아졌지. 놀란 부여군은 까마귀 떼처럼 흩어졌고, 고구려군은 바로 뒤쫓아가서 부여군을 남김없이 해치웠어. 고구려의 완벽한 승리였지.

그 후 부여는 함부로 고구려를 치지 못했고, 이듬해 무휼은 열한 살 나이로 태자가 되었어. 그리고 열다섯 살 되던 해인 서기 18년, 아버지 유리왕이 세상을 떠나자 고구려의 3대 임금에 올랐어. 그가 바로 고구려의 중흥 기반을 마련한 대무신왕이란다.

붉은 까마귀의 징조

무휼이 임금이 된 그해 겨울 아주 재미난 일이 생겼어. 부여에서 어떤 사람이 머리는 하나인데 몸뚱이가 둘인 붉은 까마귀를 잡아 대소에게 바친 거야. 그것을 본 한 신하가 기뻐하여 아뢰었지.

"이 까마귀는 머리는 하나인데 몸뚱이가 둘입니다. 이는 두 나라가 하나로 될 징조입니다. 당연히 큰 나라인 부여가 고구려를 갖게 될 것이며, 또한 대왕께서는 그 머리가 되실 것이옵니다."

대소왕도 기쁨을 감추지 않았어.

"그것 참 반가운 소리로다. 이 까마귀를 고구려의 어린 임금에게 선물로 보내어 내 뜻을 전하라."

부여의 사신이 고구려로 와서 붉은 까마귀를 건네고는 말했어.

"이미 하늘의 뜻이 이러하니 더 이상 말을 듣지 않으면 사직이 결딴날 것이오!"

대무신왕은 신하들과 회의를 했지.

"이는 곧 부여가 우리를 치겠다는 뜻입니다."

"이 일이 알려지면 백성들이 불안해할 것입니다."

고구려의 대신들도 겁을 먹고 술렁거렸어.

소년 임금 대무신왕은 조금도 당황하지 않고 얼굴에 웃음을 띠었어.

"경들은 걱정하지 마시오. 이는 하늘이 우리 고구려를 크고 귀하게 만들려는 조짐이라오."

대신들이 의아스럽게 쳐다보았어. 더욱 놀라 눈이 커진 이는 부여의 사신이었지. 대무신왕은 붉은 까마귀를 들어 보이며 말했어.

"잘 보시오. 검은색은 원래 북쪽의 색이오. 남쪽은 붉은색이지요. 그런데 검은 까마귀가 붉게 변했으니, 어찌 부여가 꼭 고구려를 합병한다 할 수 있겠소. 이 귀한 까마귀를 부여 왕이 나에게 보내 주었으니, 이 또한 하늘의 뜻이 아니겠소."

대신들은 대무신왕의 해석에 비로소 고개를 끄덕이며 웃었어. 드러내 놓고 말하지는 않았지만 그건 오히려 부여가 고구려의 속국이 된다는 뜻으로 보였거든. 이에 모두들 소년 임금의 배짱과 용기와 지혜에 크게 감탄했지.

사신이 부리나케 부여로 돌아가 이 사실을 아뢰니 대소왕은 붉은 까마귀를 보내 준 것을 몹시 후회했어.

대무신왕은 큰 자신감을 얻었어. 동명성왕의 소망처럼 부여를 합병하고 고조선의 땅을 되찾을 수 있다고 믿게 된 거지. 실은 그 몇 해 전에도 비슷한 징조가 있었어. 모천이라는 개울에서 검은 개구리와 붉은 개구리가 한판 싸움을 벌였는데, 붉은 개구리가 이겼거든. 개구리는 대소왕의 아버지 금와왕의 상징이잖아. 그리고 검은색은 북방 부여이고 붉은색은 남방 고구려로 본 거지. 이 때부터 곧 부여가 망하고 고구려가 크게 일어날 거라는 소문이 무성해졌어.

대무신왕은 그 꿈을 이루기 위해 차근차근 준비했어. 백성들은 안락하게 생업에 종사하도록 하고 군사들은 강인하게 훈련시켰지. 그리고 마침내 출정의 깃발을 올리니 대무신왕 4년 겨울이었어.

"부여 왕 대소는 어려서부터 동명 할아버지를 못살게 굴었을 뿐만 아니라, 선왕 폐하도 내내 괴롭혔다. 오늘에 이르러 시조 동명성왕의 뜻을 받들어 군사를 일으키니, 모든 신하와 백성들은 한마음으로 따르라!"

대무신왕은 몸소 군사를 이끌고 부여를 향해 진격해 갔어.

고구려군이 비류수라는 강가에 이르렀을 때였어. 비류수 기억나니? 바로 고주몽의 어머니 유화 부인이 살던 곳인데, 그 강가 모래밭에 한 소녀가 춤을 추며 노닐고 있지 뭐야. 대무신왕이 신기해서 다가가 보니 소녀는 없고 커다란 솥만 덩그러니 모래밭에 놓여 있었어.

"마침 잘 되었구나. 이 솥으로 밥을 해 먹고 가자꾸나."

임금의 명에 따라 군사들이 서둘러 밥을 지었어. 그런데 불을 때지 않았는데도 솥에서 저절로 쌀이 익어 밥이 되는 거야. 모두들 이상하게 여기면서 밥을 먹었는데, 비교할 데 없이 밥맛이 좋았어.

밥을 다 먹고 나자 문득 허우대가 짱짱한 젊은이가 나타났어.

"이 솥은 저희 집안의 보물인데, 누이가 갖고 놀다가 잃어버린 것입니다. 대왕께서 주우셨으니 제가 그 솥을 지고 따르겠습니다."

그러자 대무신왕이 기뻐하여 말했어.

"군사를 일으키자마자 귀한 보배와 용감한 장수를 얻으니, 이는 하늘이 우리를 도우심이로다. 내 그대에게 부정負鼎:솥을 짊어진 사람이라는 성을 내리니, 앞으로 큰 공을 세우라."

고구려군은 눈보라를 헤치며 북쪽으로 힘차게 진군했지.

이물림이라는 숲에 다다랐을 때였어. 어디선가 쇳덩이 부딪치는 소리가 요란하게 들려오는 거야.

"이게 무슨 소리인가? 가서 알아 보고 오라."

대무신왕의 명을 받고 소리를 따라간 신하는 얼마 후 창, 칼, 방패, 철퇴를 가득 들고 왔어.

"하늘이 우리에게 무기까지 주시는구나. 참으로 고마운 일이로다."

대무신왕은 하늘에 절을 하고 그 무기들을 받았어. 그러고는 다시 길을 떠나려 하는데, 어디선가 키가 9척이나 되는 거인이 나타났어. 등에는 몇 백 근이 됨직한 큰 칼을 찬 장사였어.

"저는 괴유라고 합니다. 대왕을 따르게 해 주신다면 반드시 부여 왕 대소의 목을 베어 바치겠습니다."

왕이 기꺼이 허락하자, 이번엔 긴 창을 든 장수가 나타났어.

"저는 붉은 골짜기에 사는 마로라고 합니다. 이 창으로 적의 진지를 헤쳐 길을 열겠습니다."

이렇게 진군을 할수록 고구려 군사는 더욱 늘어났어. 이처럼 신비한 일들은 전설이 아니라 『삼국사기』에 기록된 일이야. 역사에는 상징적인 기록도 많은데, 무슨 뜻이 숨어 있을까?

아마도 주변 부족들이 고구려에 붙거나 굴복했다는 이야기일 거야.

씩씩한 고구려인의 기상이 잘 드러나 있는 고구려 벽화

그만큼 부여의 힘은 떨어지고 고구려의 힘이 커진 거지.

이윽고 부여 땅에 다다른 대무신왕은 눈이 녹을 무렵 공격 명령을 내렸어. 고구려군은 함성을 울리며 부여의 도성을 향해 밀고 들어갔지.

부여 왕 대소는 불에 덴 듯 놀랐어. 설마 매서운 겨울 추위를 뚫고 와 고구려군이 공격하리라고는 상상도 못했던 거지.

"괘씸한 놈들, 한 번에 쓸어 버리리라!"

대소왕은 분통을 터뜨리며 반격을 개시했어. 겨울에 먼 길을 온 고구려군이 지쳤으리라 믿었던 거야.

하지만 그건 착각이었어. 대무신왕은 이미 충분히 쉰 다음 공격했거든. 성급히 달려들던 부여군은 오히려 함정에 빠지고 말았어. 9척 거인 괴유는 약속한 대로 대소왕의 목을 베서는 대무신왕 앞에 갖다 바쳤어. 이 광경을 『삼국사기』는 다음과 같이 기록했단다.

부여 왕은 채비를 갖추지 못한 틈을 타 급히 공격했다가, 진흙구덩이에 빠져 오도 가도 못하게 되었다. 이 때 대무신왕의 명을 받은 괴유가 크게 소리를 지르며 칼을 치켜들고 달려드니 부여군이 밀려 쓰러졌다. 괴유는 곧장 부여 왕을 잡아 와 목을 벴다.

　어릴 때부터 고주몽을 죽이려 했던 대소왕은 끈질기게 고구려를 괴롭히다가 결국 이렇게 최후를 맞이했지. 하지만 부여 백성과 군사들은 쉽사리 항복하지 않았어. 싸움에는 이겼지만 양식이 떨어진 고구려군은 굶주림에 지쳐 버렸어. 대소왕만 잡으면 끝날 줄 알았는데, 해모수가 세운 부여도 그리 만만한 나라는 아니었던 거야.

　부여군은 드센 반격을 해 왔어.

　"작은 나라로서 큰 나라를 치는데 대비가 부족했도다! 후퇴하라!"

　대무신왕은 허수아비를 만들어 진지에 세워 놓고 방어하는 척하며 몰래 후퇴했어. 얼마나 다급히 도망쳤는지, 말과 신기한 솥까지 잃어버리고 말았지.

　돌아온 대무신왕은 자신의 무리한 공격을 후회했어.

　"비록 적국의 임금은 죽었으나, 나라를 얻지는 못했다. 이는 나의 덕이 부족한 탓이로다. 내가 가벼이 전쟁을 일으켜 많은 군사와 무기를 잃었으니, 이는 곧 나의 허물이로다."

　대무신왕은 전쟁에서 죽은 군사들의 집을 일일이 찾아다니며 위로했어. 이에 백성들은 왕의 덕에 감동하여 더욱 충성을 다짐했지.

　임금이 죽은 부여는 몹시 혼란스러워졌어. 힘있는 귀족들이 서로 임금이 되려고 왕족들과 다툼을 벌였거든. 이 틈바구니에서 부여 백성과 군사들은 대무신왕의 덕이 높음을 알고 고구려로 넘어오기도 했어.

그리고 그해 가을에 마침내 갈사부여의 왕마저 스스로 항복을 청해 왔어. 갈사부여의 왕은 대소의 막냇동생인데, 부여의 한 무리를 이끌고 압록강 남쪽에 갈사국을 세웠거든. 하지만 고구려의 세력이 날로 커져가니 스스로 무릎을 꿇은 거야. 창칼로 위협할 때는 강하게 대항하던 그들이 덕을 베풀자 스스로 찾아와 신하가 된 셈이지. 결국 이렇게 부여는 멸망하고, 고구려는 대제국의 기틀을 마련했단다.

백만 대군을 물리친 잉어

　동북방의 만형 격이던 부여를 아우른 고구려의 힘은 나날이 커졌어. 끝까지 저항하던 개마국을 정벌하자 구다국은 겁을 먹고 스스로 찾아 와 신하가 되었지.

　대무신왕은 정복한 나라의 백성에게도 어진 정치를 베풀었어. 또한 좌보 을두지와 우보 송옥구의 도움을 받아 안으로는 안정을 찾았고 밖 으로는 국경을 튼튼히 했어.

　이 때 고구려의 강성을 염려하는 무리가 있었으니, 바로 황제 헌원 의 후손들인 한족이었어. 그들은 동이족이 치우가 호령하던 때처럼 강 해지는 것을 겁냈는지도 몰라.

　28년 가을, 한나라는 요동 태수를 선봉장으로 세워 고구려를 침략 했어. 그들은 백만 대군을 이끌고 왔다며 겁을 주었지. 고구려가 더 이 상 크지 못하도록 싹을 밟아 버리려는 수작이었겠지. 고조선 이후 한 족과 우리 겨레가 크게 부딪친 첫 번째 전쟁이었고, 고구려로서는 나 라를 세운 이래 가장 큰 위기를 맞은 셈이었어.

대무신왕은 신하들과 더불어 대책을 논의했어.

우보 송옥구가 말했어.

"예로부터 덕을 믿으면 흥하고, 힘을 믿으면 망한다고 하였습니다. 한나라는 지금 흉년으로 나라 안이 어지러운데 이는 명분이 없는 일입니다. 험한 곳에 진을 치고 날랜 기병을 내세운다면 능히 물리칠 수 있습니다."

좌보 을두지는 다른 의견을 내놓았어.

"적은 군사로 많은 군사와 싸우면 사로잡히기 십상입니다. 굳게 성문을 닫고 저들이 지치기를 기다리는 것이 옳습니다."

두 사람의 의견을 듣고 고민한 끝에 대무신왕이 결론을 내렸어.

"성문을 닫고 적이 지치기를 기다렸다가 공격하는 게 좋겠소."

곧 대무신왕과 신하들은 위나암성*으로 들어갔어.

고구려 국경을 넘어온 한나라 군사들은 이미 이긴 듯 들떠 있었어. 위나암성까지 오는 동안 아무런 방해도 받지 않았거든.

하지만 막상 목적지에 도착해 보니 전혀 뜻밖인 거야. 위나암성은 높은 바위 언덕에 자리잡고 있었거든. 함부로 공격할 수 없는 높은 곳이었어. 게다가 성벽이 높아 화살을 쏘아도 미치지 않고, 가까이 가면 고구려군의 화살이 비오듯 쏟아지는 거야.

위나암성 고구려 유리왕이 수도를 졸본에서 국내성으로 옮기면서 적의 공격에 대비하기 위해 국내성 가까운 곳에 축조한 산성이다. 위나암성은 해발 600미터가 넘는 환도산(중국 지린 성 지안 현)에 위치하고 있어 국내성과 압록강으로 쳐들어온 적의 움직임을 한눈에 알 수 있었다.

한나라는 열흘 동안 여러 차례 공격을 했지만 위나암성은 태산처럼 끄떡도 하지 않았어. 한나라군은 궁리 끝에 두더지 작전을 폈어.

"천자의 명을 받고 와서 이대로 물러선다

면 세상이 우리를 우습게 볼 것이다. 땅굴을 파서 성 안으로 들어가라!"

요동 태수의 명에 따라 한나라 군사들은 두더지처럼 땅을 파기 시작했지. 하지만 얼마 되지 않아 모두 고개를 절레절레 흔들었어.

"성으로 다가갈수록 크고 단단한 바위가 자리잡고 있어서 도무지 굴을 팔 수가 없습니다."

한나라는 두더지 작전도 포기하고 말았어.

"백만 대군이 저 조그만 성 하나를 무너뜨리지 못한단 말인가!"

요동 태수는 분통을 터뜨리며 발을 동동 굴렀어.

그 때 한 장수가 계략을 짜냈어.

"저 성은 바닥이 바위로 되어 있으니 분명 물이 부족할 것입니다. 우리에게 포위된 터라 강에서 길어 먹지 못하니, 곧 물이 떨어져 어려움에 빠질 것입니다. 그 때까지만 성을 에워싸고 있으면 싸우지 않아도 승리는 우리 것입니다. 사람은 밥을 먹지 않아도 열흘을 견디지만, 물을 먹지 못하면 사흘도 못 견디는 법이니까요."

요동 태수는 무릎을 철썩 쳤어.

"참으로 기발한 생각이오. 저 안에는 우물도 없을 테니, 물이 떨어지면 항복하겠지."

한나라 군사들은 포위망을 친 채 공격은 하지 않고 물이 떨어지기만 기다렸어. 고구려군은 당황했지. 성 안에 큰 연못이 있어 얼마간은 버틸 수 있었지만, 오래 갈 수는 없었거든.

"물이 먼저 떨어지느냐 저들의 양식이 먼저 떨어지느냐, 이것이 문제요. 저들을 더 빨리 지치게 해야 하오."

때는 이미 겨울로 접어들고 있었어. 추위가 나날이 심해지자, 한나라 군사들은 발을 동동 구르며 가족과 고향을 그리워했어. 그걸 간파한 고구려군은 심리전을 폈어.

고구려군은 밤마다 피리와 거문고 가락에 맞춰 쓸쓸한 노래를 불렀지. 환한 달빛 아래서 한나라 군사들은 음악 소리에 귀를 기울였어. 며칠이 지나자 그들은 고향과 가족에 대한 그리움에 흠뻑 젖고 말았어. 게다가 양식이 떨어져 풀을 뜯어 먹고 땅 속에 숨은 개구리나 뱀을 잡아먹어야 했으니, 꼴이 말이 아니었지. 위나암성에서 울적한 노래가 들려 올 때마다 군사들은 서로 끌어안고 울거나, 더러는 도망을 치기도 했어.

하지만 요동 태수는 포위망을 풀지 않았어. 그대로 돌아갔다가는 자신의 목이 잘릴 게 분명했거든.

"오냐 우리가 굶어 죽나 너희가 목말라 죽나, 어디 한번 해 보자."

한나라는 끈질기게 버텼어. 그러자 고구려도 흔들리기 시작했어. 성안의 양식도 다 떨어져 가고, 큰 연못도 바닥을 드러내 잉어가 제대로 헤엄을 못칠 지경이었어. 밤낮없이 창을 겨누고 경비를 서던 병사들도 지쳐 버렸어. 이 때 좌보 을두지가 기발한 꾀를 생각해 냈어.

"지금은 양쪽 군대가 모두 지쳤습니다. 이 때 우리가 끄떡없음을 보여 주면 저들도 포기하고 물러갈 것입니다."

을두지는 연못에서 잉어를 잡아 수초로 싸서 요동 태수에게 보냈어. 약간의 술과 대무신왕의 편지도 함께 보냈는데, 『삼국사기』에 실려 있는 편지 내용을 볼까.

과인이 어리석어 큰 나라에 죄를 얻어 장군으로 하여금 백만 대군을 이끌고 이 곳까지 오게 했으니 참으로 미안한 일이오. 그러나 장군은 섣불리 우리를 치지 않고 있으니, 내 이를 고맙게 여겨 보잘것 없는 것이나마 보내어 위로하고자 하오.

잉어를 받은 요동 태수는 허탈하게 말했어.

"아! 저 성 안에 이토록 큰 잉어가 사는 연못이 있을 줄이야! 그렇다면 물도 풍부할 테니 우리가 포기할 수밖에 없겠구나."

결국 한나라의 백만 대군은 멀리 고구려 위나암성까지 왔다가 아무것도 얻지 못한 채 돌아가고 말았어. 고조선 이후 오랜만에 맞닥뜨린 한족과 동이족 고구려의 대결은 이렇게 싱겁게 끝났어. 한나라는 싸워보지도 못하고 진 것이요, 고구려는 잉어 한 마리로 백만 대군을 물리친 셈이었지. 그러나 이 일은 긴 싸움의 시작을 알리는 첫인사에 지나지 않았어. 한족과 고구려의 전쟁은 세월이 갈수록 더욱 뜨거워졌으니까.

비운의 왕자 호동

호동은 대무신왕의 장남이었어. 아마도 그는 매우 뛰어난 미남이었나 봐. 호동好童이라는 이름에 이미 '좋은 아이', '예쁜 아이'라는 뜻이 들어 있을 정도였으니까 말이야.

호동은 아버지 대무신왕을 닮아 용맹하고 활달했어. 그러니 많은 사람이 호동이 다음 왕위를 이어받기를 기대했을 거야. 하지만 호동은 두 번째 황후의 아들이었던 탓에 임금의 자리를 이어받기는 어려웠어. 그래서 나이가 차도록 태자가 되지 못했어. 태자는 제1황후의 아들인 동생 해우가 될 가능성이 컸지. 하지만 대무신왕은 아직 누구도 태자로 정하지 않은 채 왕자들을 지켜보고 있었어. 호동이 큰 공을 세우기라도 한다면 서자라도 태자가 될 수도 있는 상황이었지.

그런 때 호동은 고구려 수도 국내성 동쪽에 있는 옥저 지방으로 유람을 떠났어. 그 때 옥저 옆에는 낙랑이라는 작은 나라가 있었는데, 마침 낙랑왕 최리가 호동 일행과 맞닥뜨렸어. 호동의 총명함과 뛰어난 미모는 이미 고구려나 그 주변 나라까지 잘 알려져 있었나 봐. 최리는 호동을 단번에 알아보고 반겼어.

"그대의 얼굴을 보니 보통 사람이 아니구려. 혹 북국 신왕고구려 대무신왕의 아들이 아니오?"

호동이 그렇다고 하자, 최리는 호동을 성으로 데리고 가서 후하게 접대하고는 자기 딸을 소개시켜 주었어. 낙랑공주 역시 잘생기고 용맹스런 호동이 마음에 쏙 들었겠지. 두 젊은 연인은 곧 사랑에 빠지고 말았어. 하지만 그건 비극의 시작이었지.

당시 낙랑은 고구려의 지배를 거부했어. 고구려는 낙랑을 굴복시키려고 무척 애를 썼지만 허사였어. 낙랑은 아주 작은 나라였지만 믿는 바가 있었거든. 바로 자명고自鳴鼓라는 북과 나팔이었어. 자명고는 외적이 쳐들어오면 저절로 둥둥 울렸고, 덩달아 나팔도 울었어. 그러면 백성들은 즉시 성 안으로 피하고, 미리 준비한 군사들은 적이 오기를 기다렸다가 물리치곤 했지. 아마 호동왕자는 옥저를 통해 낙랑으로 가서 그 비밀을 알아 내려고 했는지도 몰라. 낙랑을 굴복시켜야 고구려는 뒤를 걱정하지 않고 서쪽의 한나라를 상대할 수 있는 상황이었거든. 하지만 낙랑은 고구려와 친하게 지내면서도 굴복하지는 않으려고 했어. 그러니까 최리가 호동을 잘 접대하고 딸까지 주었겠지.

낙랑에서 얼마간 꿈결 같은 시간을 보내던 호동이 낙랑공주에게 말했어.

"내가 당신을 사랑하지만 우리는 서로 적국의 왕자와 공주요. 그러나 만일 당신이 나를 위하여 자명고와 나팔을 부순다면 나는 당신을 고구려로 데리고 가서 아내로 맞이할 수 있을 거요. 또한 고구려와 낙랑은 더 이상 전쟁을 하지 않게 될 거요."

낙랑공주는 고민 끝에 그렇게 하기로 약속했어.

고구려로 돌아온 호동은 대무신왕에게 낙랑을 칠 것을 건의했지. 대무신왕은 기꺼이 군사를 호동에게 내주었어. 호동은 자신의 사랑을 믿고 조용히 낙랑을 향해 진군했지. 과연 고구려군이 낙랑 성 바로 밑에 다다르도록 자명고와 나팔은 울리지 않았어. 결국 낙랑공주가 자신의 사랑을 위해 자명고를 칼로 찢고 나팔을 부숴버린 거야.

"공격하라!"

고구려군은 갑자기 들이쳤고, 자명고와 나팔을 믿고 여유를 부리던 낙랑은 삽시간에 무너지고 말았지. 최리는 공주가 자명고와 나팔을 부순 사실을 알고는 딸을 죽이고 말았어. 결국 성은 점령되었고, 최리는 항복하고 무릎을 꿇었어. 승자가 된 호동은 낙랑공주를 찾았으나 이미 싸늘한 주검이 되어 있었지.

전설과도 같은 이 이야기는 고구려에 널리 퍼졌어. 호동의 애틋한 비극적 사랑을 안타까워하기도 하고, 그의 영웅담에 환호하기도 했겠지. 비록 사랑하는 연인을 잃었지만 호동은 백성의 지지를 받아 태자가 되고 왕위를 이어받을 가능성이 아주 높아졌지. 호동이 이렇게 인기를 얻으면 누가 가장 불안하겠니?

당연히, 정비인 제1황후와 그 아들 해우겠지. 이 무렵 해우는 갓난아이였을 텐데 황후는 권력에 대한 욕심이 대단했나 봐. 황후는 기어이 자기 아들을 태자로 삼고자 했어. 그러자면 이미 장성하여 백성의 지지까지 받는 호동을 제거하는 수밖에 없잖아. 그래서 아주 음흉한 수작을 부려 호동을 자기 방으로 부른 다음 대접을 하고는 별안간 소리를 지르는 거야.

"왕자가 나를 욕보이려 한다!"

곧 황후는 대무신왕에게 호동을 벌줄 것을 청했어. 하지만 대무신왕은 호동을 어려서부터 매우 아꼈기 때문에 그 말을 믿지 않았어.

"호동도 사랑스런 나의 아들이거늘, 그대는 호동이 다른 여인의 배에서 나왔다 하여 미워하는 것이오?"

황후는 뜻대로 되지 않자, 자기 말이 거짓이라면 차라리 자기를 벌주라고 떼를 썼어. 난처하게 된 대무신왕은 호동이 나서서 죄가 없음을 해명해 주었으면 하고 바랐지. 한 신하가 그 뜻을 전하자 호동은 단호하게 말했어.

"나는 해명하지 않을 것이오. 내가 애써 해명한다면 어머니의 죄악을 드러내는 일이 되고, 또한 부왕의 근심을 더하게 될 테니 어찌 그것을 효라고 하겠소."

이 말을 마친 호동은 칼로 스스로 목숨을 끊고 말았어. 고구려 백성의 사랑과 존경을 받던 뛰어난 지도자가 꽃봉오리를 피우지도 못하고 꺾이고 만 셈이었지.

그 직후 해우는 태자가 되었어. 그렇게 황후는 자신의 뜻을 이루었지만, 대무신왕은 슬픔과 실망이 무척이나 컸겠지. 너무 어여뻐서 이름조차 호동으로 지어 주었고, 자신의 뜻을 가장 잘 이해한 아들이 어이없이 죽었으니 말이야. 그래서인지 대무신왕은 치세 27년 만인 42세의 젊은 나이에 숨을 거두고 말았단다. 고구려인들은 그를 대수촌 언덕에 묻고 묘호왕이 죽은 뒤에 공덕을 기리어 붙인 이름를 대무신왕이라고 했는데, 크게 힘을 길러 나라를 강건하게 한 신과 같은 임금이란 뜻이야. 고구려가 비로소 작은 나라에서 벗어났음을 자부하는 이름이지.

　　왕위는 대무신왕의 아우 해색주가 이었는데, 곧 민중왕이야. 그런데 민중왕은 4년 만에 죽고 태자 해우가 왕이 되니 모본왕이야. 그는 호동을 비열한 음모로 제거하고 기어이 왕이 되었으나, 전혀 백성의 기대에 미치지 못했어. 결국 지나친 폭정을 하다가 신하에게 죽임을 당하고 말았지. 그랬으니 고구려 백성들은 호동왕자의 죽음을 얼마나 안타까워했겠니. 아마 그래서 오늘날까지 호동왕자와 낙랑공주의 사랑 이야기는 영화와 연극으로 끝없이 되살아나고 있는지도 몰라.

제3장

제국의 영광

광개토 대왕

광개토왕의 이름은 담덕이며,
고국양왕의 아들이다.
그는 나면서부터 모습에 위엄이 넘치고,
남에게 얽매이지 않는 뜻이 있었다.

- 「삼국사기」

백제의 성장과 경쟁

대무신왕이 고구려가 대제국으로 일어설 기반을 다졌다면, 그 기반 위에서 진정한 강국을 건설한 왕은 6대 태조였어. 아마 이 때부터 고구려는 국제적으로도 강국으로 인정받고, 왕권도 안정되었을 거야. 첫 임금에게 올리는 묘호 태조를 6대 임금에게 올린 걸로 보아 짐작할 수 있는 일이지.

비록 고구려가 아시아 동북방의 강국이 되었다고는 하지만 시련은 그치지 않았어. 특히 세상의 중심을 자처하는 중국 한족과의 다툼이 끊임없이 이어졌어. 이 무렵에도 한나라와 좌원대첩이란 큰 전쟁을 치렀는데, 이 전쟁의 영웅을 기억하니?

명림답부! 먼저 나온 〈인물로 보는 우리 역사〉 시리즈의 두 번째 책 『명재상 이야기』(보물창고, 2008)의 첫 번째 주인공이잖아. 99세의 나이에 혁명의 선봉에 서서 어지러운 나라를 바로잡고, 한나라 침략군을 좌원 들판에서 보기 좋게 물리쳤지.

그 후에도 중국의 중심국이 바뀌는 동안 여러 차례 충돌이 있었어.

그 때문에 산상왕 때와 동천왕 때는 도읍을 동쪽으로 옮기기까지 했지. 이렇게 고구려가 중국의 여러 나라와 싸우는 동안 또 하나의 경쟁자가 생겨났어. 고구려에서 갈라져 나가 한반도에 정착했던 작은 나라 백제가 강자로 등장한 거야.

온조의 후예 백제는 한반도에 자리한 덕분에 침략을 별로 받지 않았지. 삼면은 바다로 막혔고, 위쪽은 고구려가 잘 막아 주었거든. 그 동안 내실을 다지고 무역과 상거래를 잘해서 안정된 기반을 갖추었어. 8대 임금 고이왕재위 234~286은 한반도의 맏형 노릇을 하던 목지국을 꺾고 한반도의 주인이 되었지. 백제를 고구려와 다툴만한 국제적인 강국으로 키운 이는 13대 임금 근초고왕재위 346~375이야.

근초고왕은 한반도 한강 남쪽의 거의 모든 지역을 통일했어. 신라는 백제보다 먼저 생긴 나라였지만 백제에게 머리를 조아려야 했지. 그리고 백제는 항구를 기지로 삼아 해외의 다른 나라에까지 세력을 확대했어. 낙랑과 대방을 치기도 하고, 중국의 산둥반도를 장악해 기지를 건설하기도 했지.

그 당시 중국에는 한나라가 망하고 삼국시대도 끝나고 5호 16국 시대였어. 동북방은 고구려가 굳건히 지키고 있었고, 거대한 대륙이 여러 나라로 갈라져 서로 다투는 중이었지. 그 틈을 이용해 백제는 힘을 키웠고, 그러다 보니 고구려와 부딪칠 수밖에 없게 된 거야. 지금까지 백제는 고구려에 조공을 바치는 아우 나라였는데, 그렇게 치고 올라오는 걸 고구려가 그냥 두고 볼 리 없었지.

369년 9월, 고구려는 2만 병사를 동원해서 백제를 쳤어. 하지만 이미 백제는 만만한 상대가 아니었지. 근초고왕은 태자 근구수를 앞세워 거세게 저항했어. 자신만만하던 고구려는 대패를 하여 무려 5천 명이나 백제의 포로가 되었어.

두 나라의 다툼은 거기서 그치지 않았어. 중국 대륙에 뚜렷한 강자가 없었으니 백제와 고구려의 대결은 강대국끼리의 승부나 마찬가지였지. 371년, 고구려는 복수을 맹세하며 다시 백제로 쳐들어갔어.

"이번에야말로 백제의 위력을 보여 주리라!"

백제의 근초고왕은 3만 대군을 이끌고 직접 나섰지. 백제군은 미리 길목에 숨어 기다리다가 쳐내려오는 고구려에 선제공격을 퍼부었어. 습격을 당한 고구려는 대패를 했고, 그 여세를 몰아 백제는 평양까지 짓쳐들어갔어. 수세에 몰린 고구려는 평양성에서 수성 작전을 펴며 버티었지. 한창 공방전을 벌이던 어느 순간, 큰 함성이 터졌어.

"고구려 왕이 죽었다!"

성루에서 전투를 지휘하던 고구려의 고국원왕이 백제군의 화살에 맞고 쓰러진 거야. 백제군은 사기가 충천하여 더욱 거세게 공격해댔지. 그러나 고구려의 태자 구부가 흔들리는 군사들을 잘 지휘해서 굳건히 방어했어. 결국 성을 무너뜨리지 못한 백제는 양식이 떨어져 그쯤에서 돌아서고 말았지. 대제국 고구려는 아우 나라 백제에게 왕이 죽임을 당하는 치욕을 당한 채 복수의 날을 꿈꾸게 되었어.

그 후 백제는 최고의 전성기를 누리게 되었어. 배 만드는 기술과 항해술은 당시 최고 수준이었지. 그를 바탕으로 국제 무역을 하여 물산을 풍부하게 하고 일본, 인도, 중국까지 진출한 거야. 백제가 이 정도였으니 당시에는 우리 조상들이 아시아를 주름잡았다고 볼 수 있지.

하지만 백제의 전성기는 그리 오래 가지 못했어. 전쟁터에서 죽은 고국원왕의 후손이 복수를 벼르고 있었거든. 그리고 그 주인공이 등장했으니 바로 고국원왕의 손자 광개토 대왕이었어.

정복자

광개토 대왕은 375년에 태어났어. 백제가 전성기를 누리고, 신라도 서서히 나라꼴을 갖추어 갈 무렵이었지. 중국 대륙에는 한나라 이후 특별한 강국이 없는 5호 16국 시대였고. 이런 시기에 태어난 광개토 대왕은 고구려를 대제국으로 만들었어. 그럼에도 불구하고 『삼국사기』에는 대왕의 업적이 자세하게 나와 있지 않아. 어릴 적 이야기는 찾아볼 수도 없고, 다른 나라와 싸워 이겼다는 몇몇 기록뿐이야. 영웅들에게 흔히 있을 법한 신기한 이야기도 없어. 그저 다음과 같이 간략하게 소개해 놓았을 뿐이야.

광개토왕의 이름은 담덕이며, 고국양왕의 아들이다. 그는 나면서부터 모습에 위엄이 넘치고, 남에게 얽매이지 않는 뜻이 있었다.

고국양왕의 아들 담덕이 태자가 된 건 12세 때야. 그리고 부왕이 병으로 나랏일을 돌보지 못하게 되자 고구려의 19대 임금에 올랐는데,

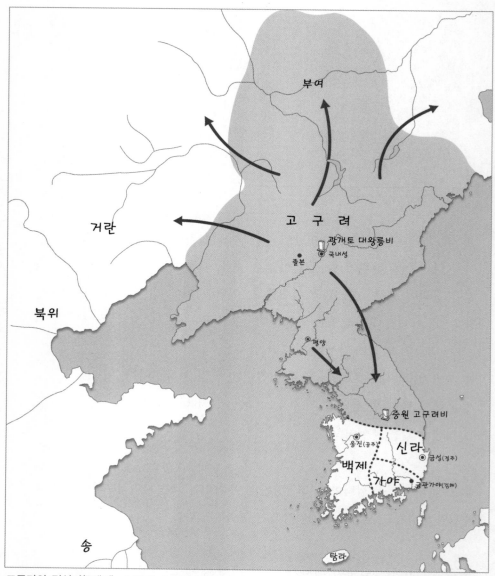

고구려의 전성기(5세기) 고구려는 광개토 대왕과 장수왕 때 가장 넓은 영토를 차지하였다. 장수왕은 광개토 대왕의 업적을 기리기 위해 광개토 대왕릉비를 세웠으며, 중원 고구려비는 남한강 유역의 여러 성을 점령한 후 세웠을 것으로 추정된다.

고작 17세였어.

당시 백제는 가야, 일본까지 연합하여 강국을 자처했어. 신라마저 삼키려고 위협하는 한편 고구려까지 넘보는 중이었어. 이런 사정을 정확히 파악한 광개토 대왕은 먼저 신라와 화친 조약을 맺었어. 백제에게 늘 시달리던 신라는 대환영이었지. 그리고 고구려의 복수전과 전성시대는 막을 열었어.

역시 광개토 대왕의 첫 목표는 백제였어. 한반도를 안정시킨 고구려는 백제의 중국 대륙 기지를 습격했어. 392년에 일시에 들이쳐서 열 개의 성을 빼앗았지. 담덕이 임금이 된 이후 처음 올린 승전보였어. 돌아오는 길에는 거란을 쳐서 잡혀 있던 고구려 백성 1만 명을 구해 왔어. 그리고 그 해 겨울에는 백제의 중요한 요새인 관미성*을 공격하여 20일 만에 점령했어. 관미성은 요새인데다 바닷가에 있어서 무역을 위해 꼭 필요한 기지였거든. 그 때문에 백제는 관미성을 되찾기 위해 여러 차례 군사를 일으켰어. 하지만 결과는 번번이 고구려의 승리로 끝났어. 『삼국사기』 「고구려 본기」의 기록을 볼까.

*관미성_ 예성강 남안의 오두산성에 있었던 것으로 추정되는 백제의 성으로, 광개토 대왕릉 비문에는 각미성(閣彌城)이라고 표기되어 있다. 『삼국사기』에 따르면 고구려 광개토 대왕이 392년에 백제의 관미성을 공격하여 빼앗았다. 이를 계기로 백제의 영토가 한강 이남으로 밀리게 되었다.

2년 8월에 백제가 남쪽 변읍을 침범하므로 장수를 시켜 막았다. 3년 7월에 백제가 쳐들어오니 왕은 정예 기병 5천 명을 이끌고 나가 무너뜨렸다. 4년 가을에 대왕은 백제를 패수 위에서 크게 무찌르고 8천 명을 사로잡았다.

이 무렵 백제에도 만만찮은 임금이 등장했어. 침류왕의 아들 아신왕인데, 말타기와 사냥을 좋아하고 성격도 아주 괄괄했거든. 그는 임금이되자 자신의 외숙부 진무를 사령관으로 삼아 관미성 탈환을 명했어.

"관미성은 우리의 요새인데 지금 고구려가 차지하고 있으니 통분한일이오. 반드시 성을 되찾아 부끄러움을 씻어 주시오."

관미성으로 군사를 몰아 간 진무는 앞장서서 전투를 지휘하며 맹렬하게 싸웠어. 하지만 이미 성을 차지한 고구려군은 성문을 굳게 닫고굳건한 방어를 했어. 그러자 백제는 관미성을 포기하고 고구려의 국경을 침범했어. 이에 고구려에서는 광개토 대왕이 직접 나서서 백제군을물리치고 포로를 무려 8천 명이나 잡았어. 그러자 아신왕은 직접 군사를 이끌고 복수전에 나섰는데, 이미 겨울이라 눈이 내리고 추워서 물러나고 말았지.

이렇게 아신왕이 복수를 꿈꿀 때, 놀라운 소식이 전해졌어. 396년봄, 광개토 대왕이 직접 백제의 본토로 쳐들어온 거야. 배에 수만 군사를 태워 순식간에 백제 땅에 내려 들이친 거지.

백제의 아신왕은 한강 남쪽에 진을 치고 대항했어. 고구려군은 거침없이 한강을 건넜어. 그리고 한 번도 지지 않고 백제의 서울 위례성까지 치고 들어온 거야. 이에 백제는 하는 수 없이 하얀 깃발을 내걸고말았지.

"백제는 영원히 대왕의 신하가 되겠습니다."

결국 아신왕은 광개토 대왕에게 무릎을 꿇고 신하의 예를 바쳐야 했어. 고구려는 한강 북쪽 백제 땅의 58개 성과 7백 개 마을을 차지했어. 그리고 포로 천 명과 백제의 왕족을 볼모로 삼았지. 고구려는 여기서 그치지 않고 백제와 가까운 가야를 치고, 또 신라로 쳐들어온 일본까지 물리쳐 신라를 구해 주었어. 이렇게 하니 한반도와 그 주변은 고구려에 의해 완전히 장악되었어. 명실 공히 고구려가 한반도의 주인이 된 셈이었지.

대륙의 별

이 즈음 중국 대륙에서는 연나라후연가 힘을 떨치고 있었어. 고구려와 국경이 붙은 그들은 심심찮게 노략질을 해댔지. 고구려가 백제와 싸우는 동안 여러 성을 빼앗기도 했어. 한반도를 장악하여 뒤탈이 없게 한 광개토 대왕은 이제 드넓은 대륙을 향해 말머리를 돌렸어.

*연나라_ 중국 춘추·전국시대에 허베이성 북부에 있던 나라로 북연이라고도 한다. 춘추시대에는 작고 힘없는 나라였지만, 전국시대에는 전국칠웅(戰國七雄) 가운데 하나가 될 정도로 강대해졌다. 기원전 222년에 진(秦)나라에 의해 멸망되었다.

402년, 광개토 대왕은 중국에서 가장 영토가 넓은 연나라*로 쳐들어갔어. 그는 순식간에 빼앗긴 성을 되찾고 땅을 더욱 넓혔어. 광개토 대왕은 싸우는 족족 적을 무너뜨렸고, 그가 가는 곳에는 오직 승리의 노래가 있을 뿐이었지. 『삼국사기』에 광개토 대왕이 전투에서 단 한 번도 지지 않았다고 씌어 있을 정도야. 대체 어떻게 그 많은 전투에서 단 한 번도 지지 않았을까?

광개토 대왕의 전술은 치밀하고 빨랐어. 백제와 싸우기 전에 미리 신라와 화친 조약을 맺고, 바다로 둘러싸인 요새 관미성을 무너뜨릴 땐 병력을 일곱 갈래로 나누어 공격했대. 거란이 뒤를 칠까 봐 너무 오래 전쟁터에 머무르지도 않았어. 일시에 쳤다가 적을 쳐부수고는 즉시 물러나 수비를 하는 거야. 게다가 임금이 몸소 지휘를 하니 고구려군은 늘 사기가 드높아 싸우는 족족 이겼던 거지.

광개토 대왕은 지혜 못지 않게 덕망도 높았어. 400년에 일본이 신라를 침략하자, 5만 군사를 신라로 보내 물리쳐 주었거든. 이 같은 고구려의 보호에 힘입어 신라도 서서히 힘을 키워 갈 수 있었지.

또 부하들의 사기를 돋우는 심리전에도 매우 뛰어났어. 405년, 연나라 임금 모용희가 수십만 대군을 이끌고 쳐들어왔을 때였어. 모용희는 고구려의 요새 요동성을 공격했지. 연나라 군사는 숫자도 많고 사기가 높아 곧 성을 무너뜨릴 듯했어. 성 안 여기저기서 불이 났고, 고구려 병사들의 머릿수는 점점 줄어들었어. 성이 무너지기 직전이었지. 기선을 잡은 모용희는 큰소리를 뻥뻥 쳐댔어.

"아무도 성 위로 올라가지 마라. 저 성을 완전히 무너뜨린 다음, 나와 황후가 수레를 타고 가장 먼저 들어가겠노라!"

연나라 군사들은 더욱 사기를 높였고, 고구려 군사들은 절망감에 사로잡혔지. 이 위급한 상황 보고가 광개토 대왕에게 날아들었어. 하지만 일본과 백제의 공격 때문에 구원군을 보내 줄 형편이 못 되었거든. 그러자 광개토 대왕은 칼 대신 붓을 들고 힘찬 격문을 썼어.

요동성은 고구려의 운명이 걸린 중요한 성이다. 만일 요동성이 위험에 빠지면 짐과 황후가 같이 칼을 들고 달려갈 것이다. 고구려의 장병들은 온 힘을 다하여 적을 무찌르면서 짐을 기다려라!

황후와 함께 전쟁터로 달려오겠다는 말에 장병들은 몸둘 바를 몰랐다고 해. 다시 사기가 오른 고구려군은 굳세게 침략군에 대항하기 시작했어. 빈틈이 보일 때마다 결사대를 조직해 달려나가 적을 기습하고는 도망치곤 했지. 이런 필사적인 공격에 연나라는 흔들리기 시작했어. 다 이긴 줄 알고 잔치 준비를 하던 그들의 사기는 모래성처럼 무너져내렸어. 그 때 한 가지 다급한 소식이 모용희에게 날아들었어.

"폐하, 고구려의 임금이 곧 구원군을 이끌고 온답니다."

당황한 연나라 장수들이 모용희에게 후퇴할 것을 건의했지.

"아, 임금이 온다는 말만 듣고도 저토록 잘 싸우는데, 임금이 나타난다면 승패는 뻔한 것이다. 후퇴하라!"

결국 모용희는 군사를 데리고 도망치기 시작했어. 이에 고구려는 결사대를 조직하여 그 뒷덜미를 추격하여 크게 무찔렀지. 이 전투는 연나라에게 큰 혼란을 안겨 주었어. 지도력을 잃은 모용희의 연나라는 결국 남연과 북연으로 갈라지고 말았거든. 남연은 모용희가 차지하고, 북연은 고구려의 후손인 고운이 정권을 잡았어.

기회를 잡은 고구려는 진격을 멈추지 않았어. 북연과 화친 조약을 맺고는 남연을 친 거야. 그 틈에 백제의 아신왕은 다시 일본과 연합하여 고구려를 쳤지만 이번에도 고구려에게 보기 좋게 패했지. 그 결과 백제는 중국 대륙의 기지를 모두 고구려에게 빼앗기고 한반도 남쪽에서 몸을 움츠린 채 지내게 되었지. 그리고 고구려는 동북아시아에서 가장 강대한 제국으로 성장했어. 광개토 대왕은 황제로 불렸고, 연호를 사용하는 위엄까지 보였어.

이렇게 한반도와 대륙을 호령하던 광개토 대왕은 안타깝게도 413년에 숨을 거두었어. 한창 의욕적으로 나라를 다스릴 39세에 병을 얻은 거야. 그렇게 광개토 대왕은 갔지만 고구려의 영광은 더욱 찬란해졌어. 그의 아들 장수왕이 아버지의 업적을 바탕삼아 더욱 땅을 넓히고는 고구려의 찬란한 전성시대를 열었거든.

대왕의 부활

1880년은 광개토 대왕이 세상을 뜬 지 1400년이 지난 때야. 조선이 서구 열강과 일본, 청나라, 러시아에 둘러싸여 왕조의 마지막을 맞이할 무렵이었지.

그런 어느 봄날, 만주 집안현 통구 들판은 겨우내 언 땅이 녹아 햇살에 물기가 번득였어. 아지랑이가 아른거리는 들판으로 한 농부가 곡괭이를 들고 걸어왔어.

"저 언덕배기에 밭을 만들어야지."

다른 데보다 높게 도드라진 언덕에서 농부는 곡괭이질을 시작했어.

"깡!"

한참 일에 열중하던 농부는 곡괭이를 떨어뜨리고 말았어. 힘차게 땅을 내리찍었는데, 그만 바위를 찍은 곡괭이가 튕겨나간 거야. 농부가 곡괭이 자루를 놓칠 정도로 크고 단단한 바위였어.

"에이, 큰 바위가 한가운데 있으면 곤란한데. 하지만 제까짓 게 커 봐야 얼마나 크겠어."

농부는 다시 곡괭이를 잡고 바위 주변의 흙을 긁어 냈어.

"어럽쇼? 내 키보다도 더 크네."

바위 모서리를 따라 흙을 긁어 내던 농부는 깜짝 놀랐어. 바위 길이가 무려 6미터가 넘고, 두께도 약 1.5미터나 되었거든.

"에잇, 밭 한 뙈기 만들려고 했더니 다 틀렸군. 이렇게 큰 바위를 어떻게 들어 낸담?"

농부는 바위를 들어 내는 걸 포기했어. 한나절 흘린 땀이 말짱 허탕이 되고 말았지.

"예끼, 심술궂은 바위 덩어리 같으니."

농부는 홧김에 바위 모서리를 발로 찼어. 흙덩이가 툭 떨어져 나갔지.

"어, 이거 보통 바위가 아닌 것 같은데?"

다시 보니 바위는 표면이 반듯하게 잘 다듬어져 있었어.

"설마 비석은 아니겠지. 황제의 비석이라도 이렇게 크지는 않을 테니."

표면의 흙을 손으로 긁어 내던 농부는 다시 깜짝 놀랐어. 바위에 글씨가 새겨져 있는 걸 발견한 거야. 그는 바위 표면의 흙을 말끔히 걷어 냈어.

"와!"

농부는 다시 놀랐어. 바위 표면이 글씨로 빽빽이 채워져 있었거든. 옆면도 마찬가지였어. 보통 바위가 아님을 알아챈 농부는 관청으로 달려가 신고를 했어. 관청의 수령은 금석학에 대해 잘 아는 부하를 시켜 비석의 글씨를 본뜨게 했지. 그리고 본뜬 것을 북경으로 보냈어.

세상에서 가장 큰 비석의 발견에 중국 학자들은 기대감에 부풀었지.

광개토 대왕릉비

그들은 새로운 역사를 찾아내리라는 설렘을 안고 비문을 해석했어. 그 결과는 놀라웠어.

"이럴 수가!"

자기 조상의 비석인 줄 알았던 그들은 어안이 벙벙해졌어. 그것은 중국인의 것이 아니라 조그만 반도 국가 조선의 조상이 세워 놓은 비석이었거든. 누구의 비석이겠니?

"광개토 대왕!"

맞아, 바로 광개토 대왕의 비석이었어. 그가 죽은 그 이듬해, 아들 장수왕이 세운 거였지. 고구려가 망하고 우리 민족의 삶의 터가 한반도로 작아지면서 고구려의 역사와 영광은 거의 잊혀졌거든. 그게 1400여 년이라는 긴 역사의 잠에서 깨어나 세상에 우뚝 드러난 거야.

이를 계기로 고구려에 대한 우리 민족의 관심과 애정은 불길처럼 일어났어. 우리는 결코 반도의 작은 나라가 아니라, 대륙을 누비던 드높은 기상을 가진 민족이었음이 확인되었거든. 만주 대륙에 우뚝 선 거대한 비석을 떠올리며 이렇게 말해 보렴.

"아, 고구려!"

가슴이 뿌듯해지면서 울렁거리지 않니?

고구려는 확실히 신라나 백제는 물론 고려나 조선과는 확연히 다른 느낌으로 다가오지. 거대한 역사와 영광이 거인처럼 쿵쿵 발자국을 찍으며 다가오는 것 같지. 조선시대와 일제 강점기를 거쳐오면서 작아지고 소심해진 우리 민족에게 큰 자신감을 불어넣어주기도 하지. 그것은 고구려가 진정한 고조선의 계승자이고, 또한 대륙의 지배자였기 때문일 거야. 그런 고구려를 통해 우리는 우리의 뿌리와 정신을 보다 정확하게 확인할 수 있지. 광개토 대왕의 위대한 점은 바로 그런 실질적인 근거를 이룩해 냈다는 점이란다. 우리의 뿌리인 고조선과 잊힌 제국 고구려의 실체를 환하게 밝혀 내야 할 책임은 오늘날 우리의 몫이겠지.

제4장

사상 최대의 전쟁과
을지문덕

양제가 요동전투에 군사를 일으킨 건 그 규모가 전례 없이
성대했다. 고구려가 이에 대항하여 스스로 보전하고 적을
거의 멸하였으니 이는 을지문덕 한 사람의 힘이다.

－『삼국사기』「열전」

수나라와 고구려

　한나라가 망한 다음 삼국시대를 거친 중국 대륙은 혼란이 되풀이되었어. 여러 나라가 섰다가는 곧 사라지고 하니 전쟁이 그칠 날이 없었지. 그러던 6세기 말, 남북조로 갈라져 있던 중국에 새로운 강자가 나타났어. 양견이 수나라를 세우고 천하를 통일한 거야. 실로 오랜만에 한족이 거대한 통일 국가를 이룬 참이었지.

　이 때 고구려는 흑룡강에서 요하에 이르는 넓은 땅을 지배하는 대제국이었어. 북방의 여러 나라를 신하로 두고 있었지. 이런 고구려가 수나라에겐 눈엣가시나 다름없었겠지.

　590년, 수 문제는 고구려에 사신을 보냈어. 사신은 '어서 항복하고 신하의 예를 갖추라'는 수 문제의 협박 같은 문서를 내밀었어. 그 문서에는 고구려를 미개하고 작은 나라로 무시하는 문구가 가득했지. 심지어 수나라가 고구려를 치는 데는 장군 한 명만 보내도 이길 거라고 희롱하기까지 했어.

　고구려 대신들은 분노를 터뜨렸어. 생긴 지 얼마 되지도 않은 나라가 역사가 600년이 넘은 대제국을 신하로 취급하니 참을 수가 없었지. 고구려의 대장군 강이식이 목청을 높였어.

"폐하, 이런 오만한 문서는 글로 답할 게 아니라, 칼로 응징하는 것이 옳습니다!"

고구려의 평원왕도 분노를 감추지 않았어. 그러나 그 얼마 뒤 평원왕이 죽는 바람에 전쟁은 일어나지 않았어. 수나라는 계속 고구려에게 신하가 될 것을 요구했지. 비밀리에 정예병 30만 명까지 준비해 두고는 협박을 해댄 거야.

평원왕의 뒤를 이은 영양왕은 매우 치밀한 인물이었어. 그는 수나라의 동태를 살피면서 기회를 엿보았지. 그러다가 598년에 직접 군사를 이끌고 먼저 수나라의 영주성을 공격했어. 수나라도 준비된 30만 대군을 동원하여 고구려를 향한 공격을 명령했어.

"감히 천자의 위엄에 도전한 동쪽 오랑캐를 남김없이 쓸어 버려라!"

문제의 아들 한왕 양과 왕세적 장군이 대군을 이끌고 고구려로 향했어. 후방에서 군량을 지원하는 임무는 수 문제의 차남 양광이 맡았지. 수나라는 육군과 수군이 동시에 들이쳐서 고구려 도성을 무너뜨리기로 작전을 짜고는 의기양양하게 고구려로 진격해갔어.

때는 598년 여름이었어. 수나라에서 고구려로 오려면 요하라는 큰 강을 건너고 늪지대를 지나야 했거든. 그런데 장마철이 되니 물난리가 나고 뻘이 더 많아져 수나라군은 제대로 이동조차 할 수 없었어. 마차가 진창에 빠지니 식량 운반도 되지 않았고, 비를 맞은 군사들은 추위에 떨었어. 이를 이미 간파한 고구려군은 강이식 장군을 앞세워 기습

공격을 하고는 물러나기를 반복했지. 수나라군은 고구려의 공격에 시달리며 변변한 대항조차 못하고 죽어 갔어. 굶주려 죽고 병에 걸려 죽고, 고구려의 기습에 죽었지.

바다로 진격한 수나라 군대는 태풍을 만났어. 그 때문에 고구려 땅을 밟아보지도 못하고 물고기 밥이 되고 말았지. 만만하게 보고 덤볐던 고구려한테 손톱만큼도 피해를 못 주고 완전히 패배한 셈이었지.

그 후 수나라 정국에 변화가 생겨 한동안 전쟁 없이 조용했어. 수나라 황제가 바뀐 거야. 수 문제의 둘째 아들 양광이 2대 황제가 되었는데, 그는 대단한 광기를 지닌 인물이었어. 양광은 자기 아버지와 형제까지 죽이고 권력을 장악해서는 백성들을 온통 강제노동에 동원했어. 운하를 만들고 성을 쌓고 궁궐을 짓는데 온 백성이 하루도 편할 날이 없었어. 이런 한편 수 양제 양광은 고구려에 대한 복수를 준비하고 있었어.

그러는 동안 고구려는 비교적 평화로웠어. 겉으로는 수나라의 신하인 척하며 평화를 유지했지만, 언젠가 쳐들어올 거라는 걸 알고 있었지. 그래서 박사 이문진으로 하여금 『신집』과 『유기』 같은 역사책을 펴내게 하는 한편, 성을 보수하고 군량미를 확보하며 다가올 전쟁에 대비했어.

사상 최대의 전쟁

612년 정월, 마침내 수 양제는 복수의 깃발을 들었어. 이 때 수나라가 동원한 군사의 숫자는 역사상 한족과 우리 민족이 싸운 가운데 가장 많았어. 세계 어느 전쟁에서도 이처럼 많은 군사가 한꺼번에 일어난 적은 없었으니 사상 최대의 전쟁이라고 해도 좋을 거야. 『삼국사기』에는 그 어마어마한 군대에 대해 다음과 같이 기록해 놓았어.

(수의 군사는) 무릇 113만 3천8백 명인데, 스스로 2백만 대군이라 부르고, 군량을 옮기는 자들은 그 배나 되었다. 황제가 친히 제사를 지내고 병력을 출발시키는 데만 40일이나 걸렸다. 머리와 꼬리가 이어지고, 나팔 소리와 북 소리가 서로 들리게 늘어섰는데, 깃발이 무려 960리까지 뻗쳤다.

거의 천리에 늘어선 원정군이었지. 아마 수나라의 젊은이들은 거의 다 전쟁에 나섰다고 해도 지나친 말이 아니었을 거야. 게다가 황제가 직접 나섰으니, 고구려와 수나라는 나라의 운명을 걸고 한판 겨루게 된 거야.

두 나라는 처음 요수에서 맞붙었어. 수나라 군대는 다리를 건너기 위해 나무로 부교를 만들었지. 그런데 강폭에 비해 다리가 짧아 채 건너편에 미치지 못했어. 건너편 강 언덕 위에서 고구려 군사들이 활을 쏘아 대는 바람에 다리를 끝까지 놓을 수 없었거든. 그런 상태로 수나라군은 돌격해야 했어.

"강을 건너라!"

선봉 장군의 명에 따라 수나라 군사들은 갑옷을 입은 채 부교 끝에서 물로 뛰어들었지.

"오너라, 오랑캐들아! 한 놈도 살려 보내지 않겠다!"

고구려군은 언덕 위에서 활을 쏘고, 바위를 굴렸어. 슝! 석포가 돌덩이를 날려 부교를 끊어 놓기도 했지. 그래도 수나라군은 꾸역꾸역 강을 건너 벌판으로 밀려들었어. 하지만 그들을 기다리는 건 고구려군의 화살과 창이었지. 지친 몸에 물에 젖은 갑옷을 입은 수나라군이 날쌔고 용맹스런 고구려군을 당할 수가 있겠니. 수나라군의 선봉에 섰던 능철장, 전사웅, 맹예 같은 장수들이 힘도 못 쓰고 죽어 갔어. 처절한 패배였지.

하지만 그 정도에 기세가 꺾일 수나라가 아니었어. 그들은 워낙 머릿수가 많았거든. 수나라는 한편에서는 싸우는 동안 다른 쪽에서 다시 부교를 만들어 밀려들었어. 양쪽의 기습을 받은 고구려군은 군사 1만 명을 잃고는 요수에서 물러나고 말았지.

강을 건넌 수나라군은 거칠 것 없이 쳐들어왔어. 1차전에서 승리를 거두고 후퇴한 고구려군은 요동성에 진지를 구축하고 수성전을 펼쳤어. 요동성은 고구려의 최전방 부대로서 언제나 가장 용맹스런 장수와 군사들이 지켰어.

요동성의 고구려군은 수나라의 대군을 맞아서도 조금도 주눅들지 않았어. 틈을 보아 먼저 기습하고는, 불리하면 즉시 성으로 들어와 방어하는 거야. 기습을 당해 화가 치밀어 쫓아왔던 수나라군은 화살 세례만 받고 물러나곤 했지. 그러다가 위기에 빠지면 곧 항복할 것처럼 위장 전술을 폈다가, 공격이 주춤하면 다시 벽을 튼튼히 쌓고 대항했어. 그렇게 한 달이 지나도 수나라의 백만 대군은 요동성에서 한 발도 더 나아가지 못했어.

이에 화가 치민 수 양제가 칼을 빼 들고 고함을 질렀어.

"공들은 지금 죽음이 두려워 힘을 다하지 않고 있다. 내가 도성낙양을 떠나 여기까지 온 것은 공들을 죽이기 위해서이다. 벼슬이 높고 재산이 많다고 내가 죽이지 못할 것 같은가!"

수 양제의 서슬 퍼런 고함에 장군들은 부들부들 떨었어. 그는 자기 아버지마저 죽인 포악한 인물이었으니 말로만 겁주는 게 아님을 알았거든. 다그침을 받은 수나라 군대는 죽을 힘을 다하여 요동성을 무너뜨리려 했어. 하지만 요동성은 철갑을 두른 듯 끄떡도 하지 않았지. 시간이 지날수록 양제는 안달이 났어. 군사가 워낙 많아 양식은 순식간에 줄어들었는데, 수천 리 떨어진 곳에서 양식을 날라 오는 것도 전투만큼이나 어려웠거든.

그 때 수나라의 병부상서 단문진이 꾀를 부렸어.

"우리 군사는 백만 명이 넘는데 저까짓 성 하나에 매여 있을 필요가 없습니다. 여기는 땅이 험하고 좁아 겨우 몇 만 군사만 교대로 싸울 뿐이고, 나머지는 쉬고 있으니 큰 낭비입니다. 뛰어난 용사들을 뽑아 다른 길을 통해 고구려의 서울로 쳐들어가면 반드시 이길 것입니다. 저들의 서울을 무너뜨리고 왕을 사로잡는다면, 요동성은 저절로 폐하의 것이 되지 않겠습니까."

수 양제의 입이 함지박만하게 벌어졌어.

"과연 그대의 생각이 옳도다. 즉시 별동대 30만 명을 뽑아라!"

이렇게 하여 전투는 새로운 양상으로 접어들었어. 별동대를 뽑아 우문술을 좌익위 대장군으로, 우중문을 우익위 대장군으로 삼았지. 그들을 평양으로 보내며 양제는 지엄한 명 하나를 내렸어.

"고구려의 왕이나 을지문덕은 반드시 사로잡아라."

별동대는 백 일 동안 먹을 양식을 챙겨 고구려의 서울을 향해 진격했어. 내호아가 이끄는 수군도 뱃길을 통해 평양으로 향했지.

살수대첩

수나라의 별동대가 평양를 향해 진격했다는 급보가 고구려 조정에 날아들었어. 원래 별동대란 소규모 부대인데 30만 명이나 되니 그것만으로도 대군이었지. 이 때 고구려의 군권을 맡은 대장군은 을지문덕 장군이었어. 을지문덕이 어떤 사람인지는 자세히 알려져 있지 않아. 『해동명장전』에 그를 평양 석다산 사람이라 하였고, 『삼국사기』 「열전」에는 이렇게 소개했어.

을지문덕은 타고난 성품이 침착하고 날쌔며 슬기가 있고, 또한 글을 지을 줄도 알았다.

을지문덕은 장군이지만 학문도 높은 사람이었나 봐. 수 양제가 그를 사로잡으라고 특별히 말한 것으로 보아 고구려를 대표하는 장수라는 것도 짐작할 수 있지.

요동성에서 평양까지는 수백 리나 되는 먼 길이었어. 산이 많아 길도 가파르고 험했지. 수나라 군사들은 백 일 동안 먹을 양식을 짊어지고 그 멀고 험한 길을 가야 했으니, 그 고통이 이루 말할 수 없었겠지. 그들은 싸우기도 전에 지쳐 버렸어. 심지어 양식을 버리거나 땅에 묻어 버리는 병사들까지 있었대.

을지문덕 동상

그렇게 어려움을 겪으며 별동대는 기어코 압록강까지 이르렀어. 우중문과 우문술은 이제 강만 건너면 곧 고구려의 도성 평양이 손아귀에 들어오리라고 생각했겠지.

이 때 누구도 예상하지 못했던 일이 벌어졌어. 을지문덕이 제 발로 수나라 진영을 찾아왔어. 고구려의 대장군이 부장 하나만 거느리고 하얀 깃발을 들고 직접 사신을 자처하여 온 거야.

"작은 나라가 큰 나라에 죄를 지은 것도 용서받지 못할 일인데, 어찌 감히 군사를 일으켜 대항하겠습니까. 우리 임금께서 곧 항복할 터이니 노여움을 거두시지요."

을지문덕은 이렇게 말하고는 여유만만하게 수나라 진영을 둘러보는 거야.

우중문과 우문술은 당황하여 어찌 할 바를 몰랐어. 양제의 명을 따르자면 을지문덕을 잡아 두어야 하는데, 사자를 자처하여 찾아온 장수를 잡는다는 건 장수답지 못한 일이거든. 수나라 장수들 간에도 의견이 엇갈렸어. 우중문과 우문술은 서로 경쟁하는 사이라 의견이 일치되지 않았거든. 이 때 위무사 유사룡이 을지문덕을 돌려보내야 고구려 임금이 항복하러 올 거라고 하니, 우중문은 결국 을지문덕을 그냥 놔 주고 말았어.

"여기까지 오느라고 오랑캐들은 이미 힘이 빠졌고, 식량도 바닥이 났으니 시간만 끌면 승리는 우리 것이다."

을지문덕은 벌써 승리를 위한 작전을 착착 진행하고 있었어.

그 때 우중문의 전령이 다급히 달려와 을지문덕에게 말했어.

"장군, 우리 대장군께서 의논할 게 있으니 다시 뵙자 하십니다."

을지문덕은 소리내어 웃었어.

"벌써 이길 방법을 알아 냈는데 어찌 다시 범의 굴로 돌아가겠는가?"

을지문덕은 사신에게 면박을 주고는 유유히 강을 건너 진영으로 돌아왔지.

우중문은 을지문덕에게 속은 걸 알고 이를 갈았어.

"당장 달려가서 을지문덕의 목을 베고 고구려 왕을 사로잡으리라!"

우중문이 칼을 뽑아 들고 외쳤어.

"아서시오. 우리 군사는 지금 지친데다, 군량마저 떨어졌소. 그런데 어찌 강을 건너가 적의 정예군과 싸운단 말이오."

우문술이 말렸어.

우중문은 화를 내며 그를 꾸짖었어.

"큰 나라의 대장군으로서 그런 말을 하다니, 앞으로 어떻게 황제의 얼굴을 뵈려고 그러시오!"

두 사람은 같은 계급이었지만 작전권은 우중문이 쥐고 있었어. 우중문이 고구려를 무너뜨릴 꾀가 있다고 하자 양제가 그에게 지휘권을 주었거든. 우중문이 명을 듣지 않으면 죽이겠다고 펄펄 뛰니 우문술도 하는 수 없이 압록강을 건넜어.

"고구려의 도성이 코앞이다! 대국의 위엄으로 기꺼이 제압하라!"

강을 건넌 수나라군은 홍수처럼 밀려들었어. 을지문덕은 싸우는 척하다가 도망치기를 되풀이했지. 무려 일곱 번이나 이런 일이 되풀이되니, 허겁지겁 따라오던 수나라 군사들은 지칠 대로 지쳐 버렸어.

이 때 을지문덕이 전령을 통해 수나라 진영으로 편지를 보냈어. 편지에는 을지문덕이 지은 시가 한 수 적혀 있었어.

그대의 신묘한 작전은
하늘의 이치를 다하였고
그대의 기묘한 계산은
땅의 이치를 다하였네
이미 이겨서 공이 높으니
그만 만족하고 돌아감이 어떤가

상대를 칭찬하는 척하며, 여기서 더 들어오면 위험하니 그만 돌아가라고 약을 올리는 시였지. 그것을 본 우중문은 크게 화를 냈어. 얼마 후 을지문덕이 다시 편지를 보냈어.

만약 군사를 돌이킨다면 대왕을 모시고 행재소임금이 나들이할 때 임시로 머무는 곳로 가서 조회신하가 임금을 뵙는 일하겠소이다.

편지를 받은 우중문은 을지문덕의 말을 그대로 믿고 군사를 돌이켰어. 평양성을 30리 코앞에 두고 돌아선 거야.

"고구려가 우리의 위엄에 겁을 먹고 항복하기로 하였다. 이제 돌아가 황제를 뵙고 이 소식을 알려 드리자."

중문의 말에 수나라 군사들은 이제야 살았다는 듯 좋아했어. 실은 너무나 지쳐 싸울 기운조차 없는 그들이었거든. 때마침 고구려가 항복하겠다고 하니, 물러갈 핑계를 얻은 셈이었지.

이에 대해 신채호는 『조선상고사』에서 아주 다른 설명을 하고 있어. 고구려가 항복하겠다고 말한 것은 수나라에서 지어 낸 말이며, 중국의 역사책을 보고 지은 『삼국사기』 역시 엉터리라는 거야. 『조선상고사』의 내용을 간추려 이 상황을 설명해 볼게.

을지문덕이 거짓으로 져서 도망을 가자, 수나라 군대는 평양성까지 들어왔어. 그런데 고구려군은 그림자도 보이지 않았어. 이상해서 평양성의 성문을 두드려 보니 "곧 항복하려고 문서를 꾸미고 있으니 닷새만 기다려 달라"는 거야. 굶주림에 지친 수나라 군사들은 백성들의 집과 창고를 덮쳤어. 거기에는 쌀 한 톨, 닭 한 마리 없었어. 백성도 양식도 모두 성 안으로 들어간 거야.

기다리던 닷새가 지나도 아무런 소식이 없자, 우중문은 공격을 시작했어. 그 때 성 안에서 일제히 깃발이 오르고 나팔 소리가 울리더니 화살과 돌이 비오듯 쏟아졌어. 그리고 을지문덕이 소리쳤어.

"너희 양식을 실은 배는 이미 바다에 가라앉았고 평양성은 튼튼하여 넘어올 수 없으니, 이제 어찌 하겠느냐?"

을지문덕은 포로로 잡은 수나라 군사들과 수군의 깃발, 도장을 보여주었어. 이미 내호아가 이끄는 수군은 패수에서 영양왕의 아우 고건무가 이끄는 고구려 수군에게 참패를 한 거야. 그러자 수나라 군사들은 완전히 싸울 뜻을 잃고 갈팡질팡이었지. 이에 우문술은 후퇴를 주장했고 우중문도 하는 수 없이 후퇴 명령을 내렸다는 거야.

어떻게 생각하니?

『삼국사기』의 기록처럼 수천 리 먼 길을 온 그들이 편지 한 장에 속아 돌아가려 했을까. 아니면 도무지 이길 수 없는 상황이 되어 도망치는 길이었을까?

이건 앞으로 더 세세히 파헤쳐 보아야 할 대목이야.

하여튼 수나라군은 평양성을 빤히 쳐다보고는 돌아서 가는 중이었고, 고구려는 오래도록 기다리던 반격의 기회를 맞게 된 거지. 을지문덕은 힘없이 후퇴하는 수나라군을 추격하기 시작했어.

"서토의 오랑캐들아, 네놈들이 올 때는 마음대로 왔지만 갈 때는 마음대로 갈 수 없을 것이다!"

고구려의 정예 부대가 밀려나오자 이미 굶주리고 지쳐 전의를 상실한 수나라군은 허겁지겁 도망치기에 바빴어. 고구려군은 중간중간에 매복하고 있다가 수나라군을 어느 한 곳으로 몰았어. 곧 수나라군은 살수*라는 강물에 길이 막히고 말았어. 이미 고구려가 작전을 세워 둔 곳이었지.

"부교도 없는데, 강물의 깊이를 알 수 없으니 어찌 하면 좋겠소?"

뒤에는 고구려군이 기세도 드높게 쫓아오는데, 우중문과 우문술은 판단을 못 내리고 발만 동동 굴렸어. 그 때 고구려의 중들이 나타났어. 그들은 바짓가랑이를 걷더니 가볍게 강을 건너가는 거야.

"물살도 약하고 깊이도 얕으니 어서 건너라!"

우중문이 명을 내리기도 전에 겁에 질린 군사들은 이미 강을 건너기 시작했는데, 명이 떨어지자 개미 떼처럼 다투어 강으로 뛰어들었지. 을지문덕은 그 모습을 고개를 끄덕이며 지켜보고 있다가 명을 내렸어.

"작전에 꼭 맞게 되었다. 물막이를 무너뜨려라!"

그 순간 잔잔하고 얕게 흐르던 강에 갑자기 홍수가 밀어닥쳤어. 거대한 강둑이 터진 듯 물마*가 들이닥쳐 수나라 군사들을 낙엽처럼 쓸어가는 거야. 수나라 군사들과 말들은 비명을 지를 새도 없이 강물에 휘말려 떠내려갔지.

이게 바로 을지문덕의 마지막 작전이었어. 일단 적을 끌어들여 지치게 한 다음, 돌아갈

*살수_ 청천강(淸川江)의 옛이름으로 보는 것이 정설이다. 청천강은 낭림산맥에서 시작하여 황해로 유입하는 강으로, 굴곡이 거의 없어 직선으로 흐르는 것이 특징이다.

*물마_ 비가 많이 와서 사람이 다니기 어려울 만큼 땅 위에 넘쳐 흐르는 물.

때 기습하는 작전이었지. 미리 모래주머니와 쇠가죽 등으로 강 중류를
막아 물을 가득 가두어 둔 거야. 그리고 그 아래 지역으로 적을 몰아
넣고 중들을 건너가게 해 안심을 시킨 다음, 가장 많은 무리가 강 가운
데 있을 때 물막이를 터뜨린 거야. 그리고 맨 앞에서 건넌 선봉 부대는
기다리던 고구려군의 화살세례를 받아야 했지.

겨우 살아남은 군사들은 다시 허둥지둥 도망쳐야 했어. 그리하여
30만 별동대는 싸움 한번 제대로 못하고 희롱만 당하다가 살아서 돌
아간 사람은 겨우 2천7백 명이었어. 거의 전멸한 셈이었지.

이것이 바로 살수대첩이란다. 우리 민족에게는 역사상 가장 큰 승리
요, 한족에게는 가장 큰 패배였지.

백만 대군을 이끌고 직접 나섰는데도 고구려의 작은 성 하나를 깨지 못한 수 양제는 분노로 펄펄 뛰었지. 화가 난 그는 위무사 유사룡의 목을 베고, 우문술을 비롯한 장군들을 쇠사슬로 묶어 후퇴했어.

그 후에도 수 양제는 두 차례나 더 고구려를 침략했지만 한 번도 이겨 보지 못하고 후퇴하고 말았지. 그 결과 수나라에는 내분이 일어나 나라를 세운 지 38년 만에 망하고 말았어. 그리고 다시 대륙의 중심으로 일어선 나라가 바로 당나라야. 그 당나라도 피할 수 없는 한판 승부가 기다리고 있었으니, 고구려의 앞날은 여전히 안개 속이었겠지.

살수대첩은 세계 역사상 가장 큰 규모의 전쟁이었어. 이 전쟁의 영웅은 단연 을지문덕이었지. 수나라 백만 대군이 밀려왔다면 고구려뿐만 아니라 신라와 백제도 무사하지 못했을 거야. 그런 민족적 위기에서 을지문덕은 나라와 겨레를 구해 냈어. 그는 학식도 있고 용기와 배짱과 덕망이 있어 두루 존경받았던 것 같아. 수나라 황제가 고구려 임금과 동급으로 취급했으니 말이야.

하지만 그에 대한 자세한 기록은 겨우 『삼국사기』와 『해동명장전』에 조금 나올 뿐이야. 비석이나 탑도 없고, 그가 살았던 흔적도 찾을 길이 없어. 고구려가 망하고 신라가 겨레의 중심이 된 탓이겠지. 하지만 오늘날 와서 다시 살펴보아도 살수대첩은 세계 역사 어디에도 찾을 수 없는 엄청난 승리를 거둔 영광의 역사라는 점과, 그 승리를 가져온 을지문덕의 이름은 지워지지 않을 거야.

제5장
고구려의 혼
연개소문

연개소문은 침노해 온 당 태종을 격파하였을 뿐만 아니라
도리어 당을 진격하여 지나(支那) 전국을 놀라 떨게 하였으니,
그는 다만 혁명가의 기백을 가졌을 뿐만 아니라
또한 혁명가의 재능과 지략을 갖추었다고 함이 옳겠다.

— 신채호

갓쉰동이 이야기

솟을대문이 우뚝한 집 앞이야. 은빛 수염이 배꼽까지 내려온 노인이 흙장난을 하며 노는 아이를 멀찍이서 바라보고 있었어. 그런 아이를 바라보는 또 한 사람은 아이의 아버지 연국혜였어. 연국혜는 고구려의 재상이었어. 연 재상은 오래도록 아들이 없었는데, 쉰이 다 되어서야 하늘에 제사를 지낸 끝에 어렵사리 아들을 얻었어. 그래서 이름을 갓쉰동이라고 지었어. 어느 날 그런 귀한 아들이 노는 모습을 바라보고 있는데, 이상한 소리가 들려왔어.

"쯧쯧! 아깝구나, 아까워."

낯선 노인이 혀를 차며 한탄을 하는 거야. 연 재상은 한눈에 노인이 보통 사람이 아님을 알아보았지.

"어찌하여 귀한 아이를 보고 불길한 소리를 하십니까?"

연 재상의 물음에 노인은 한사코 대답을 피했어. 연 재상이 거듭 캐묻자 노인은 못 이긴 듯이 입을 열었어.

"이 아이는 장차 부귀와 공명을 누릴 팔자입니다. 그런데 액운이 끼여, 그 때가 이르기도 전에 명이 다할 것 같군요."

연 재상은 노인의 옷자락을 잡고 액운을 벗어날 길을 캐물었어.

"부모가 아이를 내버려 15년간 떨어져 산다면 그 액운을 피할 수 있습니다."

도사의 말은 마른하늘의 벼락이나 다름없었지. 갓 쉰 살에 본 귀하디귀한 일곱 살배기 아들을 내버리고 15년간이나 생이별을 하라니. 하지만 연 재상은 눈물을 머금고 도사의 말을 따르기로 했어. 아들을 아주 잃는 것보다는 낫다고 여긴 거지. 연 재상은 아이의 등에 이름을 적은 다음, 하인에게 말했어.

"이 아이를 아주 멀리 내다 버려라."

하인은 영문도 모른 채 아이를 업고 산을 넘고 강을 건너가서는 어느 시골 마을에 내려놓고 돌아와 버렸어.

그 때 학성동이라는 그 마을에는 유씨 성을 가진 부자가 살았어. 그는 동네의 촌장이었는데, 하루는 새벽잠에서 퍼뜩 깨어났어. 이상한 꿈을 꾼 거야.

'냇가에서 황룡이 날아오르다니!'

유씨는 잠자리를 박차고 나와 냇가로 가 보았어. 거기엔 어린아이 하나가 쓰러진 듯 자고 있었어. 바로 꿈에 황룡이 날아올랐던 자리였어.

"참으로 기이한 일이로구나. 필시 보통 아이가 아닐 것이다."

유씨는 아이를 집으로 데려가 길렀어. 소년으로 자란 갓쉰동이는 매일 산으로 가서 나무를 해 날랐어. 그런 어느 날, 갓쉰동이가 나무를 하는 중에 아름다운 퉁소 소리가 들리는 거야. 호기심 많은 갓쉰동이는 소리가 나는 쪽으로 찾아갔는데, 신선 같은 노인 한 분이 바위에 걸터앉아 있었어. 노인은 이미 갓쉰동이를 잘 아는 듯이 소리쳤어.

"갓쉰동아, 네가 공부를 하지 않으면 어찌 장차 큰일을 이루겠느냐?"

갓쉰동이는 깜짝 놀랐지만 곧 침착하게 대답했어.

"소인도 밥 먹는 일보다 공부가 중요한 줄이야 알지만, 남의 집에서 붙어 사는 신세인데 어찌 공부를 하겠습니까?"

노인은 웃으며 말했어.

"마음이 그만하면 되었다. 오늘은 늦었으니 내일부터 공부를 하도록 하자. 꼭 여기로 와야 하느니라."

갓쉰동이는 "예"라고 대답한 후 환히 웃으며 절을 올렸지. 그리고 고개를 드니 노인은 이미 사라지고 보이지 않았어.

"아차, 나무를 해야지."

갓쉰동이는 서둘러 지게를 세워 놓은 곳으로 달려갔어. 벌써 해가 저물었으니 빈 지게로 내려갈 일이 걱정이었지. 그런데 지게에는 나무가 한 짐 쟁여 있었어. 그렇게 나무는 누군가 매일 대신 해 놓았고 갓쉰동이는 공부만 열심히 하면 되었어. 문자를 배우고, 책을 읽고, 무술과 병법을 익혔지. 사람의 도리는 물론 하늘의 뜻과 땅의 이치도 두루 배웠어. 원래 총명했던 갓쉰동이는 배우는 족족 모두 받아들여 금방금방 진도를 나아갔어.

그러던 어느 봄날이었어.

"날씨가 화창하니 아씨들을 모시고 꽃놀이를 다녀오너라."

주인 유씨가 갓쉰동이에게 말했어.

갓쉰동이는 가마꾼들을 데리고 아씨들이 사는 별채로 갔어. 유씨는 아들은 없고 딸만 셋이었어. 그들은 모두 빼어난 미인이었는데, 그 중에서도 셋째 영희가 가장 예뻤어.

"아씨, 가마 대령했습니다."

갓쉰동이가 말하자, 첫째 딸 문희가 방에서 나와 마루 끝에 섰어.

"갓쉰동아, 네가 땅에 엎드려라. 내가 어찌 흙을 밟을 수 있겠느냐."

갓쉰동이는 속이 상했지만 참고 등을 댔지. 문희는 갓쉰동이의 등을 밟고 가마에 올라탔어. 둘째 딸 경희도 그렇게 가마에 탔어. 갓쉰동이는 자신을 돌봐 주는 유씨를 생각해서 끓어오르는 화를 겨우 참았어.

셋째 딸의 방 앞에 간 갓쉰동이는 미리 뜰에 엎드려 등을 밟고 타기를 기다렸어.

"갓쉰동아, 이게 무슨 해괴한 짓이냐?"

영희가 눈이 동그래져 물었어.

"제 등짝이야 아씨들을 위해 있는 것 아닙니까. 이 등으로 나무를 해다 방을 데우고, 이 등으로 쌀가마를 옮겨 배부르게 하고, 아씨들이 앉고 싶으면 앉는 자리가 바로 이 등짝 아닙니까. 어서 가마에 오르세요."

갓쉰동이가 부루퉁하게 말했어.

영희는 그런 갓쉰동이를 일으켜 세우고 옷에 묻은 흙을 털어 주었어.

"세상에, 사람의 등을 발로 밟는 법이 어디 있니. 언니들이 그랬다면 용서해 주렴."

갓쉰동이는 영희의 고운 마음씨에 코끝이 찡했지. 그러다가 문득 부모님 생각이 나서 먼 하늘을 바라보며 눈물을 글썽거렸어.

"참으로 헌걸찬 대장부가 어찌 종 신세가 되었을꼬?"

영희의 눈에도 어느덧 눈물이 고여 흘렀어.

그 일이 있은 다음, 두 사람은 서로 사랑하는 사이가 되었어. 그러자 갓쉰동이는 자신의 비밀을 털어놓았어.

"우리 부모님은 어떤 도사의 말에 따라 나를 내버렸답니다. 뭔가 나쁜 일을 막기 위해서지요. 어른이 되어 돌아가면 틀림없이 반겨 줄 겁니다. 그 때가 되면 영희 아씨가 제 배필이 되어 주세요."

영희는 눈을 똑바로 뜨고 담담하게 대답했어.

"그대가 귀한 집 자식이거나 남의 집 종이거나 나는 상관치 않아요. 다만 그대가 진정한 대장부라면 기꺼이 따를 겁니다. 그대가 대장부라는 걸 어떻게 보여 줄 테요?"

갓쉰동이가 주먹을 불끈 쥐며 말했어.

"우리 나라는 오랜 옛날부터 달딸국의 침략에 시달렸소. 그런데 그들이 쳐들어오면 막기만 할 뿐, 쳐들어가 치지를 못했습니다. 나는 달딸국을 쳐서 평화를 이루고자 합니다. 그 일을 이루기 위해 몇 년 전부터 어떤 도사님께 무술과 병법을 배우며 공부하고 있는 중이지요."

영희가 고개를 끄덕거리며 말을 받았어.

"뜻이 그렇다면 먼저 달딸국으로 가서 사정을 잘 살펴보아야지요. 그 일을 성공적으로 마치고 오면, 나는 기꺼이 그대의 배필이 될 거예요."

"좋소. 달딸국에 가는 건 내가 바라던 바요."

그 길로 갓쉰동이는 유씨 집에서 도망쳐 달딸국으로 숨어들었어.

이름을 돌쇠로 바꾼 갓쉰동이는 달딸국 왕의 종이 되었어. 왕은 갓쉰동이를 매우 아꼈어. 갓쉰동이가 잘생겼고 일을 아주 잘 했거든. 그런데 왕의 둘째 아들은 갓쉰동이를 몹시 미워했어.

"아버님, 돌쇠는 보통 놈이 아닙니다. 달딸국 사람이면 나라에 도움이 되겠지만, 다른 나라 사람이니 나중에 우리를 망하게 할 것이 분명합니다. 그 놈을 가두어 죽이는 게 좋겠습니다."

둘째 아들은 왕의 마음을 움직여 갓쉰동이를 쇠창살로 된 감옥에 가두었어. 그래 놓고 그들 부자는 멀리 사냥을 떠났어.

감옥 안에는 새장이 있었는데, 그 속에 매가 한 마리 갇혀 있었거든. 달딸국의 왕과 둘째 아들이 사냥매로 키우기 위해 잡은 것인데, 아직 길들이지를 못해 가두어 놓은 거야.

"자, 훨훨 날아가거라!"

갓쉰동이는 새장을 부수고 창틀 사이로 매를 날려 보냈어.

"돌쇠야, 이게 무슨 짓이냐? 죄를 지어 갇혔으면 반성을 하든가 해야지. 아버님이 돌아오시면 너는 죽음을 면치 못할 것이야."

평소에 잘생긴 갓쉰동이한테 관심이 많던 달딸국의 공주가 그 광경을 보고는 다그쳤어.

"매도 나처럼 갇힌 신세이기에 풀어 준 것이오. 할 수 있는 일인데도 하지 않는다면 매가 얼마나 나를 원망하겠소?"

갓쉰동이의 착한 마음에 공주의 마음이 흔들렸어. 그러나 아버지와 오라버니가 가두어 놓은 죄인을 마음대로 풀어 줄 수는 없었지.

"오라버니 말로는 네가 우리 나라를 망하게 할 거라던데, 그게 사실이냐?"

"한 나라가 일어서고 망하는 건 하늘에 달린 일이오. 나같은 볼품 없는 인물이 어찌 큰 나라를 무너뜨린단 말이오. 공주께서 나를 풀어 주신다면, 매처럼 훨훨 날아가 중이 되어 공주를 위해 기도나 드릴 것이오."

"아버님과 오라버니가 돌아오면 잘 말씀드려 풀어 주마."

당당한 갓쉰동이의 모습에 반한 공주가 말했어.

"너무 애쓰지 마십시오. 나 하나 죽는 게 무슨 큰일이라고. 그런데 부처님은 사람을 구할 때 아버지한테 아뢴 일이 없다던데."

불심이 깊은 공주는 이 말에 감동을 받아 갓쉰동이를 풀어 주었어.

"돌쇠야, 네 몸은 매처럼 훨훨 날아가지만 마음은 내게 남겨 두고 가 다오."

연정에 빠진 공주를 뒤로 한 채 갓쉰동이는 즉시 자기 나라로 돌아가 부모를 만났어. 그리고 자신을 기다리던 영희와 혼례를 올렸지. 그렇게 모든 액땜을 한 갓쉰동이는 아버지를 이어 재상이 되어 훗날 달딸국을 정벌했단다.

어때, 재미있니?

이 이야기는 신채호 선생님의 책 『조선상고사』에 나오는 「갓쉰동전」이야. 중국 만주 지역의 민담인데, 신채호 선생님이 연구한 바로는 갓쉰동이는 틀림없이 연개소문이라고 해.

*이세민(598~649)_ 당나라 제2대 황제이다. 수나라 양제의 폭정이 계속되자, 수나라를 무너뜨릴 뜻을 품고 군사를 일으켜 장안을 점령하고 아버지와 함께 당나라를 수립하였다. 626년 아버지로부터 임금의 자리를 물려받아 28세의 나이로 즉위하였다. 당 태종은 제위에 오른 다음 연호를 정관(貞觀)으로 고쳤으며 돌궐을 비롯한 이민족을 제압하여 당나라를 세계제국으로 만들었다.

이야기에 나오는 재상 연국혜는 연개소문의 아버지 연태조이고, 국혜는 그의 자(字 : 본이름 대신 부르는 이름)라는 주장이야.

달딸국은 수나라의 제후국인 소공국이야. 고구려와 가까운 태원 땅에 있었는데, 왕은 이연이며 둘째 아들은 이세민*이야. 이들 부자가 훗날 수나라를 무너뜨리고 당나라를 세우는데, 이미 이세민과 연개소문이 서로 관계가 있었다는 얘기지.

「갓쉰동전」은 중국 소설이므로 중국인의 입장에 유리하게 씌어졌어. 물론 그 내용도 전설과 같아서 그대로 믿을 수는 없지. 하지만 연개소문이 일찍부터 부모 슬하를 떠나 중국 땅을 떠돈 일이나, 이세민과 관계가 있었다는 건 사실일 가능성이 커. 중국에는 장열이라는 소설가가 쓴 『규염객전』이 있어. 이야기의 주인공도 규염객과 이세민인데, 규염객이 바로 연개소문이라는 거야. 당 태종 이세민은 많은 중국 임금 가운데 손꼽히는 영웅이니, 연개소문도 그에 비견되는 영웅으로 인정한 셈이지.

그러나 이상하게도 우리 나라에는 연개소문이 어떤 인물인지 자세히 알려지지 않았어. 『삼국사기』 「열전」에 간략하게 나오는데, 그나마 매우 나쁘게 그려져 있어. 그가 얼마나 뛰어난 능력을 가졌는지는 오히려 중국책인 『해상잡록』에 잘 나와 있단다. 신채호 선생님은 『조선상고사』에 『해상잡록』의 기록을 그대로 옮겨 놓았어.

당 태종이세민이 고구려를 치기 위해 군사를 일으키고는 당에서 첫째가는 명장 이정李靖에게 총사령관을 맡겼다.

이정은 사양하며 이렇게 말했다.

"임금은 은혜도 무겁거니와 스승의 은혜도 돌아보지 않을 수 없습니다. 신이 일찍이 태원에 있을 때는 개소문을 만나 병법을 배웠습니다. 그 뒤 폐하를 도와 천하를 평정한 것이 다 그 병법에 힘입은 것입니다. 그런데 오늘에 이르러 어찌 제가 스승으로 섬기던 개소문을 치겠습니까?"

그러자 태종이 물었다.

"개소문의 병법이 옛사람 가운데 누구와 비길 법하오?"

이정이 대답했다.

"옛사람은 알 수 없고, 오늘날 폐하의 장수 가운데는 적수가 없습니다. 비록 천자의 위엄으로 가시더라도 이기기 어려울 것입니다."

태종이 못마땅히 여겨 물었다.

"넓은 땅과 많은 백성과 강한 구사가 있는데, 어찌 개소문 한 사람을 두려워한단 말이오?"

이에 이정이 다시 대답했다.

"개소문이 비록 한 사람이지만, 그의 재주와 지혜는 만 사람보다 뛰어납니다. 그러니 어찌 두렵지 않겠습니까?"

이정은 사령관이 되기를 사양하며 당 태종 이세민의 고구려 침략을 간곡히 말렸어. 하지만 당 태종 이세민은 끝내 이정의 말을 듣지 않은 채 군사를 이끌고 고구려로 쳐들어가.

『규염객전』에서는 연개소문이 이정과 사귀며 이정의 아내와 자매의 의리를 맺은 걸로 나와. 이를 통해 짐작건대, 『해상잡록』의 기록은 맞을 가능성이 높은 편이지. 그럼 전설이나 소설이 아닌 역사 속의 연개소문을 만나 볼까.

대반정

연개소문이 언제 태어났는지는 정확하지 않아. 다만 갓쉰동이처럼 집을 떠나 살다가 돌아와 아버지의 자리를 이어받은 건 사실인 듯해. 『삼국사기』 「열전」에 다음과 같은 기록이 있거든.

개소문의 성은 천泉인데, 스스로 이르기를 물 속에서 태어났다 하며 뭇사람을 어지럽게 하였다. 품은 뜻이나 겉모습이 웅장하고 의기가 넘쳤다. 그의 아버지 동부대인 대대로가 죽으니 개소문이 당연히 계승해야 하는데, 나라 사람들은 그의 성품이 잔인하고 포악하므로 세우지 않았다.

이 기록으로 보면 연개소문은 아주 몹쓸 사람 같지. 하지만 『삼국사기』의 기록과 평가는 문제가 있어. 우선 개소문의 성을 연씨가 아닌 천씨로 소개하고 있잖아. 이는 당나라의 시조 이연의 이름 연과 같은 글자여서 그렇게 고쳐 쓴 거야. 그런 당나라 역사서를 보고 『삼국사기』 편찬자들도 그대로 따랐으니 자못 한심한 일이지. 그러니까 '잔인하고 포악하다'는 평가도 순전히 중국 역사가의 평가라고 볼 수 있어. 중국 측에서 보자면 연개소문이 사납고 무서운 존재임에 틀림없거든. 하지만 『조선상고사』의 기록은 전혀 다르고 상세한데, 그 이야기를 들려줄게.

처음에 어려움은 있었지만 연개소문은 다른 조정과 다른 부족의 동의를 얻어 동부대인의 대대로 직을 이었어. 642년, 그렇게 제자리를 잡자마자 연개소문은 당나라를 칠 준비부터 했어.

"당나라가 틀림없이 고구려를 칠 테니 우리가 준비해서 먼저 치는 것이 좋다. 한 겨레인 백제, 신라와 함께 힘을 모은다면 충분히 저 중국 대륙을 차지할 수 있을 것이다."

연개소문의 이런 주장에 영류왕과 귀족들은 동의하지 않았어. 오히려 당나라의 눈치를 보며 걱정했지. 하지만 고구려의 백성들과 젊은이들은 그런 연개소문을 영웅처럼 받들었어. 의기 있는 젊은이라면 누구나 연개소문을 따르고 싶어했지.

해안 경비를 맡은 장교인 해라장도 그런 인물 중 하나였을 거야. 해라장은 어느 날 삼불제국中國 동남쪽 바다의 작은 섬나라의 장사꾼 한사람을 붙잡았는데, 조사해 보니 실은 당나라의 첩자였어.

당 태종 이세민은 고구려를 치기 위해 첩자를 보냈다가 실패하자 고구려의 신하국인 삼불제국을 통해 첩자를 보낸 거였어. 해라장은 첩자의 얼굴에 바늘로 먹물을 찍어 글을 새겼어.

삼불제의 얼굴에 글을 새겨 어린아이 이세민에게 이른다. 금년에 만약 조공을 하지 않으면 내년에 마땅히 그 죄를 묻는 군사를 일으키리라. 고구려의 태대대로 연개소문의 부하 아무개 씀.

해라장은 첩자의 얼굴에 이런 글을 새기고, 다시 문서로 써서 당나라로 보냈어. 첩자의 꼬락서니와 가지고 온 글을 본 당 태종 이세민은 노발대발했지. 자신을 어린아이라 하고 조공을 바치라니 어이가 없었겠지.

"내 친히 군사를 이끌고 가 씨도 남기지 않고 고구려를 쓸어 버리리라!"

당 태종 이세민이 펄펄 뛰자 신하가 말리고 나섰어.

"이는 해안 경비를 맡은 하급 장교가 제멋대로 쓴 것입니다. 이 사실을 고구려 조정에 알리고 그들의 행동을 본 다음 군사를 일으켜도 늦지 않을 것입니다."

당 태종 이세민은 즉시 고구려에 사신을 보냈어. 이에 고구려 조정은 발칵 뒤집어졌지. 당나라가 곧 쳐들어오기라도 할 듯 서슬 퍼렇게 따지는 데도 놀랐지만, 연개소문을 태대대로 라고 쓴 것도 문제가 되었어. 연개소문의 벼슬은 대대로였고 이 때까지는 태대대로라는 벼슬은 없었거든. 이는 백성들이 얼마나 연개소문을 높이 평가하고 따르는지 짐작하게 해 주는 대목이지. 이미 연개소문은 백성들 사이에 영웅이었던 거지.

"문제가 더 커지기 전에 개소문을 처단해야 합니다."

진작부터 연개소문을 미워하고 그가 더 큰 권력을 갖는 걸 두려워하던 대신들이 한목소리로 말했어. 영류왕은 당나라와 싸움을 하고 싶지 않아 그 뜻을 따르기로 했지. 하지만 그건 쉽지 않은 일이었어.

"개소문을 따르는 군사들이 많으니 어떻게 죽인단 말인가?"

"곧 천리장성을 쌓으러 떠난다는 인사를 하기 위해 개소문이 대궐에 들를 것입니다. 그 때 죄를 덮어 씌워 잡으면 반항할 수 없을 것입니다."

이 말은 곧 연개소문의 귀에 들어갔어. 대궐 안에도 연개소문을 따르는 무리가 적지 않았던 거지. 연개소문은 선수를 치기로 했어.

천리장성을 쌓으러 떠나기에 앞서 군사들의 사기를 북돋우고자 열병식을 하고 잔치를 열기로 하였으니 부디 참석하여 자리를 빛내 주시기 바랍니다.

연개소문은 초청장을 왕과 조정 대신, 귀족들에게 모두 보냈어. 대신과 귀족들은 회의를 했지.

"혹시 함정이 아닐까요?"

"감히 그럴 리가요. 우리가 가야 개소문도 의심하지 않고 대궐로 들어올 테니 가야 합니다."

"그렇습니다. 연개소문이 아무리 힘이 있다 하나 우리 모두를 한꺼번에 어쩔 수야 있겠습니까."

논의 끝에 영류왕은 남고, 귀족과 대신들은 무리를 지어 연개소문의 진영으로 갔어.

나팔 소리와 북 소리가 울려 퍼지는 가운데 연개소문의 병사들이 힘찬 행진을 했지. 열병식이 끝나고 잔치판이 벌어졌어. 천막 안에서 대신과 귀족들은 아무런 의심 없이 술을 마시며 떠들었어. 그렇게 술이 몇 차례 돈 다음, 연개소문이 별안간 자리에서 벌떡 일어나 탁자를 내리치고는 외쳤어.

"역적들을 잡아라!"

천막 밖에서 기다리던 힘센 군사들이 들이닥쳤어. 칼과 도끼와 쇠몽둥이가 어지럽게 날아다니고 비명이 울려 퍼졌지. 연개소문의 정책에 반대하던 대신 귀족들 백여 명이 순식간에 싸늘한 시체로 변했어. 그 직후 연개소문은 장사 몇 명만 거느리고 평양성으로 달려가 영류왕을 제거해 버렸어. 그리고 영류왕의 조카를 임금_{보장왕}으로 세워 반정을 완성했어.

그 후 연개소문은 대막리지_{태대대로}에 올라 정치와 군사에 관한 모든 권력을 한손에 쥐었지. 그는 5부의 귀족들이 대대로 자리를 잇던 관행을 없애고, 자신의 부하들을 그 자리에 앉혔어. 각 성의 성주와 장군들은 연개소문에게 충성을 다짐했어.

이 때 연개소문에게 허리를 굽히지 않는 사람이 있었는데, 바로 안시성 성주 양만춘이었어. 그는 신하가 힘으로 임금을 죽였으니 따를 수 없다고 했어. 연개소문은 양만춘을 평양으로 소환했으나 끝내 양만춘은 따르지 않았어. 군사를 보내 강제로 데려 오려고 해도 당당하게 대항하며 거부했어. 연개소문은 양만춘의 기개를 높이 사서 더 이상 간섭하지 않고 안시성을 지키도록 허락했어.

연개소문이 권력을 잡자 이웃 나라들은 불안에 휩싸였어. 고구려가 한족과 싸우는 틈에 야금야금 땅을 차지했던 신라가 가장 걱정이었지. 고구려는 백제와 손을 잡고 신라에게 빼앗긴 땅을 도로 찾았어. 그러자 신라는 당나라에 사신을 보내 구원을 요청했어.

"좋다. 적의 후미에서 우군을 얻는다면 천군만마를 얻는 격이렷다."

당 태종 이세민은 기꺼이 신라와 손을 잡았어. 그렇지 않아도 고구려를 칠 준비를 하던 차에 좋은 구실이 생긴 셈이었거든. 이세민은 상리현장을 사신으로 삼아 고구려로 보냈어.

"고구려와 백제는 어서 군사를 거두고 신라에게서 빼앗은 땅을 돌려 주어라! 이에 따르지 않는다면 짐이 내년에 군사를 일으켜 그대들의 죄를 물으리라!"

상리현장이 연개소문 앞에서 근엄하게 당 태종 이세민의 편지를 읽었어.

연개소문은 눈도 깜짝하지 않고 바라보다가 사신을 호통치며 꾸짖었어.

"수나라가 침략한 틈을 타 신라는 우리 성읍 5백 리를 가로챘다. 그것을 돌려 주지 않는다면 싸움은 그치지 않을 것이다!"

상리현장이 대답했어.

"그건 이미 지난 일이 아니오. 그렇게 따지자면 고구려의 요동 땅은 원래 한나라의 것이니 우리에게 돌려 줘야 옳지 않겠소이까?"

연개소문은 두 눈을 번개처럼 부릅떴어.

"어찌하여 요동 땅이 한족의 것이란 말인가! 그 땅은 오래 전 단군 성조의 백성들이 살던 곳이다. 한때 한나라의 도적 유철이 그 곳을 빼앗았으나, 우리 고구려의 선왕들이 다시 찾았다. 요동 땅뿐만 아니라 너희 나라의 영주, 유주도 모두 우리 선조들이 살던 곳이다. 내가 살아 있는 동안 마땅히 그 땅을 되찾을 것인데, 네 말대로 하자면 그 땅을 너희 스스로 우리에게 돌려 줘야 옳지 않겠느냐?"

상리현장은 겁에 질려 대답도 하지 못하고 줄행랑을 놓고 말았어.

보고를 받은 당 태종 이세민은 마침내 군사를 일으키기로 결단을 내렸어.

"개소문은 자기 임금을 죽이고 대신을 해쳤으며, 백성에게 나쁜 짓을 하였고, 나의 명을 어기니 토벌하지 않을 수 없노라!"

당 태종 이세민은 이렇게 구실을 갖다 붙였지만 실은 연개소문이 당나라를 칠 것을 두려워하여 선수를 칠 속셈이었어. 고구려만 무너뜨리면 나머지 나라는 저절로 손아귀에 들어오리라는 계산도 깔려 있었겠지.

그런데 당나라의 신하와 백성들은 고구려와 싸우는 것만은 안 된다고 말렸어. 수나라 때 워낙 호되게 당한 터라 고구려라는 말만 들어도 겁을 낼 지경이었지. 그렇다고 뜻을 거둘 이세민이 아니었어. 당 태종 이세민 또한 중국 역사에서도 손꼽히는 영웅이거든. 그는 대제국 수나라를 무너뜨렸고, 자기 형과 아우를 죽이고 아버지마저 황위에서 밀어내고 황제가 된 야심찬 인물이었거든. 그러니 고구려나 연개소문과의 한판 싸움은 오래 전부터 벼르던 일인지도 몰라. 그는 반드시 고구려를 무너뜨리겠다고 큰소리치며 여러 왕족들의 동의를 구했어. 그런 한편 수나라가 고구려에 진 원인을 꼼꼼히 조사하고 대책도 세웠는데,

『조선상고사』에 그 내용이 실려 있어.

첫째, 수 양제가 정병을 가리지 않고 무턱대고 많은 군사를 일으켜 그 숫자가 4백만 명이나 되었는데, 실제로 싸울 만한 군사는 수십만밖에 되지 않았다. 그러므로 우리는 10년간 훈련한 군사 가운데 빼어난 자로 20만(수군 별도)을 골라 뽑는다.

둘째, 수 양제는 섣불리 평양으로 쳐들어갔다가 길이 끊어져 양식과 무기를 받지 못해 지고 말았다. 그러므로 우리는 요동 지방부터 차근차근 쳐들어간다.

셋째, 수나라군은 군량을 제대로 운반하지 못해 패했다. 이에 우리는 바다와 육지로 식량을 옮기되, 병사들에게 지우지 않고 소와 마차를 이용한다. 식량이 떨어지면 그 짐승을 잡아먹는다.

넷째, 수 양제가 진 원인은 다른 나라의 도움이 없었기 때문이다. 우리는 신라와 동맹을 맺어 고구려의 뒤를 어지럽게 하면서 쳐들어간다.

"자, 이만하면 고구려 따위야 주머니 속의 구슬이나 다름없으렷다."
645년 봄, 당 태종 이세민은 승리를 확신하며 몸소 육군 20만 명을 이끌고 요동으로 진격했어.

과연 당나라는 오래도록 준비하고 작전을 세운 만큼 성과를 거두는 듯했어. 당나라 정예 군사들의 공격에 요동의 비사성, 개모성이 쉽게 무너졌거든. 수나라 수백만 대군을 물리쳤던 요동성마저 12일을 버틴 끝에 점령되었어. 백암성 성주는 지레 겁을 먹고 항복했고. 백암성 뒤

에는 안시성이 있었는데, 그 요새마저 무너지면 평양성이 위험에 빠지
는 상황까지 전개되었어.

꺼지지 않는 안시성의 횃불

　　요동 방어선이 무너지자, 연개소문은 고연수와 고혜진에게 고구려와 말갈 연합군 15만 명을 주어 안시성을 돕도록 명했어. 이들 연합군이 당군을 포위하자 당군은 겁에 질렸고, 이 때 당 태종 이세민은 교묘한 술책을 부렸어.

　　"우리는 고구려를 치러 온 게 아니다. 무고한 왕과 대신을 죽이고 백성을 괴롭히는 연개소문 한 사람만 잡으면 곧 돌아갈 것이다."

　　이런 속임수에 고연수와 고혜진은 깜박 넘어가고 말았어. 왕족인 그들도 연개소문에게 반감을 가졌던가 봐. 그래서 제대로 공격도 하지 않고 망설이는 중에 당 태종 이세민은 기습 공격으로 고구려군의 중앙을 잘라 두 동강을 낸 다음 차례로 쳐서 항복을 받았어. 당 태종 이세민도 대단한 지혜와 용맹을 갖춘 영웅임을 보여 준 한판이었지. 이렇게 되니 안시성은 3만 군사와 7만 백성이 지키는 수밖에 없게 되었어. 그 보고를 받은 연개소문은 급히 안시성으로 전령을 보냈어.

지금 당나라군은 수나라가 우리에게 크게 졌던 원인을 따져서 봄에 쳐들어온 것이오. 그들은 양식을 운반할 짐승을 많이 끌고 왔는데, 이는 양식이 떨어지면 잡아먹기 위함이오. 짐승들은 풀을 먹고 사는데, 겨울이 되면 춥고 먹이는 없으니 어찌 하겠소. 따라서 저들은 반드시 겨울이 오기 전에 싸움을 끝내려 할 것이오. 양공만춘은 굳게 성을 지키고 있다가 저들이 지칠 때 공격하오. 이 때 추공오골성 성주 추정국이 밖에서 공격할 것이고, 나는 뒤에서 습격하여 당군이 돌아갈 길을 막아 이세민을 사로잡으려 하오.

이런 명을 받은 후 안시성에 대비를 단단히 하고 기다렸어. 마침내 안시성에 도착한 당나라군은 당혹감을 감출 수 없었어. 넓은 들판은 벌건 속살을 드러낸 채 풀 한 포기 보이지 않았거든. 고구려 군사들이 다 태우거나 땅거죽을 뒤집어 버린 거야. 당나라의 군량을 수송하는 짐승들의 양식을 없애 버린 거지.

"항복하지 않으면 성이 함락되는 날에 모조리 죽이리라!"

당 태종 이세민이 전령을 시켜 안시성에 대고 협박했어.

안시성에서는 메아리처럼 대답이 들려왔어.

"어서 항복하지 않으면 우리가 성에서 나가는 날 모조리 죽일 것이다!"

연개소문에게도 허리를 굽히지 않은 양만춘의 군사들은 사기가 하늘을 찔렀어. 당나라군이 거칠게 공격했지만 안시성은 끄떡도 하지 않았어. 오히려 당나라군의 피해만 늘어났지. 그러자 고연수와 고혜진이 당 태종 이세민에게 조언했어.

"안시성은 요새라 깨뜨리기 어렵습니다. 게다가 성주 양만춘은 결코 가벼운 상대가 아닙니다. 먼저 늙은 성주 추정국이 지키는 오골성을 쳐서 차지한 다음, 바로 평양성으로 간다면 쉽게 이길 것입니다."

다른 대신들의 의견도 같았어. 당 태종 이세민도 그 의견을 따르려하는데 대장군 장손무기가 반대했어.

"천자께서 친히 전쟁에 나선 것은 여느 장군이 나선 것과는 다릅니다. 꾀를 부리거나 운을 바라기보다는 정당하게 싸워 이겨야 합니다. 지금 우리가 안시성을 포기하고 오골성으로 간다면, 이는 천자의 위엄을 떨어뜨리는 일이 될 것입니다. 게다가 저들이 뒤를 칠 것이니 안시성을 먼저 깨뜨리는 것이 올바른 순서이옵니다."

이세적 장군도 장손무기의 말에 동조하고 나섰어.

"그렇습니다. 안시성을 그대로 두고 쳐들어간다면, 뒤가 끊겨 우리 양식이 오지 못할 것입니다. 그러면 수나라의 꼴과 무엇이 다르겠습니까?"

선봉장인 두 장군의 말에 이세민은 다시 안시성을 공격하라는 명을 내렸지. 장손무기가 먼저 공격에 나섰어. 활을 쏘고, 쇠뇌로 쇳덩이를 쏘고, 포차로 큼직한 바위를 날렸어. 하지만 안시성은 워낙 높고 견고해서 별로 피해를 입히지 못했어. 안시성에서는 쥐죽은 듯 가만히 있다가, 당나라군이 가까이 오면 소나기처럼 화살을 퍼부었지. 그리고 밤에는 몰래 밧줄을 타고 내려와 당나라 진영을 습격한 다음 내빼곤 하여 잠을 못자게 만들었어. 당나라군은 안시성을 겹겹이 포위한 채 아무런 소득도 얻지 못하고 시간만 보냈지.

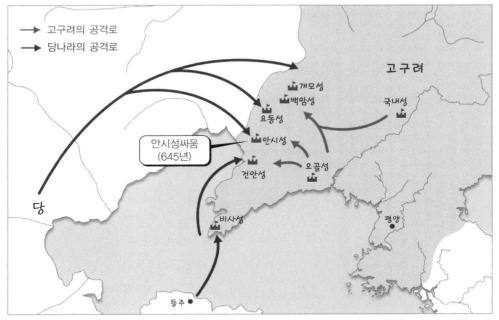

고구려와 당나라의 전쟁(7세기)

　벌써 여름도 끝무렵이 되자, 이세민은 슬슬 걱정이 커졌어. 겨울이
닥치면 모든 걸 포기하고 돌아갈 수밖에 없었거든. 아무리 강한 군사
들이라도 동장군을 이겨 낼 수는 없기 때문이지.

　"우리가 많은 군사를 거느리고도 고전하는 건 저 성이 높기 때문이
다. 이렇게 시간만 보낼 게 아니라, 우리도 성을 저들보다 더 높게 쌓
아 공격하면 적은 독 안에 든 쥐가 아니겠는가."

　고민 끝에 당 태종 이세민은 기발한 생각을 해냈어.

　당나라군은 그 날부터 높다란 토성을 쌓기 시작했어. 수십만 군사가
한꺼번에 움직이니 토성은 하루하루 죽순처럼 자랐지. 이윽고 두 달

만에 토성이 완성되었는데 마치 산을 떼어다 성 앞에 옮겨 놓은 것 같았어.

안시성 안에서도 이에 질세라 성 담벽에 흙을 쌓아 올렸지. 하지만 당나라군의 토성이 더 높았어. 토성에 올라서면 안시성 안이 환히 보일 정도였어.

"이제야말로 고구려는 주머니 속의 구슬과 다름없다. 모조리 쳐부수어라!"

이세민이 자신만만하게 공격 명령을 내렸어.

당군은 높은 토성에서 활을 쏘고 돌을 날렸어. 그토록 견고하던 안시성이 흔들리기 시작했어. 포차가 날린 바위에 성벽이 무너지고, 망루가 부서지기도 했어. 불화살이 날아들어 곳곳에 불이 나기도 했지. 양만춘은 무너진 곳에 다급히 나무 울타리를 세워 막았어.

"저들이 마지막 발악을 한다. 속히 무너뜨려라!"

기세가 오른 당나라군이 안시성에 달라붙었어. 그들은 성벽에 사다리를 대고 오르기 시작했어. 안시성에서는 백성들까지 나서서 돌을 던지고 뜨거운 물을 쏟아 부으며 싸웠어.

"도대체 고구려 놈들은 왜 저렇게 지독한 거야."

토성만 쌓으면 곧 이길 줄 알았던 이세민은 다시 불안감에 휩싸였어. 그의 불안은 곧 현실로 드러났어. 며칠 계속 비가 오는 바람에 기껏 쌓았던 토성이 군데군데 무너진 거야. 그 바람에 병사들이 깔려 죽기까지 했어.

"하늘이 우리를 도우시는구나. 토성을 빼앗아라!"

그 기회를 놓치지 않고 양만춘은 결사대에게 공격 명령을 내렸어. 무너진 토성을 고치던 당나라군은 기습을 받고는 줄행랑을 놓았지. 당나라군이 두 달간 고생하여 쌓은 토성이 안시성의 튼튼한 울타리가 되어 버린 거야.

"죽을 쑤어 개를 준 꼴이 아니냐!"

당 태종 이세민은 분통이 터져 토성의 책임자를 사형에 처한 후 총공격을 명했어. 싸움이 막바지에 이르렀음을 깨달은 거야. 이번 공격으로 안시성을 무너뜨리지 못한다면 후퇴하는 수밖에 없었거든. 겨울이 성큼성큼 다가오는데 군량도 다 떨어지고, 짐승들의 먹이가 없어진 지도 이미 오래되었어.

당나라군은 3일 동안 밤낮없이 달려들었어. 그러나 자기들이 만든 토성도 빼앗지 못하고 물러났어.

"아, 또 실패하다니! 수나라의 치욕을 내가 당할 줄이야!"

당 태종 이세민은 눈물을 머금고 후퇴 명령을 내리고 말았어. 그들이 안시성에서 물러가는 광경이 『삼국사기』에 이렇게 적혀 있단다.

안시성 아래서 군사를 지위하고 돌아가니, 성 안에서는 모두 모습을 감추고 나오지 않았다. 성주가 성에 올라 사례의 절을 하였는데, 제이세민는 굳게 지킴을 아름답게 여겨 비단 백 필을 내려 격려하였다.

당나라는 군사의 절반을 안시성에서 잃고 힘없이 돌아선 거야. 20년 동안 준비한 일이 물거품이 되고 말았지. 벼르고 벼르던 고구려와

의 한판 싸움은 결국 당 태종 이세민의 패배로 끝나는 순간이었어.

　그런데 『삼국사기』의 위 기록은 따져 볼 문제가 있어. 당나라군은 몇 달에 걸친 싸움에서 지고 후퇴하는 길이었어. 그런데 한바탕 군사 시위를 하고 떠났다느니, 안시성 성주가 절을 했다느니, 태종이 비단을 내려 격려하였다느니 하는 말들은 해괴하기 짝이 없잖아.

　이는 『삼국사기』가 중국 역사책을 바탕으로 쓴 탓이야. 예로부터 중국인은 자신들을 중화中華라 하여 자기들이 세상의 중심이고 문화의 으뜸임을 자랑하곤 했어. 그래서 자기들은 아름답게 꾸미고 다른 민족은 오랑캐로 여겨 나쁘게 기록했지. 황제를 중심으로 대의명분을 내세운 이러한 역사 기록을 '춘추필법'이라고 해. 『삼국사기』도 이 춘추필법의 영향에서 벗어나지 못한 거지.

　특히 당나라 역사에 대해 쓴 부분은 그 정도가 심해. 『삼국사기』「고구려 본기」를 읽는 데도 당나라 역사책을 읽는 듯하거든. 마치 당 태종 이세민을 주인공 삼아 소설을 써 놓은 것 같아. 이는 훗날 당 태종이 직접 역사책을 쓰고 고치고 한 탓도 있겠지만 우리 학자들이 아무런 비판 없이 그대로 옮겨 쓴 잘못이 더 크다고 봐. 이런 까닭에 김부식을 비롯한 편찬자들이 '사대주의자'라는 비판을 받는 것도 면할 수 없는 거란다.

　역사가 이렇게 된 데에는 신라의 책임도 있어. 훗날 그들은 당나라의 도움을 받아 결국 고구려와 백제를 무너뜨렸잖아. 그리고 약속에 따라 거의 모든 문화를 당나라식으로 고쳤어. 조정 구조와 의복은 물론 고을 이름마저 당나라와 똑같이 고쳤지. 그래서 지금도 우리 나라에도 안동, 부산, 동래 등이 있고 중국에도 똑같은 도시가 있는 거야. 삼국의 역사도 훗날 신라가 정리하였을 테니, 고구려와 백제의 역사가 제대로 쓰였을 리 없지. 그 기록과 중국 역사책을 바탕으로 쓴 것이 바로 『삼국사기』니까 이런 이상한 기록이 남아 있는 거란다.

안시성싸움과 그 결말에 대해 『조선상고사』는 『삼국사기』와는 전혀 다른 이야기를 들려줘. 당나라군이 갑자기 후퇴한 이유는 안시성싸움에서 진 탓이 아니라는 거야. 안시성이 당나라 대군과 싸우는 동안 총사령관인 연개소문은 구경만 하고 있었을까? 절대로 그런 성격이 아니라는 건 충분히 짐작할 수 있는 일이지. 그 때 연개소문은 뱃길을 통해 당나라로 들어가서 당나라 도성 근처인 상곡을 공격했어.

이 다급한 소식은 봉화불을 통해 하루 만에 당 태종 이세민에게 알려졌지. 이에 당나라군은 본국에 큰일이 난 걸 알고 부랴부랴 후퇴했다는 게 신채호의 주장이야. 물론 양만춘이 태종에게 절을 하고 비단을 받았다는 따위도 말짱 거짓부렁이지. 당시 양만춘은 오골성 성주 추정국과 더불어 후퇴하는 당나라군의 뒷덜미를 공격했어. 당나라 군사들은 도망치기에 바빠 마주 싸울 생각조차 하지 못했어.

부랴부랴 쫓기던 당군은 후퇴 작전에서도 큰 패배를 맛봐야 했어. 요택에서 늪과 진창 지대로 몰려 위기에 빠진 거야. 바로 그 때 양만춘은 화살 한 발을 날려 이세민의 눈에 맞추었어. 말에서 떨어진 이세민은 거의 포로가 될 뻔했는데, 설인귀*가 목숨을 걸고 자기 말에 태워 간신히 탈출했던

*설인귀(613~683)_ 중국 당나라 때의 장군이다. 645년 당나라가 고구려를 침입했을 때, 요동 안시성싸움에서 공을 세워 유격장군으로 발탁되었다. 665년에는 고구려 연개소문의 장남 연남생이 아우 연남건과 연남산에게 쫓겨 당나라에 원병을 청하자 고구려와의 전투에 참가했다. 고구려가 망한 뒤에는 당나라가 평양에 설치한 안동 도호부의 도호로 부임하였다.

거야. 이렇게 비참하게 도망치는 광경은 『삼국사기』「고구려 본기」에도 어슴푸레하게 기록되어 있어.

요택은 진흙과 물이라 수레와 말이 건너지 못했다. 이에 제는 장손무기에게 군사 만 명을 주어 풀을 베어 길을 메우고, 물이 깊은 곳에는 수레로 다리를 삼게 하였다. 제는 친히 말의 칼집에 장작을 매어 일을 도왔다. 여러 군사가 발착수를 건너니 군사들이 물에 젖어 죽은 자가 많았다.

이런 상황이었어. 당군은 황제가 직접 일을 해야 할 정도로 철저하게 패했어. 앞은 늪과 강물이 막고 뒤는 고구려군이 쫓아오니 그만큼 다급했던 거야. 위 대목은 어쩌면 양만춘과 연개소문의 양쪽 공격을 받은 상황일 가능성이 아주 커. 이 광경만 보더라도 당군이 비단을 내리는 등 허세를 떨고 여유롭게 후퇴한 게 아니라 다급히 쫓겼다는 걸 알 수 있잖아. 이것으로 보아 중국 역사책의 허위를 알 수 있고 『삼국사기』도 앞뒤가 맞지 않게 짜깁기되었음을 알 수 있단다.

개소문 비상인!

겨우 목숨을 건져 돌아온 당 태종 이세민은 고구려를 친 것에 대해 크게 후회했어. 그가 한탄하는 대목이 『삼국사기』에도 나와.

"아, 위징이 있었다면 고구려 정벌을 말렸을 텐데!"

위징은 청렴하고 지혜로운 신하였는데 이미 죽고 없었어. 당 태종 이세민이 그런 신하를 찾을 만큼 뼈저리게 후회했어. 그 후 당 태종은 정사를 태자에게 일임하고 역사책을 정리하다가 4년 뒤에 숨을 거두었어. 이 때 그는 태자에게 '다시는 고구려를 치지 말라'는 유언까지 남겼어. 또다시 복수의 원정을 나섰다가는 오히려 당나라가 멸망하는 화를 초래할 것을 염려한 까닭이었겠지.

의심이 가는 것은 그의 갑작스런 일선 후퇴와 죽음이야. 당시 그는 52세로 아직 한창 일할 나이였거든. 『신·구당서』에는 뚜렷한 병인이 없고, 『자치통감』에는 요동에서부터 병을 얻어 왔다고 했어. 신채호는

*경극_ 노래와 춤과 연극이 혼합되어 있는 중국의 전통 연극으로, 베이징(북경)에서 발전하였다 하여 경극이라고 한다.

이를 두고 분명 양만춘의 화살에 맞은 것이 화근이 되어 천수를 다하지 못한 것이라고 주장했어. 춘추필법은 늘 황제의 허물은 숨기거나 미화해 왔으니 사실史實보다는 야사나 전설이 오히려 정확하다고 본 거지. 실제로 요택 지방에는 당 태종이 화살에 맞았다는 전설도 전해지고 있어. 또 중국 경극*〈독문관〉, 〈어니하〉, 〈살사문〉 같은 연극에 '비도飛刀'라는 이름을 가진 무시무시한 검객이 나오는데, 바로 연개소문이래. 이로 볼 때 연개소문은 중국 본토를 친 걸로 짐작할 수 있고, 그만큼 중국인들에게 두려움의 대상이었음을 짐작할 수 있지. 그의 놀라운 무용과 무서운 얼굴은 마치 치우 천왕과 유사했어. 연개소문이야말로 치우 천왕 이후 중국인들을 공포에 떨게 한 대표적 인물인 셈이지. 그런 연개소문에게 참패한 당 태종을 두고 고려 말의 학자 목은 이색은 다음과 같은 시를 지었어.

> 이고구려를 주머니 속의 물건이라더니
> 검은 꽃눈깔이 흰 깃 화살에 떨어질 줄 어찌 알았으랴

『해동명장전』의 저자 홍량호는 「안시성주전」 말미에 당 태종 이세민의 무리한 침략과 패전에 대해 다음과 같이 신랄하게 비판했어.

큰 나라 황제로서 온갖 위험한 고개를 넘기고 몇 번이나 죽을 지경을 당하였던가. 한심한 노릇이라고 할 수밖에 없다. 그가 그런 짓을 한 것은 성공

을 하고도 만족할 줄 모르고, 득위하였을 때 조심할 줄을 모르는 때문이었다. 언제든지 선한 군주가 되려는 사람은 당 태종의 행위에서 교훈을 찾을 줄 알아야 한다.

이러한 이세민을 중국 역사는 절세 영웅으로 묘사하였으니 그들의 허세를 알 만하지. 더욱이 고려와 조선에 와서는 당 태종의 사적과 언행을 기록한 『정관정요』*를 선비들이 제왕학 교범처럼 탐독하였으니 실로 한심한 일이야. 이세민도 분명 걸출한 영웅이기는 하나, 그

*『정관정요』 중국 당나라의 오긍(吳兢)이 지은 책으로, 태종과 가까운 신하들이 정치관과 정치상의 득실에 대해 토론한 내용을 모아 엮었다. 10권.

이름을 빛내게 된 것은 내정을 세심하게 보살핀 덕이며, 또 본인이 사서를 편찬하는 데 관여한 덕이 크지 않을까 생각해. 중국의 사가들이 대고구려전 참패와 비참한 말로를 제대로 그렸다면 후세들이 그를 감히 전설적인 제왕 성탕이나 무왕에 견주지는 못했을 거야.

이세민에 비하면 연개소문이 우위에 있었던 건 중국인들도 인정했던 것 같아. 사실 연개소문의 대범한 전술과 전광석화와 같은 작전은 역사상 그 누구와도 비교할 수 없이 대단했어. 그런데 후세 사람들은 연개소문의 비범한 능력이 도무지 이해되지 않았나 봐. 『삼국사기』 「연개소문 열전」에 이런 이야기가 있어.

당나라를 이어 일어난 나라는 송宋나라야. 송나라 신종은 훗날 역사서를 읽다가 도무지 이해되지 않는 부분이 있었는데, 바로 연개소문에 관한 것이었어. 그 앞에 수나라 수백 만 대군이 을지문덕이 이끄는 고구려에 참패한 것도 이해하기 어렵거니와, 성탕과 무왕에 버금간다는 성군 당 태종이 정예 대병을 이끌고 고구려를 침공하였는데 역시 거듭 참패했거든. 이런 역사책을 읽던 신종은 도무지 이해되지 않아 당시 가장 뛰어난 학자이자 재상인 왕안석*에게 물었어.

"당 태종이 고구려를 당하지 못한 이유가 대체 무엇인가?"

이 때 왕안석은 단 한 마디로 대답했어.

"개소문비상인야蓋蘇文非常人也."

풀이하면 연개소문의 능력이 워낙 뛰어난 까닭이란 말이지. 연개소문을 무도한 역적으

*왕안석(1021~1086)_ 중국 송나라 때의 문필가이자 정치인으로, 뛰어난 산문과 서정시를 남겨 '당송팔대가(唐宋八大家)' 가운데 한 명으로 꼽힌다. 또한 북송(北宋)의 6대 황제인 신종(神宗)에게 발탁되어 청묘법(靑苗法), 모역법(募役法) 등의 정책을 추진하며 개혁적 정치에도 앞장섰다.

로 평가한 『삼국사기』도 위 일화를 인용하며 연개소문의 재능만큼은 높이 인정했단다.

이세민의 비참한 말로와는 반대로 연개소문은 평안한 말년을 보냈어. 이세민이 죽은 지 16년 후인 665년, 아들 삼형제에게 권력을 물려주고 숨을 거두었지.

그 얼마 뒤인 668년, 고구려는 나·당 연합군의 공격을 받아 패망했어. 하지만 패망의 결정적 이유는 널리 알려진 것처럼 연개소문 세 아들의 권력다툼에서 비롯되었으니, 실상 고구려는 외침 때문이 아니라 내부의 분란 탓에 무너진 셈이지. 이를 안타깝게 여긴 신채호는 연개소문을 다음과 같이 평가했어.

연개소문은 침노해 온 당 태종을 격파하였을 뿐만 아니라 도리어 당을 진격하여 지나支那 전국을 놀라 떨게 하였으니, 그는 다만 혁명가의 기백을 가졌을 뿐만 아니라 또한 혁명가의 재능과 지략을 갖추었다고 함이 옳겠다.

다만 그가 죽을 때 따로 어진 이를 골라 자기 뒤를 이어 조선인 만대의 행복을 꾀하지 못하고 불초한 자식 형제에게 대권을 맡겨 마침내 이룬 공업을 뒤엎어 버렸으니, 대개 야심은 많고 덕이 적은 인물이었던가 싶다.

연개소문은 재주와 능력이 비상한 만큼 다양한 면모를 가진 인물이야. 수많은 전쟁영웅 가운데 그와 어깨를 겨룰 만한 인물은 흔치 않아. 그런 그를 어느 편에서는 영웅이라 했고, 『삼국사기』에서는 무도한 역적으로 비판했지. 그 때문에 고려와 조선에서는 그의 이름조차 거론되지 않았어. 그렇지만 중국 역사상 가장 찬란한 문화를 자랑했던 당나라와 정면으로 싸워 대승을 거둔 겨레의 지킴이였다는 건 부정할 수 없는 사실이야. 그 점을 높이 산 까닭에 우리 겨레가 힘을 잃었던 일제 강점기 때부터 겨레의 영웅으로 다시 조명되기 시작했어. 그러니 오늘날 우리의 고대사를 자기네 변방 역사로 만들려는 중국의 역사 왜곡을 깨뜨릴 인물로 내세울 만하지 않을까?

제6장

민족 통일의 선봉장
김유신

"대장군이 황산벌의 싸움이 얼마나 치열했는지 몰라
늦게 온 것을 벌 주려 하는데, 나는 결코 죄 없이
욕을 받을 수는 없다. 기어코 벌을 주려 한다면
나는 먼저 당군과 결판을 내고 백제와 싸울 것이다!"

－「삼국사기」

용화향도의 맹세

"왕가의 이름을 더럽힌 만명을 당장 가두어라!"

신라 왕족인 만호 태후 숙흘종은 분을 삭이지 못해 수염을 부르르 떨었어.

"아버님, 저를 보내 주세요!"

만명은 창고로 끌려가면서도 애원했어. 하지만 숙흘종은 싸늘하게 돌아서서 쳐다보지도 않았어.

숙흘종은 갈문왕 입종의 아들로 성골[*] 귀족이었어. 신라 왕족들은 같은 집안끼리 결혼하는 족내혼이 원칙이었어. 그래야 피가 섞이지 않고 혈통을 이을 수 있다고 믿었지. 그런데 진흥왕의 사촌인 만명은 우연히 길에서 김서현을 만나 서로 사랑하는 사이가 되고 말았어. 둘은 가시버시가 되어 평생 함께하자고 맹세했지. 이를 안 만명의 부모는 그들을 강제로 떼 놓으려 했어. 서현이 귀족이기는 했으나,

*성골_ 신라 골품제도 중 최고의 신분층으로, 왕이 될 수 있는 최고의 신분이다. 신라시대 신분제도인 골품제는 성골, 진골, 6두품, 5두품, 4두품으로 나뉘며, 이런 혈연에 따른 신분은 승진의 상한선 결정 등 정치 활동뿐만 아니라 집의 크기, 장식물, 복색, 수레 등 일상 생활의 범위까지 제한했다. 시조 혁거세부터 28대 진덕여왕까지가 성골에 속하고, 진덕여왕을 끝으로 성골 왕은 사라졌으며 태종무열왕부터 마지막 경순왕까지 진골 출신의 왕으로 세습되었다.

이미 망한 나라인 가야의 왕족이었거든. 그 때문에 김서현을 서라벌에서 먼 만노군지금의 충청도 진천의 관리로 임명해 버렸어. 그런데 만명이 같이 가려고 고집을 부리니까 가두어 버린 거야.

창고에 갇힌 만명은 발을 동동 굴렀어. 떠날 준비를 한 김서현이 목이 빠지게 자신을 기다리고 있으리라 생각하니 속이 타들어갈 지경이었지. 지금 따라가지 못하면 영영 만날 수 없으리라는 걸 만명은 잘 알고 있었어. 김서현이 만노군으로 간 사이에 부모는 얼른 만명을 신라 왕족 가운데 누군가와 짝을 지어 버릴 작정임을 잘 알고 있었거든. 무슨 수를 써서라도 김서현을 따라가야만 했어. 하지만 창고 문은 굳게 잠긴데다 장골들이 지키고 있으니, 빠져 나갈 수가 없었어.

만명은 하늘에 대고 기도했어.

"하느님, 소녀는 낭군님과 일생을 함께하기로 약속한 몸입니다. 제 뱃속에는 이미 서현님의 아이가 자라고 있답니다. 저희를 갈라 놓으실 바에야 차라리 죽음을 내려 주십시오!"

울음 섞인 기도는 그치지 않았어. 그런 어느 순간, 하늘이 어두워지더니 우레 소리가 천지를 뒤흔들었어. 이어 한 줄기 번개가 창고 문을 내리친 거야.

"쾅!"

창고 문이 부서지면서 불이 났어. 지키던 사람들이 놀라 허둥대며 불을 끄기에 경황이 없었어. 그 틈에 만명은 창문으로 빠져 나가 기다리던 김서현과 함께 만노군으로 도망쳐 버렸어. 화가 난 숙흘종은 딸을 버린 셈 치고 내버려 두었어.

진평왕 17년(595), 만명은 회임한 지 20개월 만에 만노군에서 사내아이를 낳았어. 김서현은 기뻐하며 이렇게 말했어.

"내가 부인을 처음 만나 사랑하여 이 아이를 가졌을 때 비상한 꿈을 꾸었는데, 그 날이 경진庚辰일이오. 따라서 이름을 경진으로 함이 마땅하지만 천간지지로 이름을 짓는 것은 좋지 않으니 그와 소리가 비슷한 유신庾信으로 하겠소."

이런 우여곡절 끝에 태어난 아이가 바로 김유신이야. 이런 특이한 출생과 태몽에 대해 『삼국사기』「열전」에 매우 자세하게 소개하고 있어.

서현이 경진일 밤에 화성과 토성 두 별이 자신에게 내려오는 꿈을 꾸었다. 만명 또한 신축일 밤 꿈에 한 동자가 금으로 된 갑옷을 입고 구름을 타고 방 안으로 들어오는 것을 보았는데, 그로부터 얼마 안 되어 태기가 있었고, 20개월 만에 유신을 낳았다.

이런 출생 내력을 지닌 유신은 어려서부터 용맹스럽고 총명했어. 등에 북두칠성 점이 있어 하늘의 보호를 받는다는 소문도 돌았어. 그가 장차 큰 인물이 되리라는 소문이 경주까지 퍼질 정도였지. 딸을 버린 셈 쳤던 숙흘종이 그 소문을 듣고 유신을 데려 오라고 했어.

"과연 내 손자로다! 장차 이 나라의 기둥이 되겠구나!"

유신을 본 숙흘종은 한눈에 반해 끌어안고 입을 맞추었어. 비로소 김서현을 사위로 인정한 거야. 몰락한 가야 왕족이 김서현으로 인해 신라 진골 왕족으로 편입되었고, 그 공로는 당연히 김유신에게 돌아갔지. 그 길로 김유신은 화랑이 되었는데, 따르는 무리가 많아 15세에 낭도 일파의 대장인 용화향도가 되었어.

그런데 이 즈음 유신은 천관이라는 기생에게 반해 공부를 등한시했어. 늘 천관의 집에 가서 노래와 춤을 즐기며 술을 마시고 놀았지.

그러던 어느 날, 유신이 천관의 집에서 자고 아침에 부시시한 얼굴로 귀가했거든. 그러자 만명 부인이 엄하게 꾸짖었어.

"나라에 공을 세워 임금과 어버이를 기쁘게 해야 할 네가 한갓 기생의 집에서 몸을 망친단 말이냐!"

유신을 꾸짖은 만명 부인은 울음을 터뜨리고 말았어. 그러자 유신은 땅에 머리를 찧으며 맹세했어.

"다시는 그 집 문 앞에도 가지 않겠습니다."

그 뒤부터 유신은 더욱 공부에 열중하고, 나라를 위해 무엇을 할 것인가 고민했어. 그러는 중에는 수시로 천관의 아름다운 얼굴과 고운 노랫소리가 그리웠지만, 한 번도 천관을 찾지 않았어.

그런 어느 날, 유신은 친구들과 술을 마시고 헤어졌어. 술에 취한 터라 그는 말에게 몸을 맡기고 집으로 향했거든. 그런데 말이 터벅터벅 찾아간 곳은 천관의 집 앞이었어. 술만 먹으면 들르던 곳이라 발씨에 익은 말이 스스로 찾아온 거야.

"낭군님, 그 동안 왜 오시지 않았나요. 저를 잊으신 줄만 알았답니다."

천관이 신도 신지 않고 달려나와 맞이했어. 여인의 눈에는 기쁨과 원망이 섞인 눈물이 흘렀지. 이 때 정신이 번쩍 든 유신은 입술을 깨물었어. 그리운 여인 앞에 오니 결심이 흔들렸겠지. 유신은 흔들리는 마음을 다잡기 위해 칼을 뽑아들었어.

"내 다시는 이 집 앞을 지나지 않으려 했건만."

유신의 칼이 번쩍 허공을 갈랐어. 영리하고 용맹스러웠던 유신의 말은 붉은 피를 분수처럼 뿜으며 쓰러졌지. 그리고 유신은 울며 매달리는 천관을 뒤로 한 채 집으로 돌아갔어.

사랑하는 여인과 모진 이별을 한 유신은 홀로 산으로 들어가니 그때 나이 17세였어.

당시 한반도는 혼돈의 시대였어. 신라와 백제가 자주 다투고, 고구려가 수나라와 큰 전쟁을 치르는 중이었지. 우리 겨레 삼국 가운데 신라는 가장 약한 나라여서 언제나 불안한 처지였거든. 이에 유신은 하늘에 제사를 지낸 다음, 바위굴로 들어가서 기도를 했어.

"적국이 이리와 범처럼 우리를 침략하니, 하루도 편할 날이 없습니다. 하늘이 제게 능력을 주신다면 재주와 힘을 다하여 이 땅에서 전쟁을 몰아 내고자 합니다. 저에게 능력을 주옵소서!"

간절한 기도를 드린 지 나흘째 되는 날이었어. 허술한 옷을 입은 한 노인이 바위굴로 들어왔어.

"여기는 독벌레와 맹수가 우글거리는 곳인데, 어찌하여 귀한 소년이 홀로 머무는고?"

유신은 노인이 보통 사람이 아님을 알아보았어.

"어른께서는 어디서 오셨으며, 또한 함자는 어떻게 되시는지요?"

"나는 머물러 사는 데가 없는 떠돌이인데, 이름은 난승難勝이라네."

유신은 스승에 대한 예로 두 번 절을 하고 말했어.

"저는 신라의 화랑입니다. 나라가 곤란을 겪는 걸 보니 차마 눈뜨고 볼 수 없어, 여기 와서 하늘의 도움을 구하는 중 입니다. 엎드려 빌건 대, 어른께서는 저에게 가르침을 베풀어 주옵소서."

유신의 간절한 말에도 노인은 아무런 대답이 없었어. 유신이 거듭 간절하게 말했지.

"지금 우리 민족은 고구려, 백제, 신라로 나뉘어 다투느라 전쟁이 대를 이어 끊이지 않습니다. 이제 한 번의 큰 전쟁으로 통일을 이루어 다툼을 없애고자 합니다. 이 소망을 이룰 수 있도록 제게 가르침을 주 십시오."

유신의 진정 어린 눈물에 난승은 고개를 끄덕거렸어.

"어린 소년이 삼국을 하나로 아우르려는 큰뜻을 품다니, 참으로 장하 도다. 내 그대를 가르쳐 그 고귀한 뜻을 이루는 데 도움닫기가 되리라."

마침내 유신을 제자로 받아들인 난승은 가르침을 베풀어 주었어.

이 때 유신이 구체적으로 무얼 배웠는지는 알 수 없어. 『삼국사기』 에는 유신이 노인에게 방술方術:도사들의 술법을 가르쳐 달라고 했고, 노인 은 비법秘法:알려지지 않은 특별한 기술을 가르쳐 주었다고 씌어 있는데, 구체 적인 것은 알 수 없단다. 다만 우리 겨레의 전통 무술이나 병법, 그리 고 특이한 도법이 아닐까 짐작할 뿐이야. 유신의 가르침이 무르익자 난승은 다짐을 받았어.

"나에게 배운 것을 조심하여 쓰고, 남에게 함부로 가르쳐 주지 마

라. 만약 나쁜 일에 쓴다면 오히려 화를 입게
될 것이니라."

"삼가 스승님의 가르침을 따르겠습니다."

유신이 절을 하자 난승은 유유히 동굴에서
빠져 나갔어. 유신이 급히 뒤를 따라갔으나
난승은 온데간데 없이 사라져 버렸어. 그리고 그가 사라진 산 위에는
오색 빛이 한동안 어려 있었지.

산에서 내려온 김유신은 뛰어난 실력을 인정받아 국선화랑*에 뽑혔어.

*국선화랑_ 화랑도의 최고 지도자이다. 신라는 청소년으로 조직되었던 수양단체, 즉 화랑도를 두어 인물을 양성하여 그 가운데 인재를 가려서 국가에 등용했다. 화랑도에는 최고 지도자 밑에 화랑이 있고 그 밑에 낭도가 있었다. 국선은 원칙적으로 전국에 1명, 화랑은 보통 3~4명에서 7~8명에 이를 때도 있었으며, 화랑이 거느린 각 문호의 낭도는 수천 명을 헤아렸다.

삼국 통일을 꿈꾸며

　　삼국 통일의 꿈을 품고 실력을 키워 오던 김유신이 본격적인 활약을 시작한 것은 그의 나이 34세 무렵부터였어. 629년, 진평왕은 이찬 임영리, 파진찬 김용춘, 소판대인 김서현을 시켜 고구려의 낭비성을 치라고 했지. 이 때 유신도 아버지 김서현을 따라 전투에 참가한 거야.

　　신라는 과감한 기습전을 펼쳐 먼저 공격을 시도했어. 하지만 전쟁으로 단련된 용맹스런 고구려군에 밀려 크게 패하고 말았지. 후퇴한 신라군은 싸울 기운마저 잃고 고민에 빠졌어. 이 때 김유신이 아버지 앞에 나아가 말했어.

　　"벼리그물의 맨 윗부분 손잡이를 들면 저절로 그물이 펴진다고 하였습니다. 벼리가 일어서면 그물이 다시 살아나 물고기를 잡을 수 있습니다. 제가 벼리가 되어 고구려 장수의 목을 베어 오겠습니다."

　　김유신은 홀로 말을 달려 적진으로 달려갔어.

　　"나는 신라의 김유신이다! 누가 나와 겨루어 볼 테냐!"

　　고구려 진영에서 비장 하나가 창을 겨누고 달려나왔어.

"고구려에는 싸울아비가 없는 줄 아느냐!"

유신은 마주 달려오는 고구려 비장의 목을 창으로 찔러 떨어뜨렸어. 그러고는 그의 목을 베어 높이 들었어.

"와와!"

신라군의 사기가 오르기 시작했지.

유신은 다시 말을 달려 고구려 진영으로 뛰어들었어. 닥치는 대로 칼을 휘두르며 고구려 장수의 목을 베서는 신라 진영으로 돌아왔어. 이에 사기가 오른 신라군은 다시 힘을 내어 공격에 나섰지. 한풀 기가 꺾인 고구려군은 서서히 밀리다가 결국 무너지고 말았어. 이 전투에서 신라는 고구려군 5천 명을 죽이고, 1천 명을 포로로 잡는 대승을 거두었어.

이 낭비성 전투로 인해 김유신의 이름은 삽시간에 뜨르르 퍼져 나갔고, 장차 삼국 통일의 꿈을 이루기 위한 발판이 되었지. 그러나 김유신이 아무리 무용이 뛰어나다 해도 혼자 힘으로 큰뜻을 감당하기는 어려웠어. 더욱이 자신은 가야의 후손인데, 신라의 권력은 성골들이 틀어쥐고 있었거든. 이에 유신은 외교 능력이 뛰어난 신라 왕족 김춘추를 한편으로 끌어들일 꿍꿍이를 짜냈어.

어느 봄날, 공놀이를 하던 유신은 일부러 춘추의 저고리를 밟아서 옷끈을 떨어뜨렸어.

"이런, 옷끈이 떨어졌구려. 집으로 들어가서 꿰맵시다."

유신은 춘추를 방으로 데려간 다음, 누이동생 보희에게 옷끈을 꿰매 주라고 했어. 예쁜 동생을 춘추에게 보여 관계를 맺어 주려는 뜻이었지. 보희는 점잔을 떨며 거절했어.

"처녀가 어찌 대수롭지 않은 일로 귀공자를 뵙겠습니까?"

하는 수 없이 유신은 작은누이 문희에게 그 일을 시켰어. 문희는 기다리고 있었다는 듯 화장을 하고 방으로 들어갔어.

춘추는 그 후 자주 유신의 집을 찾았어. 물론 문희를 만나기 위해서였어. 그러다 보니 문희는 자연스레 춘추의 아이를 가지게 되었지. 유신이 바라던 대로 된 거야.

경주 남산에 있는 '남산미륵곡석불좌상'

얼마 후 임금『삼국유사』에는 선덕여왕으로 나오나 실은 진평왕임이 유신의 집을 지나게 되었어. 서라벌 남산에 있는 절에 불공을 드리러 가던 참이었지. 왕이 집 근처를 지날 때를 기다려 유신은 마당에 장작으로 단을 쌓고 불을 피웠어. 연기가 십 리 밖에서도 보일 만큼 무럭무럭 솟았지. 그러고는 마당에 문희를 꿇어앉혀 놓고 천둥처럼 고함을 쳤어.

"부모의 허락도 없이 함부로 아이를 가져 집안에 허물이 되었으니, 당장 불에 태워 죽일 것이다!"

이 때 임금이 연기를 보고 사연을 알아보라고 했어.

"김유신의 여동생이 처녀의 몸으로 아이를 가져, 지금 불에 태워 죽이려 하는 중이옵니다."

득달같이 다녀온 신하가 다급한 목소리로 말했어.

"누구의 아이를 가졌다더냐?"

임금이 묻고 주위를 돌아보니, 아무도 대답하지 못하고 김춘추의 얼굴만이 벌겋게 달아올라 있었어. 그에게는 이미 아내가 있었으므로 문희를 받아들이기는 어려운 처지였거든. 임금이 속내를 알아차리고 명했어.

"그대가 가서 얼른 처녀를 구하라."

김춘추는 부리나케 유신의 집으로 달려갔어.

유신은 문희를 불타는 장작더미 속으로 던져 넣으려는 시늉을 했지.

"유신공, 이러지 마시오. 이는 내 책임이니 나를 봐서라도 참으시오."

유신은 태도를 바꾸지 않았어.

"비키시오. 이는 우리 집안일이니 끼어들지 마시오."

춘추는 다급해졌어.

"이는 임금님의 명이오. 내가 공의 여동생을 아내로 맞아들이면 되지 않겠소. 제발 참으시오."

다짐을 받고서야 유신은 못 이기는 척 문희를 내려놓았어.

"임금님의 명이시라니 하는 수 없군요."

서라벌이 떠들썩하도록 소란을 겪은 다음, 문희는 기어이 춘추의 아내가 되었어. 그것도 첩이 아니라 정식 부인이 된 거야. 그리고 곧 문희는 아들을 낳았지. 그 얼마 뒤 춘추는 무열왕이 되었고, 문희가 낳은 아들 법민이 왕위를 잇게 되니 바로 문무왕이란다. 이 모든 일은 김유신의 계획으로 이루어진 것이니, 김유신으로서는 최고의 동지를 구한 셈이었지.

처남, 매제 사이가 된 김춘추와 김유신은 의기투합하여 신라를 지키고 번영시키는 데 힘을 쏟았어. 김유신은 군대의 총사령이 되어 백제와 고구려에 힘으로 대항했고, 김춘추는 당나라, 왜국, 고구려를 오가며 외교전을 펼쳤어. 이 두 사람은 삼국 가운데 가장 작고 힘없는 신라를 떠받치는 두 개의 기둥이라 할 만했지.

신라는 삼국을 통일하기에는 턱없이 힘이 모자랐어. 넓은 바다를 누비는 백제나 수나라를 물리치고 당나라와 맞서는 고구려와는 상대가 되지 않았지. 그럼에도 신라가 삼국 통일의 깃발을 올릴 수 있었던 것은 김유신의 웅대한 포부와 뛰어난 계략 덕분일 거야.

김유신이 중요하게 진행한 작전은 세작스파이을 이용한 첩보전과 여인을 이용한 미인계였어.

신라의 관리 중에 조미곤이라는 자가 있었는데, 그는 전쟁에서 백제군의 포로가 되었거든. 그는 백제의 좌평 임자네 집 종이 되었는데, 꾀가 많고 화술이 뛰어나 곧 주인의 눈에 들었어. 임자는 그에게 중요한 집안일을 맡기기도 하고 자유롭게 지내도록 허락했어. 그런 조미곤을 김유신이 불렀어.

"너는 신라인이니 신라를 위해 일할 수 있겠지?"

"물론입니다 장군님. 좌평 임자를 움직인다면 신라에 크게 도움이 될 것입니다."

"그를 어떻게 움직일 수 있겠는가?"

"임자는 뇌물을 좋아하니 어렵지 않게 이용할 수 있습니다."

김유신은 조미곤에게 이런 명을 내렸어.

"지금 대국으로 고구려와 당나라가 버티고 있는데, 백제와 신라가 다투다가는 틀림없이 둘 가운데 하나는 망하고 말 것이다. 만일 백제가 망하면 내가 임자를 구해 줄 것이고, 신라가 망하면 임자가 나를 구해 주기로 약속하자고 일러라."

김유신의 명을 받은 미곤은 즉시 백제로 가 임자에게 그 말을 전했어. 물론 많은 뇌물과 함께였지. 임자는 며칠 동안 가타부타 말이 없었어. 그러자 미곤이 뛰어난 입담으로 그의 마음을 뒤흔들었어.

"나라는 꽃과 같고 인생은 나비와 같은 것입니다. 나비가 꽃을 위해 죽을 필요는 없습니다. 한 꽃이 지면 다른 꽃으로 가서 놀아야 하지 않겠습니까?"

임자는 이 말에 마음이 흔들려 결국 유신의 뜻을 받아들이고 말았어.

임자가 신라 편으로 기울자 유신은 다음 작전을 진행했어. 아리따운 무당 금화를 임자한테 보냈으니 곧 미인계였지.

임자는 금화를 의자왕에게 소개했어. 이로써 백제 왕국은 본격적으로 금이 가기 시작했어. 무왕의 아들로 총명하고 용맹스러워 신라에게 큰 위협이 되었던 의자왕은 서서히 총기를 잃기 시작했어. 금화와 임자의 사탕발림에 빠져 술과 잔치 속에서 하루하루를 보내게 된 거야.

이런 때 백제에도 바른 말을 하는 충신은 있었어. 바로 왕족으로 왕을 보좌하던 부여 성충과 부여 흥수가 그들이야. 그들은 나랏일을 점점 멀리하고 잔치에만 여념 없는 의자왕을 말리려고 무던히 애를 썼지. 성충은 의자왕에게 충심으로 간언했으나 받아들여지지 않았어. 결국 성충은 감옥에서 죽고, 흥수는 먼 바닷가로 귀양을 가고 말았어(그 자세한 내용은 〈인물로 보는 우리 역사〉 시리즈의 두 번째 책 『명재상 이야기』에서 성충 편을 보면 돼). 이렇게 되자 백제 700년 역사도 벼랑 끝으로 내몰리게 되었지. 이 모든 것이 김유신의 계획대로 착착 진행된 거란다.

흥무대왕의 빛과 그늘

서기 660년, 한반도에 거센 전쟁의 회오리가 불어닥쳤어. 끈질긴 외교전 끝에 신라가 마침내 당나라와 군사 동맹을 맺는 데 성공한 거야. 당나라는 소정방*을 사령관으로 삼아 13만 대군을 보냈어. 그리고 때를 같이하여 김유신은 5만 군사를 일으켜 백제의 서울 사비성을 향한 진격을 개시했지.

나랏일을 뒷전으로 미뤄두고 잔치로 나날을 보내던 백제 의자왕은 소스라치게 놀랐어. 신라는 백제의 상대가 되지 않아 대수롭지 않게 여겼는데, 설마 당나라와 연합군을 만들 줄은 꿈에도 몰랐던 거야. 그만큼 김유신과 김춘추가 비밀리에 일을 꾸민 거지.

의자왕은 부랴부랴 회의를 열어 신하들에게 대책을 물었어.

"신라는 당나라를 믿고 쳐들어온 것입니다. 따라서 바다를 건너와 지친 당나라군을 먼저 쳐서 이기면 신라는 감히 덤비지 못할 것입니다."

좌평 의직은 자신만만한 태도였어.

*소정방(592~667)_ 중국 당나라의 장군이다. 나·당 연합군의 대총관으로서 신라군과 함께 백제의 사비성을 함락시키고, 의자왕과 태자 융(隆)을 사로잡았다. 661년에는 평양성을 포위하였으나 전세가 불리해지자 철군했다.

달솔 상영은 보다 신중하게 의견을 내놓았지.

"신라는 여러 번 우리가 꺾었으니 별 것 아니지만, 당군은 군율이 엄하고 사기도 높은 데다 숫자도 많아 함부로 대적하기 힘듭니다. 우선 길을 막고 그들이 지치기를 기다렸다가 기회를 보아 치는 것이 옳을 것입니다."

대신들은 패가 갈리어 서로 옳다고 목소리를 높였어.

"성충을 불러오너라. 흥수는 어디 있느냐?"

답답해진 의자왕이 아직 술이 덜 깬 듯 얼얼한 표정으로 말했어. 돌아오는 대답도 기가 막혔지.

"폐하, 성충은 이미 감옥에서 죽었고, 흥수는 고마미지^{지금의 고흥으로 추정}로 귀양을 가고 없습니다."

내관의 말에 의자왕은 즉시 고마미지로 사신을 보내 흥수에게 대책을 물었어.

이 때 흥수가 제시한 비답이 『삼국사기』 「백제 본기」에 나와.

백강과 탄현은 우리 나라의 요새입니다. 한 사람이 한 자루의 창을 쥐고 지켜도 만인이 당하지 못할 것입니다. 마땅히 용사를 뽑아서 당군이 백강에 들어서지 못하게 막고 신라군이 탄현을 지나지 못하게 지키소서. 그리고 대왕께서는 성문을 겹겹이 닫고 지키시다가 그들이 군량이 다하고 지칠 때를 기다려 힘껏 공격한다면 반드시 깨뜨릴 것입니다.

이런 흥수의 의견은 성충이 남긴 유언과 똑같았어. 의자왕은 그 의견을 따르려 했지. 그런데 대신들의 의견은 달랐어. 아마도 그들은 흥수도 자신들과 같은 간신이라고 생각했나 봐. 청개구리처럼 거꾸로 해석한 거야.

"흥수는 대왕께 죄를 지어 귀양을 갔으니 앙심을 품고 나쁜 계책을 알려 주었을 게 분명합니다. 따라서 탄현과 기벌포로 적군이 통과하게 한 다음 대적하는 것이 유리할 것입니다. 탄현은 좁은 길이라 그들이 길게 늘어서서 들어서게 한 다음 습격하면 새장 속의 새를 잡는 것처럼 쉬울 것입니다."

이미 총기가 흐려진 의자왕은 결단을 내리지 못했어. 그 때문에 이러지도 저러지도 못하고 승강이만 하는 사이 김유신이 이끄는 신라군이 벌써 탄현을 지났다는 보고가 들어왔어. 신하들이 아뢰었지.

"잘 되었습니다. 그들은 좁은 길을 지나와 도망갈 데가 없으니 독 안에 든 쥐와 같습니다. 신라군을 박살내기에는 황산벌이 좋을 것입니다."

다급해진 의자왕은 옳고 그름을 따질 겨를도 없이 그 의견을 따랐어. 지금의 충남 논산시 연산면 일대인 황산벌에서 신라군과 결판을 내도록 한 거야.

백제의 운명을 어깨에 지고 황산벌로 출전한 장수는 계백이었어. 그는 집을 떠나기 전에 가족들을 모아 놓고 말했어.

"두 나라의 대군을 맞았으니 나라의 앞날을 알 수가 없다. 내 처자가 적에게 잡혀 노비가 되어 욕을 당하느니 차라리 지금 죽는 게 나을 것이다!"

충청남도 논산시에 있는 '황산벌 전적지'

계백은 칼을 들어 피눈물을 머금고 가족들을 벴어. 수많은 전쟁에서 단련된 계백인지라 이미 불리하다는 걸 잘 알았던 거야. 전쟁이 나자 군율이 흐트러진 군사들은 대부분 도망치고 없었어. 그래서 계백은 자신의 가족을 희생양 삼아 군사들의 군율을 세우고 죽음을 불사할 용기를 내도록 한 거지. 계백은 결사대 5천 명을 3개 진영으로 나누고 맹세했어.

"옛날 월나라 구천은 5천 결사대로 오나라의 70만 대군을 무찔렀다. 오늘 우리가 목숨을 바친다면 신라의 5만 군사쯤이야 넉넉히 물리칠 수 있을 것이다!"

계백의 군사들은 창칼을 치켜들며 함성을 질렀어.

예로부터 백제인은 싸움을 좋아하고, 또 싸움에 뛰어났다는 기록이 있어. 그 말을 증명이라도 하듯 5천 결사대는 큰 위력을 발휘했어. 김유신이 이끄는 5만 병력은 황산벌에서 한 발짝도 더 나아가지 못하는 거야. 신라군도 3개 조로 나누어 공격하였으나, 번번이 패하여 사기가 땅에 떨어졌어. 『삼국사기』 「신라 본기」 태종무열왕 7년의 기록을 볼까.

유신 등의 군사가 황산의 들로 나아가니, 백제 장군 계백이 먼저 군사를 거느리고 와서 세 개의 진영을 만들어 중요한 곳을 차지하고 있었다. 유신 등은 군사를 셋으로 나누어 네 번을 싸웠으나 불리하였다.

"큰일이로다. 당나라 군사와 만나기로 약조한 날이 내일인데, 아직 황산벌에 묶여 있다니."

김유신은 부하 장수들을 모아 놓고 회의를 열었어. 누구도 백제 결사대를 돌파할 뚜렷한 대책을 내놓지 못했어. 김유신은 장군들과 하나하나 눈을 마주쳤어. 누군가 희생되어야 하지 않겠느냐는 뜻이었지. 그 때 김유신의 아우 흠순이 아들 반굴에게 말했어.

"무릇 신하가 되려면 충신이 되어야 하고, 아들이 되려면 효자가 되어야 마땅한 법이다. 나라의 위태함을 보고 목숨을 바치는 것이 충과 효를 다하는 길이 아니겠느냐?"

이 말을 들은 화랑 반굴은 즉시 투구를 쓰고 일어났어.

"삼가 명을 받들어 충과 효를 다하겠습니다."

반굴은 말에 올라 창을 비껴 차고 백제의 진영으로 홀로 돌격했어. 신라군의 응원 소리가 높아졌지. 그러나 반굴은 얼마 싸우지 못하고 백제의 용사에 의해 쓰러지고 말았어. 이를 본 신라군은 치를 떨며 주먹을 부르쥐었지.

이번엔 좌장군 품일이 아들 관창을 불렀어.

"오늘이야말로 너의 의지와 기개를 보여 공명을 세울 때가 아니냐?"

"잘 알겠습니다."

이미 결심하고 있었던 듯 관창이 눈을 빛내며 백제의 진영을 바라보았어. 품일은 여러 장수들에게 관창을 소개했어.

"제 아들 관창은 16세 어린 소년이나 자못 용감하니, 오늘 싸움에서 능히 삼군의 모범이 되어 기세를 드높일 것입니다."

관창은 대장군 김유신에게 인사를 하고 말에 올라 백제의 진영으로 치달렸어. 곧 백제 진영에서 여러 용사가 달려나와 창칼을 부딪치며 겨루었어. 관창이 백제의 용사들을 무찌르자 신라군의 사기가 점점 높아졌지. 그러나 얼마 못 가 관창은 말에 떨어져 사로잡히고 말았어.

끌려온 관창의 투구를 벗겨 본 계백은 깜짝 놀랐어.

"이런, 아직 어린아이가 아닌가! 신라에는 참으로 기이한 용사들도 많구나. 소년도 이와 같은데 장사들이야 더 말해 무엇하겠는가.

계백은 어린 관창을 차마 죽이지 못하고 돌려보냈어.

"적장을 죽이고 깃발을 뺏어오지 못한 것이 한스럽다. 이번엔 반드시 성공하리라!"

돌아온 관창은 손으로 물을 한 모금 마신 다음 다시 말을 타고 백제 진영으로 달렸어. 신라군은 우렁찬 함성으로 응원했고, 관창은 더욱 용맹스럽게 싸웠어. 그러나 결국 힘에 밀린 관창은 다시 포로가 되고 말았어.

"어린 용사의 용기가 가상하다. 제사라도 지내도록 머리를 돌려보내라."

계백은 관창에게 다시 호의를 베풀었어. 관창의 말이 주인의 목을 매달고 신라 진영으로 돌아왔지. 이런 호의를 베푼 것이 계백의 실수였어. 신라 진영은 그것을 심리전에 이용한 거야.

"내 아들의 모습을 보니 마치 살아 있는 것 같구나! 나라를 위해 죽었으니 어찌 장하지 않으랴!"

품일이 관창의 머리를 들고 외쳤어. 관창의 피가 품일의 갑옷을 적시고 품일의 눈에서는 피눈물이 흘렀지. 이를 본 신라군은 모두 죽기를 다짐하고 용기를 냈어.

"우리도 모두 나라를 위하여 죽기를 원합니다!"

병사들의 고함 소리가 커지자 김유신은 결단을 내렸어.

"됐다. 이만한 사기면 계백의 결사대도 문제없다. 총공격하라!"

신라군은 모두들 관창이 된 듯 맹렬하게 백제 진영으로 돌격했어. 가을 햇살이 뜨거운 가운데, 신라와 백제의 용사들은 최후의 일전을 벌였어. 모두가 죽기를 각오하고 싸우니 전에 없이 가열찬 전투였지. 그 결과 백제의 결사대는 황산벌에 남김없이 드러눕고, 신라는 승리의 함성을 울렸어. 『삼국사기』 「신라 본기」에 다음과 같이 적혀 있단다.

(신라의) 삼군이 감격하여 (관창의 죽음을 보고) 죽을 뜻을 품고 복을 치며 진격하여 백제 무리를 크게 무찔렀다. 계백은 전사하고 좌평 충상, 상영 등 20여 명이 사로잡혔다.

계백의 오천 결사대를 물리친 신라군은 파죽지세로 진격하여 당군과 만나기로 한 사비성으로 향했어. 그러나 막상 사비성에 다다랐을 때는 약속 날짜보다 며칠 늦고 말았지. 당나라 대장군 소정방은 이를 구실로 신라의 장수 김문영의 목을 베려 했어. 약속을 어긴 데 대한 처벌이지만 실은 신라군의 기세를 꺾어 자기 마음대로 다룰 속셈이었지. 이를 알아챈 김유신은 큰 소리로 대거리했어.

"대장군이 황산벌의 싸움이 얼마나 치열했는지 몰라 늦게 온 것을 벌 주려 하는데, 나는 결코 죄 없이 욕을 받을 수는 없다. 기어코 벌을 주려 한다면 나는 먼저 당군과 결판을 내고 백제와 싸울 것이다!"

김유신은 눈에서 불이 번쩍하며 칼을 뽑으려 했어. 성이 난 그의 수염은 철사처럼 꼿꼿해지고 머리카락이 곤두서서 투구가 들썩거릴 지경이었어. 이에 기가 질린 당나라 장수들은 다급히 사과했고, 더 이상 죄를 묻지 않았어. 소정방도 한풀 꺾인 겸손한 태도로 김유신에게 협조했어.

황산벌싸움의 패배로 백제는 이미 버틸 힘이 없었어. 수도 사비성까지 나·당 연합군이 둘러싸니, 의자왕은 성을 태자에게 맡기고 웅진성으로 피해 항거하다가 결국 사로잡혀 항복을 하고 말았어. 이렇게 백제 700년 사직이 무너지니 김유신의 소원인 삼국 통일의 1단계가 이루어진 셈이었지.

그 후 8년, 고구려에도 큰 변동이 일어났어. 연개소문이 죽자 아들들이 권력 다툼을 벌인 거야. 그 분란을 틈타 신라는 다시 당나라와 연합하여 고구려를 쳤어. 수나라와 당나라의 대군을 격퇴했던 고구려도 지도부가 분열되자 힘없이 무너졌어. 연개소문의 장남 남생은 당나라로 투항했고, 연개소문의 아우 연정토는 군사를 거느리고 신라로 귀순했지. 이러니 대제국 고구려도 더 이상 버티지 못하고 무너지고 말았단다.

이렇게 부족하나마 삼국은 통일되었고 우리 겨레의 중심은 신라가 된 거야. 이 공로로 김유신은 신라의 가장 높은 벼슬인 태대각간*

*태대각간_ 668년에 신라 문무왕이 고구려를 멸망시킨 공로로 김유신에게 특별히 내린 벼슬이다. 원래 신라 17등 관계에서 가장 높은 계급은 '각간'인데, 김유신은 660년에 백제를 멸하는 데 공을 세워 대각간의 벼슬을 받은 바 있다.

이 되어 모든 신라인의 존경을 한 몸에 받게 되었지.

그런데 이 때 당나라는 신라마저 삼켜 우리 민족과 땅을 모두 차지하려는 속셈을 드러냈어. 그러자 어제의 연합군이던 당나라를 향해 김유신은 칼을 겨누었어. 이 싸움에는 유신의 아들 원술이 앞장서기도 했어. 그리고 백제와 고구려의 유민들까지 힘을 모았지. 우리 겨레 동이족과 중원 한족의 전쟁이 된 거야. 673년 그 싸움이 한창일 때, 김유신은 숨을 거두니 나이는 79세였어.

뒷날 신라 왕조는 김유신을 흥무대왕으로 추존죽은 후에 벼슬을 내림했어. 이미 사라진 가야 왕국의 후손이 신라의 임금이 된 셈이었지. 신라인들은 그만큼 김유신을 영웅으로 받들어 모셨어. 『삼국사기』에서 김부식은 '삼국을 합쳐 한 집안으로 만든 공신'이라며 김유신을 찬양하기도 했어.

그러나 신채호는 『조선상고사』에서 김유신을 매우 나쁘게 평했어.

경상북도 경주시 충효도에 있는 '김유신의 묘'

김유신은 지혜와 용기가 있는 명장이 아니라, 속이 시커먼 음모가요 정치가이다. 그는 평생 큰 싸움터에 있지 않았고, 음모로 이웃 나라를 어지럽혔다.

신채호는 김유신의 공로가 과장되고, 허물은 감추어졌다고 주장했어. 『삼국사기』 「열전」을 보면 1~3권이 모두 김유신 이야기인데, 을지문덕이나 연개소문보다 열 배는 더 많은 분량이야. 또 그의 이야기는 어느 왕조의 건국 신화처럼 신비스러운 일로 가득 차 있어. 이를 보면 김유신의 공이 과장되게 꾸며졌다는 생각이 들기도 해.

또 잔꾀를 써서 자신의 여동생을 유부남인 김춘추와 결혼시킨 일이나, 임자를 꼬드겨 백제를 무너뜨린 걸 보면 음모가라는 말도 옳은 듯해. 그리고 유신이 5만 군사로 계백이 이끄는 5천 결사대에게 어려움을 당한 걸 보면 명장이 아니었는지도 몰라.

하지만 그는 힘없는 나라의 신하로서 힘써 나라를 지켰어. 그리고 일찍부터 삼국 통일의 뜻을 세워 기어이 겨레를 하나로 통합해냈어. 물론 그 과정에서 수많은 희생이 있었지만, 그 뒤로는 수백 년간 평화의 시대였지. 적어도 같은 민족끼리 크게 싸우는 일은 없었거든.

그러니 영광은 크고 그 허물은 비교적 작다고 할 수 있지 않을까?

제 7장

청해진의 수호신

장보고

장보고는 원통하게 갔지만, 오늘날까지 겨레의 가슴 속에 살아 있어.
완도 사람들은 사당을 지어 그를 용왕처럼 받들며 해마다 제사를
지내 왔어. 해마다 장보고 축제도 연다니 아직도 장보고는 겨레의
가슴 속에서 사라지지 않는 별이라는 걸 알 수 있지.

-본문 중에서

노예 소년의 꿈

여름 한낮이야. 바닷가 바위 위에 까무잡잡한 소년들이 모여 있었어. 그들은 하나같이 알몸으로 재재거리며 곧 펼쳐질 상황에 대한 호기심으로 눈을 수정처럼 반짝거렸지.

두 소년이 바위 끝에 섰어. 바위 아래는 출렁대는 파도가 바위를 때리고 하얗게 부서졌지. 한 소년은 키가 크고, 다른 소년은 작고 다부지게 생겼어. 서로를 쳐다보며 신호를 주고받은 두 소년은 동시에 바다로 뛰어들었어. 순간 지켜보던 아이들이 '와!' 함성을 질렀고, 출렁대던 바다는 소년들을 날름 삼켜 버렸지.

"궁복이 이겨라!"

"연이 이겨라!"

응원 소리가 수평선을 향해 뻗어 갔어. 그런데 바닷속으로 들어간 두 소년은 감감 소식이 없었어. 지금쯤 상체를 드러내고 힘차게 헤엄을 쳐야 하는데, 코빼기도 안 보이지 뭐야.

"어, 왜 안 올라오지?"

"물 속으로만 가려나?"

"숨도 한 번 안 쉬나?"

아이들이 까치발을 하고 멀찍이 보이는 바위섬을 바라보았어. 거기까지 헤엄쳐 가는 시합을 하는 중이었거든. 그런데 바다로 뛰어들고는 올라오지 않으니, 아이들은 슬슬 걱정이 된 거야. 혹시 바닷속에서 사고라도 난 게 아닌가 두런대는데, 그 때 누군가 불쑥 머리를 내밀었어.

"나왔다!"

"궁복이야, 궁복이!"

아이들을 보고 여유 있게 손을 한번 흔들고 난 궁복이는 돌고래처럼 빠르게 물살을 갈랐어. 아이들은 다시 응원 소리를 높였어.

"이만하면 내가 이겼겠지?"

궁복이는 여유 만만하게 헤엄을 치며 뒤를 돌아보았지. 연이는 머리카락도 보이지 않았어. 궁복이는 다시 바위섬을 향해 마지막 질주를 펼쳤어. 그 때 서너 걸음 앞에서 무언가가 불쑥 올라왔어.

"궁복이 형, 이제 와? 거북이 헤엄이네."

연이가 길게 휘파람을 토하고는 말했어. 물 속으로만 헤엄을 쳐서 바위섬에 다다랐던 거야.

"육지에서는 형이 한 수 위지만 자맥질하고 헤엄은 날 못 따를걸. 난 물개보다도 빠르다구, 헤헤헤……."

궁복이가 다가갔을 때 연이는 이미 바위섬에 팔을 척 걸쳤어.

"내가 졌다. 정말 대단하구나. 한 번도 숨을 안 쉬고 여기까지 곧장 오다니."

"그렇지만 뭍에 올라가면 형이 세잖아. 형은 뜀박질이랑 돌팔매질에는 으뜸이니까."

두 소년은 바위섬에서 어깨동무를 하고 아득한 수평선을 바라보았어. 뭉게구름이 수평선에서 두 소년의 꿈처럼 부풀어올랐어.

그 곳은 한반도 남해안에 있는 섬 완도였어. 청천강 이남의 한반도를 통일했던 신라는 무려 200여 년간이나 큰 전쟁이 없었어. 그 태평성대에 귀족들은 사치가 심해지고 군사력은 약해졌지. 그러자 해적들이 곳곳에서 생겨나 도적질을 하고 사람을 해치곤 하는 일이 잦아졌어. 서라벌에서 먼 바닷가 마을은 종종 해적의 기습을 받곤 했지만 나라에서는 손도 못 쓰는 상황이었지. 이런 곳에서 태어나 자란 궁복이는 가슴에 큰뜻을 품고 있었어.

"연아, 난 저 바다 건너에 있는 큰 나라로 갈 거야. 가서 장군이 되고 싶어. 그리고 돌아와서 못된 해적 놈들을 다 소탕하고 말 거야. 너도 같이 갈래?"

궁복이의 말에 연이는 선뜻 동조하고 나섰어.

"좋아, 형과 함께라면 난 자신 있어."

얼마 뒤, 두 소년은 당나라로 가는 배에 올랐어. 당나라 장사치들은 기꺼이 소년들을 배에 태워 주었지. 배에는 다른 곳에서 온 아이들도 있었어. 장사꾼들이 당나라로 데려가 장사를 가르쳐 큰돈을 벌게 해 주겠다는 말에 따라 나선 거야.

"야, 이제 당나라로 가는구나. 출세해서 돌아와야지."

연이는 두 팔을 하늘로 펼치며 말했어. 그의 어깨를 감싼 궁복이의 두 눈에도 희망의 빛이 어렸지.

하지만 희망이 캄캄한 절망으로 바뀌는 데는 오랜 시간이 걸리지 않았어. 신라 땅을 떠난 지 하루 만에 장사치들은 태도를 손바닥 뒤집듯 바꾸었어. 그들은 아이들에게 온갖 고된 일을 시켰어. 조금이라도 게으름을 피우면 마구 채찍질을 해댔지. 그리고 장사치들은 당나라에 닿자마자 소년들을 다른 데로 팔아 넘겼어. 그들은 신라와 당나라를 오가며 장사도 하고, 여자와 아이들을 노예로 파는 못된 장사치들이었던 거야.

궁복이와 연이는 이리저리 팔려 다녔어. 농사일도 하고, 부두에서 물건을 나르는 일도 했지. 주인들은 수고한 대가는커녕 밥도 넉넉히 주지 않았고, 아무리 추워도 이불조차 주지 않았어. 그러는 몇 년 사이에 소년들이 하나 둘 죽어 갔지만, 궁복과 연이는 서로 의지하며 끝끝내 살아 남았어.

이리저리 팔려 다니던 궁복이와 연이는 어느 산골에서 양치는 목동이 되었어. 그 곳의 주인은 먹을 것과 입을 것을 풍족하게 주어서 그런대로 편하게 지냈지.

그러던 어느 겨울밤이었어. 울타리 안에서 서로를 의지하고 자던 양들이 갑자기 비명을 지르며 소란을 떨어 댔어.

"늑대다!"

굶주린 늑대들이 산비탈에 있는 목장을 덮친 거야. 주인과 그 가족들까지 몽둥이를 들고 나와 늑대를 쫓으려 했지만 늑대들은 사람에게까지 덤벼들 정도로 무척 사나웠어. 늑대를 쫓으러 나왔던 사람들이

오히려 줄행랑을 놓아야 할 정도였
지. 그런 와중에 주인집 아들이 도망
치다가 넘어지고 말았어. 늑대들이
도거리로 달려들었어.

"살려 줘!"

주인집 아들의 비명이 밤하늘에
울려 퍼졌어.

그 때 '쌩!' 바람을 가르는 소리
가 났어.

"캥!"

주인 아들을 물려던 늑대들이 비

장보고

명을 지르며 물러났어. 잇따라 날아온 돌멩이가 정확하게 늑대들의 콧
잔등이나 눈두덩이를 맞혔어. 궁복이와 연이의 솜씨였지.

"내 아들을 구해 주어 정말 고맙구나. 무술을 배우면 뛰어난 군인이
되겠어."

주인은 입이 마르도록 칭찬하고는 무술을 익힐 수 있도록 도와 주었
어. 궁복이와 연이는 열심히 무술을 배우고 글도 익혔어. 그리고 마침
내 소원대로 군인이 되었어.

궁복이와 연이는 군인으로 두각을 나타내기 시작했어. 전투가 벌어
지면 맨 앞에 나서서 적을 무찌르기도 하고, 도적을 잡기도 했지. 고향
에서 헤엄치기 시합을 벌인 것처럼 두 사람은 다투어 공을 세웠어. 그

리하여 둘 다 장교로 진급했어. 바닷가 소년들이 마침내 꿈을 이룬 거야. 이들이 바로 장보고張保集와 정년鄭年이란다. 『삼국사기』에는 이들에 대해 다음과 같이 소개했어.

장보고와 정년은 신라 사람인데, 고향과 조상은 알 수 없다. 둘은 모두 싸움에 뛰어난 실력을 보였다. 정년은 바다 밑에서 50리를 가고도 숨을 내쉬지 않았으니, 헤엄 실력은 보고가 미치지 못하였다. 그러나 연은 나이 많은 보고를 형이라 불렀다. 항상 서로 지지 않으려 다투던 두 사람은 당나라에 들어가 무령군* 소장이 되어 말을 타고 창을 쓰는데, 능히 대적할 사람이 없었다.

*무령군_ 중국 강소성 지역의 주둔군을 말한다. 강소성 지역은 중국의 강남지방으로서 중국 역사상 경제, 문화의 중심지였다. 당시 이곳은 일찍부터 해적의 노략질에 시달려서 정예병이 항상 주둔해 있었다.

장보고와 정년은 남해안 어느 섬에서 어부의 아들로 태어났나 봐. 완도나 그 근처의 해안 지방일 걸로 추정이 돼. 상민과 천민들이 주로 살던 곳이지. 그래서 조상에 대한 기록이나 성도 제대로 없었어. 당나라로 가서 출세를 한 다음, 당시 당나라에서 권세를 누리던 장씨와 정씨를 성으로 삼았을 거라는 게 학자들의 견해야. 장보고의 원래 이름은 궁복으로 나오는데, 정년은 어릴 적 이름조차 나오지 않아. 이야기를 풀어가느라 정년의 이름을 그대로 어릴 적 이름으로 쓴 거야.

그럼, 이제부터 본격적인 장보고의 활약을 살펴볼까.

청해진의 **해상왕**

　고구려와 백제가 망한 다음, 우리 겨레는 남북국시대를 맞이했어. 청천강 남쪽에는 신라가 자리잡았고, 그 북쪽과 만주 일대에는 대진국 _{발해}이 고구려를 이어 큰 나라로 우뚝 서게 되었거든.

　대진국이 북쪽을 든든히 지켜 준 덕에 신라는 오래도록 평화로웠어. 백 년 이상 큰 전쟁이 없었지. 이 기간 동안 신라는 불국사, 석굴암, 첨성대를 짓는 등 문화를 크게 일으켰어. 그야말로 태평성대였지.

　이렇게 나라가 평화로울 때면 자연스레 군사력이 약해져. 그리고 귀족들은 사치를 하게 되고, 그 감당을 하느라고 백성들은 점차 많은 세금을 내고 어려움을 겪게 되지. 그러다 보면 떠돌이 난민이 생기고, 난민이 도적이 되기도 해. 나라가 점점 불안해지면서 여기저기서 작은 난리가 터지고, 기근과 흉년이 이어져 백성들이 더욱 고달파지지. 이런 과정을 거치면서 한 나라가 망해 가고 새로운 나라가 일어서곤 하는 걸 역사의 순환이라 할 수 있어.

　사치와 권력 다툼을 일삼던 신라도 점점 그렇게 변해 가는 중이었지. 그러다 보니 백성들의 삶은 돌보기 어렵게 될 수밖에 없었는데, 그 중에서도 바닷가 백성들의 고충이 가장 컸어. 고기잡이로 먹고사는 일도 어려운데, 시도 때도 없이 해적들이 들이닥쳐 재물을 뺏고 사람을 해치곤 했거든.

"아직도 이런 일이 그치지 않다니!"

어느 날, 노예 상인들에게서 신라 소년들을 구해 낸 장보고는 치를 떨었어. 노예로 팔려 다니며 고생했던 자신의 어린 시절이 생각났겠지. 장보고는 당나라 등주에 있는 신라인의 절인 법화원으로 달려가 주지에게 말했어.

"저를 신라로 보내 주십시오. 가서 우리 나라 백성들을 지키겠습니다."

주지는 기꺼이 그를 신라 임금에게 소개하는 글을 써 주었지.

"장군, 참으로 장한 결심을 하셨소. 지금 신라는 장군과 같은 사람이 필요하오."

장보고는 고향을 떠난 지 20년 만에 당나라 벼슬을 헌신짝처럼 버리고 고국으로 향했어. 흥덕왕 3년828 여름, 서라벌로 가서 임금을 뵌 거야.

"그대가 큰 나라로 가서 신라인으로서 이름을 드높인 건 참으로 장한 일이다. 얼마든지 거기서 호화롭게 살 수 있을 텐데, 어찌 다시 돌아왔는고?"

장보고가 담담한 목소리로 아뢰었지.

"여우도 죽을 때는 고향 쪽으로 머리를 두고 죽는다 하였습니다. 사람이 어찌 조국을 잊을 수 있겠습니까. 바다를 누비는 못된 무리들이 함부로 우리 나라 사람을 노예로 사고팔고 하니, 이를 무찌르고자 달려왔사옵니다."

홍덕왕은 해적들의 일을 까맣게 몰랐나 봐. 외적이 쳐들어오지 않으니 마냥 평화로운 줄만 알았던 게지.

"우리 바닷가에 그런 일이 있었단 말이냐?"

"서라벌에서 먼 곳일수록 해적들이 더욱 들끓고 있사옵니다."

장보고의 말에 조정 대신들은 탐탁지 않은 태도를 보였어. 변방이 어지러운 건 자신들이 정치를 잘 못하고 있다는 지적이고, 또한 당나라에서 온 장수에게 권력을 나누어 주기 싫었던 거지. 신분제도가 엄격한 신라 조정에서 장보고처럼 바닷가 출신인 천민을 인정한다는 건 썩 내키지 않는 일이었거든.

"도적이 출몰하는 건 어느 나라에나 있는 사소한 일이다. 우리가 알아서 처리하면 될 일이니 그대는 나랏일에 왈가왈부하지 말고 당나라로 돌아가는 것이 좋겠다."

이렇게 대신들이 반대할 때 시중 김우징이 장보고에게 힘을 실어 주었어.

"장보고가 당나라에서도 이미 이름이 높고 나라를 생각하는 마음이 지극하니, 그에게 일을 맡김이 옳을 줄 아옵니다. 문제점을 이미 잘 아니 능히 해결도 할 수 있을 것입니다."

결정을 못 내리고 고민하던 홍덕왕이 물었어.

"어떻게 하면 바닷가 백성을 편안하게 할 수 있겠는고?"

장보고는 이미 사정 파악을 끝내고 대책까지 세워 둔 상태였어.

"청해완도는 우리 나라의 남쪽 끝 섬으로서, 당나라와 왜국으로 가는 길목입니다. 그 때문에 여러 나라의 해적이 들끓고 있으니, 그 곳에 성을 쌓고 군사를 두어 지키게 하는 한편, 배를 띄워 해적을 잡는다면 온 나라가 두루 편안할 것이옵니다."

이에 흥덕왕이 장보고에게 직임을 내렸어.

"옳도다. 그대를 청해 대사에 임명하나니, 나라와 백성을 위해 충성을 다하라."

흥덕왕은 장보고에게 진을 구축하여 군사 1만을 거느릴 수 있는 권한과 청해 대사라는 특별한 벼슬을 주었어. 대사는 별직으로서 신라의 17관등 중에 12위인 중급 관리야. 당나라의 무령군 소장에 대한 예우로는 아주 형편 없다고 볼 수 있지. 게다가 작위도 주지 않은 걸 보면 당시 신라의 폐쇄성을 짐작하고도 남음이 있어. 그나마 군사를 1만이나 부릴 수 있게 해 준 것도 김우징이 적극 지원해 주었기에 가능했을 거야.

하지만 장보고는 벼슬의 높낮이 따위엔 아무런 관심이 없었어. 그는 즉시 완도로 가서 진을 건설했어. 섬 둘레에 성을 쌓고, 높은 망루를 세워 경비를 철저히 했지. 그리고 군사들을 뽑아 훈련시키는 한편 크고 튼튼한 배를 만들었어.

군사력이 정비되자 장보고는 해적 소탕에 나섰어. 인근 작은 섬들을 수색하여 숨어 있는 해적을 잡고, 진지를 불태웠어. 도망치는 해적들

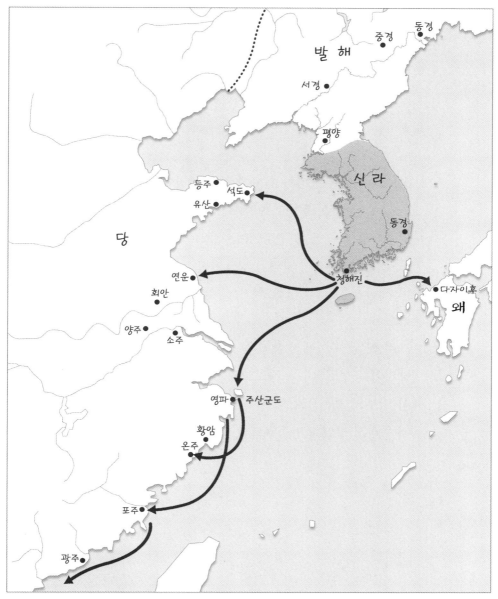

발해

신라

당

왜

동경
중경
서경
평양
동경

등주
석도
유산
연운
회안
양주
소주
영파
주산군도
황암
온주
포주
광주
청해진
다자이후

장보고는 청해진을 설치해 일본과 당나라와 인도와 아라비아까지 해상무역을 했다.

은 끝까지 추적해서 사로잡았어. 그런 소문이 나자 일본과 당나라 해적들도 겁을 먹고는 근처에 오지도 않았어. 완도와 한반도 해안은 평화를 되찾았고, 그 자리에는 큰 시장이 들어섰어. 해적의 위험이 사라지니 많은 상인들이 안전하게 드나들며 장사를 했고, 장보고는 그들을 보호하는 한편 무역을 하여 많은 돈을 벌어들였어.

장보고의 이름은 차차 천하에 널리 퍼졌어. 오래도록 나라에서도 해결하지 못한 일을 몇 년 사이에 깨끗이 처리하고, 완도를 풍성한 국제 무역항으로 키워 냈으니 말이야. 장보고와 청해진은 일본과 당나라와 인도와 아라비아까지 알려질 정도였지. 그 나라 배들도 청해진을 드나들며 세금을 내고 장사를 했어. 그들은 장보고를 해상왕으로 부르며 존경했어.

그런 몇 년 사이에 청해진은 서라벌 못지않게 부유한 곳이 되었어. 청해진이 풍성해질수록 장보고의 이름은 더욱 빛나게 되었지. 바닷가에서 어부의 자식으로 태어나 당나라 장수가 되고, 또 백성들을 위험에서 구하고 잘살게 만들었으니 영웅 중의 영웅이었지.

지지 않은 **바다**의 **별**

청해진의 국제 무역항으로 풍성함을 더해 갈 무렵 신라 조정에 큰
변이 일어났어.

836년, 흥덕왕이 죽자 왕위 다툼이 벌어진 거야. 흥덕왕의 아들 의
종은 당나라에 가 있었고, 마땅한 후계자가 없었거든. 그러면 상대등
이 왕위를 이어받는 것이 관례인데, 진작부터 그에 반대하는 무리가
있어 왕위 계승을 위한 다툼이 벌어진 거야.

왕위 계승전은 김우징과 김명을 중심으로 벌어졌어. 김우징은 자신
의 부친이자 상대등인 김균정을 왕위에 올리려 했고, 새로 시중이 된
김명은 흥덕왕의 조카 제륭을 받들고자 했어. 서열로 보자면 김균정이
당연히 왕위를 이어야 했지만, 김명 일파가 권력을 차지하기 위해 조
카인 제륭을 내세운 거야. 그에 따라 대신들도 김우징파와 김명파로
갈라져 치열한 싸움을 벌였어. 그 결과 실질적인 군사력을 가진 김명
이 이겼어. 김명은 상대등이 되고, 제륭은 왕이 되니 곧 희강왕이야.
김우징파는 어떻게 되었을까? 김균정은 죽고 김우징은 도망쳐 숨어

살게 되었지.

왕위 계승전이 끝나자 승리한 쪽에서는 사면령을 내렸어. 김우징은 서라벌로 돌아왔지만 언제 김명 일파에게 죽을지 모르는 신세였지.

이 때 또다시 서라벌의 권력 구도에 새로운 변수가 등장했어. 흥덕왕의 아들 의종이 당나라에서 돌아온 거야. 그러자 김명 일파는 이참에 의종과 김우징을 한 번에 제거하려고 작정했어.

"김우징이 자신의 부친에 대한 원한을 갚을 궁리를 하니 그냥 둘 수 없다."

김명이 자신을 죽이려는 낌새를 눈치챈 김우징은 즉시 가족들을 데리고 바다로 가서 배를 탔어. 그리고 부랴부랴 도망쳐 도착한 곳이 바로 장보고의 청해진이었어. 물론 장보고는 김우징을 따뜻하게 맞아 주었어. 그리고 서라벌에서 손대지 못하도록 지켜 주었지. 이미 장보고의 군사력은 서라벌에서도 손대지 못할 정도로 강성했거든.

김우징이 사라진 서라벌은 완전히 김명의 세상이었지. 그러자 838년 김명은 반란을 일으켰어. 힘이 없는 희강왕은 스스로 목을 매어 죽고, 마침내 김명이 왕위에 오르니 곧 민애왕이야.

이 같은 민애왕의 반란은 백성들도 인정하지 않았어. 곳곳에서 의병이 일어나서 왕성에 저항했지. 이 때 군사를 모집해서 청해진으로 김우징을 찾아온 장수 기억하니? 『명재상 이야기』에 나오는 김양이야.

김양은 장보고에게 도와 줄 것을 부탁했고, 김우징 역시 자신이 왕이 되면 장보고의 딸을 며느리로 삼겠다며 도와 달라고 했어. 그러자 장보고는 이렇게 말했지.

"의를 보고도 행하지 않는 것은 용기가 없는 자라 했습니다. 명하신다면 기꺼이 따르겠습니다."

이 때 마침 장보고의 오랜 벗 정년이 당나라에서 돌아와 있었거든. 장보고는 정년에게 군사 5천 명을 주고 김양의 군사와 더불어 민애왕을 몰아 내라는 명을 내렸어.

물론 결과는 김우징파의 승리였지. 민애왕은 죽고 김우징이 왕이 되니 바로 45대 신무왕이야.

신무왕은 장보고에게는 감의군사 벼슬을 내리고 식읍* 2천 호를 상으로 주었어. 하지만 장보고의 딸을 며느리로 삼겠다는 약속은 지키지 못했어. 임금이 된 지 채 1년도 지나지 않아 등에 종기가 나서 숨을 거두고 말았거든. 그리고 그의 아들 경응이 자리를 이으니, 곧 문성왕이야.

> ***식읍** 왕이 왕족이나 공을 세운 신하 등에게 준 일정한 지역을 말하는 것으로, 식봉(食封)이라고도 한다. 중국과 우리 나라에 식읍제도가 있었는데, 중국에서는 진(秦)·한(漢)시대부터 당나라까지 이어졌고, 우리 나라에서는 신라 법흥왕때부터 고려 때까지 이어졌다. 중국의 식읍제도가 지역만 소유하는 것이었다면, 우리 나라의 식읍제도는 지역뿐만 아니라 그 지역민들까지 다스릴 수 있는 지배권도 있었다.

문성왕도 신무왕처럼 장보고에게 장군 벼슬을 내리고 선물도 주었어. 하지만 그 역시 장보고와 한 약속은 지키지 않았어. 몇 년이나 참으며 지켜보던 장보고는 결국 문성왕에게 따지는 글을 올렸어. 재촉을 받은 문성왕은 약속을 지키려 하였으나, 대신들이 하나같이 반대하고 나섰어.

"장보고가 비록 청해진 대사이고 장군의 벼슬을 가졌다 하나, 그는 한갓 미천한 사람의 아들입니다. 그의 딸 또한 천한 섬사람인데, 어찌 왕비로 맞을 수 있겠습니까?"

대신들은 장보고가 권력을 갖는 걸 두려워했던 거야. 청해진의 강한 군사력에다 임금의 장인까지 된다면, 신라는 장보고의 세상이 된다고 여겼겠지. 그래서 장보고가 섬사람이라는 구실로 결혼을 반대했을 가능성이 커.

"약속을 지키지 않으면 청해 대사가 가만히 있겠소?"

문성왕도 장보고를 겁내고 있었어. 그가 마음먹고 움직이면 당장 서라벌로 쳐들어와 뒤집어 놓을 수 있었거든. 그래서 결정을 못 하고 미적거렸어.

그 소식을 들은 장보고는 화가 머리 끝까지 났어.

"저들이 지금 누구 덕에 호강을 하고 있는데, 나를 바닷가 천민이라고 업신여기는가!"

장보고가 화가 났다는 소문이 서라벌까지 날아들었어. 소문은 곧 반란을 일으키려 한다는 말로 바뀌어 임금의 귀에까지 들어갔어.

조정은 벌집을 쑤셔 놓은 듯 소란스러워졌어. 서라벌에는 장보고에 대항할 만한 군사력이 없었거든. 임금과 조정 대신들이 고민하고 있을 때 염장이라는 장군이 나섰어.

"소신에게 힘센 장사 몇 명만 붙여 주시면 장보고의 목을 베어 오겠습니다."

염장은 임금의 명을 받고 청해진으로 달려갔어. 그는 서라벌에서 반란을 일으켰다가 실패한 것처럼 꾸미고 장보고를 찾아갔어. 이미 알던 자라 장보고는 아무런 의심 없이 염장을 맞아들여 함께 술을 마셨어. 염장은 술을 제대로 마시지 않고 있다가, 장보고가 취한 틈을 타 칼을 휘둘렀어. 이 광경이 『삼국사기』 「신라 본기」에는 다음과 같이 적혀 있단다.

  염장이 거짓으로 나라를 배반한 척하고 청해로 가 항복하였다. 궁복은 장
사를 사랑하였으므로 의심 없이 그를 맞아들여 손님으로 대우하였다. 그리
고 함께 술을 마시며 즐기는데, 궁복이 취하자 칼을 빼앗아 목을 벤 뒤 크게
소리치니, 모두들 엎드려 감히 대들지 못하였다.

  서기 846년, 장보고는 이렇게 어이없는 죽임을 당했어.
  『삼국사기』에는 그가 반란, 즉 배반을 하였다고 적혀 있어. 그러나
정말 반란을 일으키려 했는지는 알 수 없어.

장보고의 힘을 두려워한 조정 대신들과 임금
이 꾸민 일일 가능성이 크지. 장보고가 개인
적 원한으로 나라를 배반할 인물은 아니었거
든. 장보고의 그런 인품과 실력에 대한 평가
는 우리 역사서보다는 오히려 중국 역사서에
잘 나와. 장보고는 중국 역사에서도 인정해
줄 만큼 실력과 덕망이 있었어. 『당서』 「장보
고 열전」에서 당나라의 시인 두목*은 이런 평을 내렸단다.

*두목(杜牧, 803~853)_ 중국 당나라 후기 때
의 시인이다. 산문에도 뛰어났지만 시에 더 뛰
어났다. 매사에 흔들리지 않는 강직한 성품을
가졌으며, 기울어 가는 당나라를 쇠운을 회복해
보고자 무척 애를 썼다. 대표작으로 시 《아방궁
의 부》 외에 《강남춘》, 《번천문집》 등이 있다.

*곽분양(697~781)_ 중국 당나라 때의 장수이
다. 안녹산의 난이 일어나자 중원의 반란군을
토벌했고, 위구르의 원군을 얻어 창안과 뤄양
을 수복했다. 또한 창안을 치려 하는 토번(티베
트)을 무찔렀다. 당나라 최대의 공신으로서 영
광을 누렸으며, 지금까지도 그의 무공은 비할
데가 없다고 칭송되고 있다.

  원독怨毒:마음에 원한을 품음으로도 서로 꺼리지 않고 국가의 우환을 앞세운
자는 진晉에 기해祁奚가 있고, 당에 곽분양*과 장보고가 있다, 하였으니 누가
이夷에 인물이 없다 하겠는가!

청해진이 있었던 전라남도 완도에서 출토된 '연화문 수막새' (왼쪽)와 '주름무늬병' (오른쪽)

장보고는 한 나라를 건질 만한 영웅이고, 속으로 원한을 품어도 결코 나라를 위태롭게 하지는 않을 인물이라는 말이야. 그리고 장보고를 동이족의 대표적인 인물로 평가하고 있지.

우리 역사상 수많은 영웅 가운데 장보고는 참으로 독특한 자리에 있어. 서역을 정벌한 고선지처럼 다른 나라에서 장군이 된 우리 나라 사람은 간혹 있으나, 장보고처럼 여러 나라에 알려진 이는 없었어. 그는 어부의 아들로 태어나 온갖 고생 끝에 성공했지. 그리고 고국으로 돌아와 청해진을 아시아 무역의 중심지로 만들고, 겨레를 보호하려 애썼어.
이러한 영웅을 신라 조정은 너무도 하찮고 초라하게 대접했어. 오히려 역적으로 몰아 죽이고 말았지. 그런 다음 청해진마저 완전히 파괴하고, 그 곳의 백성들을 강제로 옮겨 버렸어. 그런 신라가 그 후 점차 몰락의 길을 간 건 어쩌면 당연한 결과인지도 몰라. 나라가 어려울수록 인재가 필요한 법인데, 장보고 같은 국제적인 영웅을 그처럼 허무하게 보냈으니 나라가 굳건히 설 수가 없겠지.

그렇게 장보고는 원통하게 갔지만, 오늘날까지 겨레의 가슴 속에 살아 있어. 완도 사람들은 사당을 지어 그를 용왕처럼 받들며 해마다 제사를 지내 왔어. 그들은 아직도 장보고가 청해진을 지키고 있다고 믿는대. 그리고 해마다 장보고 축제도 연다니 아직도 장보고는 겨레의 가슴 속에서 사라지지 않는 별이라 할 수 있겠지.

제8장
귀주대첩의 영웅
강감찬

하늘이 이 나라 백성을 사랑함이 참으로 지극하구나. 나라가
어려움에 빠지면 반드시 어질고 현명한 이를 내어 구하시는구나.
안에서 역적들이 난을 일으키고, 밖에서 거란이 쳐들어왔을 때
강공감찬이 아니었더라면 나라가 어찌 되었을 것인가?

－『고려사 절요』

외교의 달인 서희

935년, 이미 힘을 잃은 신라는 경순왕이 스스로 고려의 왕건에게 나라를 넘겨 주었어. 그 이듬해 후백제도 고려에 항복하므로 후삼국의 혼란은 잠잠해졌어. 고구려를 이었던 대진국_{발해}의 왕족과 고구려계 백성들마저 이미 고려로 넘어왔거든. 그러니 비로소 우리 민족은 진정한 단일 국가로 통일된 셈이었지.

이 즈음 만주와 중국에서도 큰 변화가 일어났어. 907년에 당나라가 망하고, 5대 10국 시대*가 열렸어. 그 틈에 북방의 작은 족속이던 거란이 발해를 무너뜨리고 요나라를 세워 스스로 고구려의 전통을 이은 북방의 주인을 자처하고 나섰어.

처음에 거란은 고려와 국교를 맺고 싶어했어. 그래서 942년에 사신을 보내어 낙타 50마리를 선물하기까지 했지. 하지만 고려 태조 왕건은 이들을 단호하게 거부했어. 고려 역시

*5대 10국 시대_ 중국에서 당나라가 멸망한 907년부터 960년에 송나라가 전중국을 통일하기 전까지의 약 70년에 걸쳐 흥망한 여러 나라와 그 시대를 일컫는 말이다. 5대는 정통왕조의 계열로 볼 수 있는 양(후량)·당(후당)·진(후진)·한(후한)·주(후주)의 5왕조인데, 그 이전에 존재하였던 같은 이름의 왕조와 구별하기 위해 앞에 후(後)자를 붙였다. 10국은 화남(華南)과 주변에서 일어났던 지방 정권으로, 오(吳)·남당(南唐)·오월(吳越)·민(閩)·형남(荊南)·초(楚)·남한(南漢)·전촉(前蜀)·후촉(後蜀)·북한(北漢)을 말한다.

고구려의 전통을 잇는다는 입장이었고, 발해의 유민들을 받아들인 터에 쉽게 거란과 국교를 맺기를 어려웠던 거지.

"거란은 일찍이 발해와 동맹을 맺고 있다가 갑자기 배반하고 그 나라를 멸망시켰다. 이러한 무리는 사귈 만한 가치가 없다."

왕건은 이렇게 말하고는 거란의 사신 30명을 모두 귀양 보내고 낙타는 만부교라는 다리 밑에 매어 두어 굶어 죽게 했어.

초창기의 왕권 다툼을 겪은 고려는 4대 광종 이후 평안한 세월을 보냈어. 정치는 안정되고 외침도 없었어. 그러던 중 결국 앙심을 품고 있던 거란의 침략을 받게 돼. 그 때 나라를 위기에서 구해 낸 사람이 바로 외교의 달인 서희徐熙야.

서희는 942년에 재상 서필의 둘째 아들로 태어났어. 열아홉 살에 과거에 급제한 그는 특히 외교관으로 뛰어난 활약을 펼쳤어. 그의 절도 있는 말과 행동은 중국까지 소문이 날 정도였지. 한때 끊어졌던 송나라와의 외교를 이은 이도 서희였어. 서희의 품행에 감탄한 송나라 황제는 벼슬을 내려 주기도 했어. 그런 서희는 고려 조정의 중심 인물로 성장했지.

그러던 993년, 거란은 동경 유수 소손녕을 총사령관으로 삼아 침략해 왔어. 거란과 고려 사이에 사는 여진족으로부터 침략 소식을 들은 고려도 다급히 전쟁 준비를 했지. 박양유*를 상군사로, 최량을 하군사로, 그리고 서희가 중군사가 되어서 방어에 나선 거야. 개성에 있던 임금이 서경평양으로 자리를 옮겨 병사들의 사기를 북돋우었어.

*박양유_ 고려 성종 때의 시중(侍中)이다. 성종 때 거란의 소손녕이 봉산군을 공략하자, 상군사로 북계에서 이를 막았다. 그리고 서희를 보내어 거란을 굴복시켜 강동 6주를 얻었고, 뒤에 예폐사로 거란에 들어가 조공할 것을 전했다.

거란은 순식간에 봉산군을 점령하고 진을 구축했지. 고려의 선봉장 윤서안은 기마대를 이끌고 적진으로 파고들었다가 포로가 되고 말았어.

이 때 윤서안을 구하기 위해 달려간 장수가 바로 중군장 서희였어. 서희가 거란군과 대치하여 진을 치자 거란의 대장군 소손녕은 가소롭다는 듯 웃었어.

"저런 조무래기들과 굳이 싸울 필요 있겠느냐. 사신을 보내 겁을 주어 항복을 받자."

하얀 깃발을 든 사신이 말을 타고 달려와 소손녕의 편지를 내놓았지.

우리는 고구려를 이어받아 그 땅에 나라를 세웠다. 너희 나라가 고구려의 땅을 차지하고 있으므로 그것을 되찾고자 한다. 속히 항복하지 않으면 모조리 멸망시키고 말 것이다.

서희는 이 편지를 성종*에게 전하며 화의싸움을 멈추자는 의논 가능성이 보인다고 보고했어. 이에 성종은 이몽전을 보내 화의를 제의했어. 소손녕은 일단 항복부터 하라고 협박이었어. 그러지 않으면 80만 대군으로 온 나라를 쑥대밭으로 만들겠다면서 말이야.

고려 조정에서 다시 회의가 열렸어. 80만 대군에게 겁을 먹은 대부분의 신하들은 거란의 요구를 들어주자고 했어.

*성종(成宗, 960~997)_ 고려 제6대 왕이다. 유교를 국가의 기본 이념으로 삼고 중앙집권적인 봉건제도를 확립하였다. 언론을 맡은 사헌부와 군국의 기밀기관인 중추원을 두었다. 지방을 10도(道)·12주(州)로 나누어 다스렸으며, 권농정책에 힘썼다. 후에 여진족이 차지하고 있던 장흥·귀화·곽주·귀주·안의·흥화·선주 등에 성을 쌓아 외적의 침입에 대비하였다.

"옛 고구려 땅인 서경 이북을 떼어 주고 거기로부터 국경을 삼는다면 그 아래로는 안전할 것입니다."

성종도 그 의견에 찬성했어.

"옳은 말이로다. 그럼 서경에서 철수하고, 창고에 가득한 군량미는 백성들에게 나누어 주도록 하라. 그러고도 남는 쌀은 대동강에 처넣어 버려라."

쌀을 버리라는 건 거란에게 군량미로 주지 않겠다는 뜻이었지.

이 때 서희가 큰 소리로 반대하고 나섰어. 『고려사』에 적힌 서희의 말을 그대로 옮겨 볼까.

전쟁에서 이기고 지는 건 군사의 강약에 있지 않습니다. 적의 약점을 알고 대처하면 충분히 이길 수 있습니다. 또 쌀이 넉넉하면 능히 성을 지킬 수 있습니다. 그리고 쌀은 모든 사람의 양식이옵니다. 비록 쌀이 적에게 이용된다고 하더라도 이를 버리는 건 하늘의 뜻을 어기는 것이옵니다.

서희가 이치를 따져 말하자 성종은 쌀을 버리라는 말을 거두었어. 서희는 항복에도 단호하게 반대했어.

"또한 땅을 떼어 주자는 말도 부당합니다. 그들이 겉으로는 고구려의 땅을 되찾는다고 하지만, 속으로는 우리를 두려워하고 있습니다. 서경 이북의 땅을 떼어 주면 고구려와 신라의 국경이던 삼각산서울까지 달라고 할 것입니다. 그 다음에는 나라 전체를 삼키려 할 것입니다. 그리고 나라의 땅을 떼어 준다는 건 후손 만대에 부끄러움으로 남을 것입니다. 그 문제는 힘써 싸워 본 후에 의논해도 늦지 않습니다."

서희의 주장에 대신들이 웅성거릴 뿐 반대하지는 못하고 있을 때, 이지백이 동조하고 나섰어.

"그렇사옵니다. 전쟁도 하지 않고 땅을 떼어 주는 건 세상의 웃음거리가 될 뿐이옵니다."

그러자 분위기는 바뀌어 고려 조정은 거란과 싸울 일을 의논하기 시작했어.

고려가 항복을 하지 않자 소손녕이 공격 명령을 내렸어. 서경이 가까운 안북부를 두고 안융진으로 우회하여 침공한 거야. 하지만 거란의 선봉 부대는 참패를 당했어. 안융진의 중랑장 대도수가 이끄는 고려군이 거란군의 선봉대를 물리친 거야. 기가 한풀 꺾인 소손녕은 총공격 준비를 갖춘 다음 고려에 마지막 경고를 보냈어.

나라의 운명이 걸린 한판 싸움을 눈앞에 두고 임금도 대신도 백성들도 불안했겠지. 이 때도 서희는 침착함을 잃지 않고 주장했어.

"거란이 침입한 데는 몇 가지 이유가 있습니다. 하지만 올바른 명분이 아닙니다. 제가 가서 소손녕을 만나 담판을 지어 보겠습니다."

성종과 대신들이 놀란 눈으로 바라보았어.

"그건 섶을 지고 불 속으로 가는 격이오. 이미 몇 번 전투를 치렀는데, 그들이 화의를 하려 하겠소?"

성종의 말에 서희가 담담하게 말했어.

"병법의 최상은 싸우지 않고 이기는 것입니다. 그게 잘 되지 않더라도 나라가 위태로울 때 목숨을 버리는 건 신하의 영광이옵니다. 제게 생각이 있으니 보내 주시옵소서.”

성종은 물에 빠진 사람이 지푸라기라도 잡는 심정으로 허락했어.

서희는 곧장 말을 타고 가서 소손녕을 만났어.

“나는 큰 나라의 대장군이니 고려의 사신은 뜰 아래서 절을 하라!”

소손녕이 높은 의자에 앉아서 소리쳤어. 그렇게 하지 않으면 만나 주지도 않겠다는 거야. 서희의 기를 꺾어 놓자는 잔꾀였지. 서희는 전혀 주눅들지 않고 대거리를 했어.

“신하가 임금을 만났을 때만 뜰 아래서 절을 하는 것이오. 나는 고려의 대신이고, 그대는 거란의 대신인데 어찌 내가 절을 해야 한단 말이오. 그대는 장수로서 감히 임금 행세를 하려는 것이오. 이를 그대의 황제가 알고 있소?”

서희는 소손녕을 만나지 않고 객사로 돌아와 버렸어. 면박을 당한 소손녕은 먼저 사신을 보내 다시 만나자고 했어. 당당한 서희의 기개에 오히려 자신의 기가 꺾인 거지.

결국 서희는 소손녕과 같은 위치에서 맞절로 인사를 나누었어. 그리고 나라의 운명이 걸린 담판이 시작되었어.

“우리 고려는 거란과 원한이 없는데 어찌하여 침범하였소?”

서희가 따져 묻자 소손녕이 오만하게 대답했어.

“고려는 신라 땅에서 일어났고, 우리는 고구려 땅에서 일어났소. 마땅히 고려가 차지한 고구려 땅을 우리에게 돌려 주어야 할 것이오.”

서희가 반박했어.

“그렇지 않소. 우리야말로 고구려의 뒤를 이은 나라요. 같은 민족일 뿐만 아니라, 나라 이름도 고려라고 했단 말입니다. 이렇게 따지면 오히려 그대들의 수도가 있는 곳까지 우리 땅인 셈이오. 그런데 우리보고 땅을 내놓으라니, 될 법이나 한 소리요?"

*송나라_ 중국에서 조광윤이 오대 후주의 공제로부터 임금의 자리를 물려받아서 960년에 세운 나라이다. 960년 변경에 도읍하였으나, 1127년에 금나라의 침입으로 강남(江南)으로 옮겨 임안에 도읍하였다. 임안에 도읍하기 전까지를 북송, 그 이후부터 1270년에 원나라에 망할 때까지를 남송이라 한다. 1279년 건국 초부터 유지해오던 독재권이 통제력을 상실하면서 관기가 문란해졌는데, 이 때 몽골군의 침입을 받고 멸망하였다.

소손녕은 우물쭈물하다가 다른 문제를 걸고 넘어졌어.

"우리 요나라가 송나라*보다 힘이 센데, 고려는 어찌하여 우리와 국교를 맺지 않고 바다 건너 송나라와 교류한단 말이오. 송나라와 국교를 끊고 우리와 교류한다면 군사를 거둘 것이오. 그렇지 않다면 부득이 힘으로 다스릴 수밖에 없소이다. 어찌 하겠소?"

소손녕이 협박했어.

이 무렵 중국 대륙은 5대 10국 시대를 끝낸 송나라의 시대였거든. 그러자 거란은 송나라와 힘을 겨루게 되었는데, 고려에게 자기편이 되어 달라는 요구였어. 이에 대해서 서희는 다시 차근차근 대답했어.

"우리가 요나라와 교류하지 못하는 것은 여진족이 사이에 가로막고 있기 때문이오. 먼저 여진을 몰아 낸 다음 성을 쌓고 도로를 만든다면 요나라와 국교를 맺을 수 있을 것입니다. 이 뜻을 그대의 임금께 전해 주시오."

서희의 말은 한 치의 어긋남도 없었어. 소손녕은 더 이상 억지를 부릴 수가 없었어. 그래서 할 수 없이 요나라 임금에게 보고하고 군사를 물리기로 하고, 여진족이 사는 강동 지역마저 고려의 땅으로 인정하고

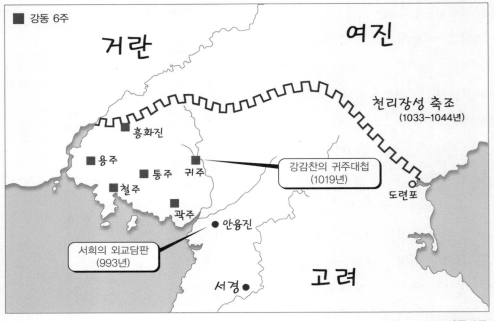

■ 강동 6주

거란

여진

천리장성 축조
(1033~1044년)

흥화진

용주

통주

철주

귀주

강감찬의 귀주대첩
(1019년)

도련포

곽주

안융진

서희의 외교담판
(993년)

서경 ●

고 려

강동 6주

말았어. 땅을 뺏으러 왔다가 오히려 보태 주고 가게 된 꼴이었지.

"그대의 용기와 지혜는 능히 천하를 들었다 놓을 만하오."

소손녕은 서희의 지혜와 담력에 감탄하며 혀를 내둘렀어. 담판을 끝낸 그는 크게 잔치를 베풀고, 낙타, 양, 말, 비단 등을 선물로 주기까지 했어. 그리고 말머리를 돌려 요나라로 돌아갔어. 80만 대군을 자처하면서도 싸움다운 싸움도 못 해 보고 선물만 한 꾸러미 주고 돌아간 거야.

한데, 80만 대군이라는 건 거란의 허풍일 가능성이 커. 그렇게 많은 군사를 동경 유수가 이끌 리는 없거든. 훗날 거란의 성종이 직접 쳐들어올 때도 40만밖에 안 되었단 말이야. 그러니 소손녕의 군사는 많아

인물로 보는 우리 역사 ❸ 전쟁영웅 이야기

야 그 절반이나 10만 이내였을 텐데, 허장성세적은 무리를 많게 보이게 꾸밈를 부려 겁을 주어 항복을 받으려 한 거지. 그것도 모르고 고려 조정은 싸우지도 않고 땅을 떼 주려 했단 말이야. 하지만 직접 거란과 대치했던 서희는 그것을 꿰뚫어 보고 담판에서 오히려 큰소리를 치며 몰아붙여 성공한 거야.

거란군이 물러간 다음, 서희는 압록강 동쪽에 사는 여진족을 몰아내고 6개의 성을 쌓았어. 이를 '강동 6주'라고 해. 신라가 삼국을 통일할 때 당나라에 떼 주었던 땅을 비로소 되찾은 거야.

땅으로 내려온 별

신기한 이야기부터 하나 할까.

고려 정종* 3년948, 한밤에 금주지금의 시흥시로 가던 조정 관리가 손가락을 들어 가리키며 부하에게 물었어.

"저게 대체 뭐냐?"

밝은 빛 한 줄기가 어두운 밤하늘을 가르고 있었거든.

"별입니다. 흔한 별똥별이 아니라 진짜 큰 별이 떨어지는 것 같습니다."

시종이 놀란 목소리로 말했어.

하늘에서 불화살처럼 떨어진 별은, 땅에서도 한참 동안 빛을 잃지 않았어.

*정종(定宗, 923~949)_ 고려 제3대 왕으로, 정치적으로 대립된 인물들을 제거한 후 왕위에 올랐다. 수도를 개경에서 서경으로 천도하려 했으나 개경 세력의 반발과 백성의 원성으로 실패하였다. 거란 침입에 대비하기 위해 지방의 예비군인 광군을 조직하기도 했다.

"멀지 않는 곳이다. 어서 가 보자."

관리는 별이 떨어진 곳으로 말을 달렸지.

"저 집에서 아직도 빛이 납니다."

별이 떨어진 곳은 한강에서 얼마 떨어지지

않은 마을이었어. 그 마을 가운데 아담한 기와집 지붕에 등불을 켜 놓은 듯 빛이 어려 있지 뭐야.

"저 집에서 지금 막 사내아이가 태어났다고 합니다."

대문간까지 갔다 온 시종이 말했어.

"지금 태어난 아이는 보통 사람이 아닐 것이다. 장차 이 나라를 위하여 반드시 큰일을 해낼 거야."

관리는 감탄하여 한동안 그 집을 바라보며 떠날 줄을 몰랐어.

낙성대 3층석탑

바로 강감찬이 태어나던 날 일이야. 『고려사』에도 나오거니와, 『기문총화』, 『용재총화』 같은 야담 책에도 실린 유명한 이야기지.

그날 별이 떨어진 자리를 낙성대*라고 하게 되었는데, 오늘날까지도 그렇게 불려. 강감찬은 별의 화신이라는 말이지.

이에 걸맞는 이야기가 『세종실록』과 『동국여지승람』에 실려 있어.

송나라 사신이 왔을 때야. 사실 강감찬은

*낙성대_ 서울특별시 관악구 봉천동에 있는 강감찬 장군의 출생지로, '큰 별이 떨어진 터'라는 뜻에서 낙성대라는 이름이 붙었다. 당시 백성들이 장군의 공적을 기리기 위해 세운 3층석탑이 현재 남아 있다.

작고 못생겼다고 해. 그래서 일부러 잘생긴 부하에게 좋은 옷을 입히고, 자신은 허름한 옷을 입고 사신을 맞이했거든. 송나라 사신의 실력을 시험해 보기 위해서였지. 그런데 그 사신이 꽤나 총명했나 봐. 단번에 강감찬을 알아보고는 이렇게 말하는 거야.

"아하! 문곡성학문과 글재주를 맡은 별을 오래 못 보았는데, 여기에 와 계셨군요."

겉모습은 바꾸었지만 눈빛이나 위엄을 감출 수 없었던 거지. 강감찬이 태어나던 날 떨어진 별이 문곡성이라는 것인데, 별의 정기를 받았다는 뜻이겠지. 이 이야기는 우리가 흔히 장수로 알고 있는 강감찬이 실은 뛰어난 학자라는 것도 짐작하게 하지.

강감찬은 많은 고려의 위인들 가운데서도 아주 특별해. 낙성대에 얽힌 이야기도 신기하지만, 고대의 인물이 아닌데도 많은 전설을 품고 있거든.

심지어 그의 어머니는 원래 여우였다는 말도 있고, 맹꽁이가 소란스럽게 울어 대는 연못에 강감찬이 부적을 써 던지니 조용해졌다는 이야기도 있어. 서울에서 설쳐 대는 호랑이를 모두 압록강 건너로 쫓아 버렸다, 귀신을 물리쳤다는 이야기들이 수두룩해. 훗날1913, 이런 이야기를 묶어 펴낸 책이 바로 『고려 강시중전』이야.

야담과 전설에 나오는 강감찬은 도사나 산신령 같지. 그만큼 백성들이 그를 우러러보았다는 뜻일 거야.

하지만 강감찬은 산신령이나 도사가 아닌 분명 역사 속의 인물이야. 그는 금주의 호족 강여청의 5대 손으로 태어났어. 그의 아버지는 왕건이 고려를 세우는 일을 도와 공신이 된 강궁진이야.

강감찬은 983년에야 과거에 장원으로 급제하여 벼슬길에 나왔어. 이 때 이미 36세이니 다른 위인들에 비해 매우 늦은 출세였지.

그 동안 어디서 무얼 했으며, 누구에게 공부를 배웠는지는 알려지지 않았어. 그를 둘러싼 신비한 이야기로 볼 때, 도교나 민족 정통 수련을 공부했으리라고 짐작해. 물론 과거에 장원을 할 정도니 유학에도 빼어난 실력을 지니고 있었겠지.

강감찬이 조정에 나온 지 10년 후에 거란이 1차 침입을 했어. 하급 관리였던 강감찬은 특별한 역할을 할 수는 없었겠지. 물론 외교의 달인 서희의 활약으로 거란은 아무 소득도 없이 돌아갔어. 그 후 서희가 여진족을 누르고 강동 6주를 차지하자, 거란은 그 땅을 돌려 달라고 억지를 부렸어. 물론 고려는 들어주지 않았지.

1010년, 거란은 임금 성종이 직접 40만 대군을 앞세워 쳐들어왔어. 이번엔 강조의 정변*을 꼬투리 삼아 전쟁을 일으킨 거야. 마음대로 임금을 몰아 낸 강조를 자신들이 잡아 벌을 주겠다는 거였지.

당시의 실권자 강조는 30만 병력으로 거란에 대항했어. 검차*를 앞세운 고려군은 싸우는 족족 승리를 거두었어. 거란은 별동대를 만들어 고려군의 본부가 있는 삼수를 쳤어. 이 때 강조는 거란을 더 깊이 끌어들여 몰살시키려다가 실패하여 결국 포로가 되고 말았어.

거란의 임금 성종은 강조를 보자 그의 기개

*강조의 정변_ 1009년(고려 목종 12년) 강조가 목종을 시해하고 일으킨 정변이다. 목종이 죽었다는 소문이 돌자, 강조는 오랫동안 고려 조정을 어지럽혔던 천추태후와 김치양 일파를 숙청하고, 목종의 뜻대로 대량군을 임금의 자리에 앉히려고 하였다. 그러나 목종이 아직 살아 있다는 소식을 듣게 된 강조는 입장이 난처하게 되어 목종을 폐위시켰다. 그런 다음, 1009년에 폐위시킨 목종을 시해하고 스스로 정권을 잡았다.

*검차_ 수많은 검이 달린 수레로, 전쟁에 사용된 이동식 무기이다.

를 높이 사 신하로 삼고 싶어했어.

"그대와 같은 뛰어난 인물이 어찌 고려 같은 작은 나라에 있단 말인가. 짐은 죽이기보다 살리기를 좋아하니 짐의 신하가 된다면 그대의 기개를 천하에 떨치게 될 것이다."

강조는 비록 정변까지 일으켰지만 절개가 굳은 장수였어.

"내 비록 고려의 역적으로 남는다 해도 너의 신하는 되지 않겠다!"

강조가 눈에 불을 켜듯 노려보는데도 성종은 거듭 마음을 돌이키려 했어. 하지만 강조는 의연히 뜻을 굽히지 않았고, 성종은 안타까워하며 처형을 명했어.

고려의 주력군을 격파한 거란은 20만 대군으로 개경을 향해 공격해 왔어. 고려 조정은 발칵 뒤집혔지.

"고려의 운명은 오로지 강조의 손에 달려 있었습니다. 그가 패배하여 죽었으니, 이제는 항복할 수밖에 없습니다."

"그렇습니다. 이 전쟁의 명분도 강조의 처벌에 있었으니 이제 화의를 청하면 될 것입니다."

조정 대신들은 항복을 주장했어.

이 때 강감찬이 소리쳤어.

"항복은 아니 되옵니다. 지금은 적이 강하니 일단 물러섰다가, 그들이 지칠 때를 기다려 다시 기회를 노려야 합니다."

그 즈음 강감찬은 조정의 요직에 올라 있었고 따르는 자도 많았어. 현종은 강감찬의 말에 따라 몽진임금의 피난을 결정했어.

거세게 밀고 내려오는 거란군을 피해 경기도 광주로 간 현종은 전라도 나주까지 갔어. 그렇게 전쟁이 길어지자 양편이 모두 지치기 시작했어.

이 때부터 고려의 맹장 양규는 차근차근 적을 무찔렀어. 적을 뒤편에서 기습하여 일부분씩 해치우는 전법을 썼지. 귀주의 별장 김숙흥도 흩어진 군사를 모아 거란군 1만 명을 무찌르는 전과를 올렸어.

이쯤 되자 거란군은 고려의 항복을 받는 걸 포기할 수밖에 없었어. 식량은 떨어지고 고려 지형에도 익숙하지 않으니 갈수록 불리했거든. 하지만 큰 나라의 체면이 있지 그냥 돌아갈 수는 없잖아. 그들은 고려 임금이 거란으로 와서 신하의 예를 갖출 것과, 강동 6주를 거란의 땅으로 인정하라고 주장했어. 고려가 이 뜻을 받아들여 일단 강화_{합의하여} 전쟁을 중단하는 것은 성립되었어.

거란군은 개경을 점령한 지 11일 만에 군사를 돌렸어.

하지만 고려군은 그들을 순순히 보내 주지 않았어. 양규와 김숙흥은 거란의 선봉 부대를 기습하여 크게 무찔렀어. 그러다가 갑자기 밀어닥친 거란의 주력 부대에게 포위되어 큰 위기를 맞았지.

고려군은 조금도 굽히지 않고 마지막 한 사람까지 싸웠어. 포위망 속에서도 일곱 차례나 싸워 이기는 용맹을 보여 주었지. 이 때 양규는 적의 화살 수십 대를 맞고도 쓰러지지 않고 싸우다가 장렬하게 전사했다고 해. 이러한 고려인의 기상에 거란군은 혀를 내둘렀어.

압록강 싸움에서 결국 이기기는 하였지만, 거란의 패해도 컸어. 그 때문에 강화 약속을 지키지 않는 고려를 다시 칠 힘도 없었어. 성종은 보복을 맹세하며 압록강을 건너갔지.

이렇게 고려는 어렵사리 거란의 2차 침략을 물리쳤어. 이 전쟁의 일
등 공신은 양규였어. 고려 조정은 양규에게 공부상서 벼슬을 추증하
고, 공신 칭호를 내렸어. 그의 아들에게도 벼슬을 주고 아내와 가족에
게도 상을 내렸어. 별장 김숙흥에게도 장군 벼슬을 내리고, 훗날 공신
으로 인정했지.

물론 개경을 빼앗기고도 항복하지 않은 데는 강감찬의 공로가 으뜸
이었지. 현종은 강감찬을 동북면 행영병마사로 삼았어. 이는 곧 다시
있을 거란의 3차 침략에 대한 준비이기도 했어.

귀주 들판의 비바람

2차 침공에서도 고려의 항복을 받지 못한 거란은 강화 약속을 지킬 것을 계속 요구했어. 하지만 고려는 송나라와 관계도 끊지 않았고, 강동 6주의 방어를 더욱 강화했어. 그러자 거란은 기어이 다시 군사를 일으켜 3차 침략을 개시했어.

거란은 왜 이처럼 악착같이 고려를 꺾으려고 했을까?

고려를 꺾지 않으면 고려와 거란 사이에 사는 여진족도 말을 듣지 않을 게 뻔하거든. 뿐만 아니라 송나라에게 힘에서 밀려 나라가 위태로울 수도 있었어. 1, 2차 전쟁의 실패로 땅에 떨어진 체면을 되찾기 위해서도 반드시 고려를 꺾어야 했지.

"고려의 서울을 무너뜨리고 임금을 사로잡아라!"

성종은 자신의 사위 소배압을 대장군으로 삼아 강다짐을 받고 출정시켰어.

1018년 겨울 12월, 제3차 침입에 나선 거란군은 총 10만 명이었어. 병력은 세 차례 침략 가운데 가장 적었지만, 수만의 기마병을 앞세운 최정예 부대였어. 겨울이니까 오래 끌지 말고 **빠른 시간 안에** 승부를 결정지으려는 뜻이었겠지.

이에 대항한 고려군의 상원수는 강감찬이었어. 드디어 그가 역사의 최전면에 나선 거야. 그는 거란이 쳐들어올 것을 미리 알고 20만 명의 군대를 양성해 대비하고 있었어. 거란군의 침략로도 이미 분석해 놓았지.

압록강을 건넌 거란군은 흥화진으로 몰려왔어. 강감찬은 흥화진 골짜기에 군사 1만 2천 명을 숨겨 놓았어. 미리 흥화진 동쪽으로 흐르는 강의 상류도 막아 놓았고. 소가죽을 꿰매 붙여 커다란 물막이 보를 만든 거야. 고구려 때 을지문덕의 작전과 똑같았지.

거란군의 선봉 부대인 기마병들은 얕은 강을 거침없이 내달렸어. 겨울이라 강물이 줄어든 줄만 알았던 거야.

"줄을 끊어라!"

거란군 선봉 부대가 강 한가운데 다다랐을 때 강감찬의 명이 떨어졌어.

막혔던 물줄기가 터지자 강물은 해일처럼 거세게 쏟아져 내렸어. 골짜기를 뒤집는 듯한 굉음에 놀라 멍하니 서 있던 거란군은 삽시간에 강물에 휩쓸려 떠내려갔어. 정확한 기록은 없지만, 한겨울의 차가운 강물은 만 명이 넘는 거란군과 말을 삼켰을 거라고 해. 겨우 강을 건넌 거란군도 매복해 있던 고려군에게 몰살당하고 말았어.

"여기서 시간을 헛되이 보낼 수는 없다. 흥화진을 포기하고 바로 개경으로 가자!"

소배압은 말머리를 돌려 곧바로 개경을 향했어.

"저들의 뒤를 쳐라."

강감찬은 부원수 강민첨에게 적의 뒤를 기습하게 하고, 병마판관 김종현에게는 군사 1만 명을 주어 지름길로 개경으로 가서 성을 지키라고 명했어.

강민첨은 적의 뒷덜미를 낚아채 크게 승리를 거두었어. 미림진에서는 조원이 적군 1만 명을 섬멸했어. 그럼에도 불구하고 소배압은 서둘러 개경으로 치달았어. 개경만 뺏으면 자신의 체면도 서고, 전쟁에서 이기리라고 믿은 거겠지. 하지만 그것은 커다란 착각이었어.

"아, 이럴 수가!"

막상 개경에 다다르고 보니 청야작전淸野作戰이 준비되어 있었어. 청야작전이란 가축이나 양식을 모조리 싸 들고 성으로 들어가 성을 지키며 오래도록 버티는 거야. 고구려가 중국의 대군을 맞아 즐겨 쓰던 병법이었지.

개경을 눈앞에 둔 거란군은 굶어 죽을 지경이 되었어. 그들은 말을 타고 빨리 이동하며 전쟁터에서 노략질을 하여 먹을거리를 마련하곤 했는데, 군사를 삼분의 일이나 잃으면서 달려온 개경 근처에서는 쌀 한 톨 훔칠 데가 없었거든.

"아아, 이대로 돌아간다 한들 어찌 황제의 얼굴을 뵙는단 말인가?"

소배압은 눈물을 머금고 말머리를 돌렸어. 10만 정예 군사를 이끌고 쳐들어왔으나, 한 번도 이겨 보지 못하고 퇴각하는 참이야.

강감찬은 그들이 제 맘대로 돌아가게 내버려 두지도 않았어.

"저들을 그냥 돌려 보내면 더 많은 군사로 또 쳐들어올 것이다. 다시는 우리를 넘보지 못하도록 오금을 박아 두리라."

강감찬은 별동대를 시켜 후퇴하는 거란군의 진영을 밤중에 기습했어. 그러고는 한껏 소란을 떤 다음 빠져 나오곤 했지. 제대로 먹지도 못한 거란군은 잠조차 설쳐 소금에 절인 배추처럼 축 늘어졌어.

그런 그들 앞에 강감찬이 이끄는 고려의 본대가 나타났어. 1019년 2월, 귀주 들판에서 고려군은 거란군과 정면으로 맞닥뜨렸어.

"이대로 돌아가면 우리는 모두 죽음을 면하지 못할 것이다! 요나라의 용사들이여, 대륙의 기상을 유감없이 발휘하라! 나를 따르라!"

소배압은 마지막 힘을 다하여 대항했어.

"고려의 싸울아비들이여, 매련스런 거란 오랑캐들이 다시는 이 땅에 발붙이지 못하도록 쓸어 버려라!"

상원수 강감찬의 깃발이 힘차게 나부꼈어. 나팔 소리와 북 소리가 귀주 들판을 쩌렁쩌렁 울렸어.

정예군의 전면전답게 좀체 승부가 나지 않은 가운데, 귀주 들판에 세찬 비바람이 몰아치기 시작했어. 매섭고 차가운 겨울 비바람은 고려군 쪽을 향해 들이쳤어. 그 힘을 등에 업은 거란군이 더욱 힘을 내어 몰아쳤어.

이 때 남쪽에서 큰 함성이 울렸어. 개경을 지키던 군사들이 달려온 거야. 때마침 바람마저 방향을 바꾸어 거란군 쪽으로 휘몰아치기 시작했어. 겨울인데도 동남풍이 불어 댄 거지.

귀주대첩도

"하늘이 우리를 도우시는도다! 저 북쪽 오랑캐들을 남김없이 베라!"

전황은 점점 고려군의 우세로 변해 갔어. 마지막 힘으로 대들었던 거란군은 기세가 꺾여 도망치기 시작했어. 무기를 버리고 갑옷마저 벗고 진동한동 내빼기 바빴지. 귀주 들판은 거란군의 시체가 가을 단풍잎이 골짜기를 덮듯 즐비해졌어.

거란군은 완전히 무너져 소배압마저 무기를 버리고 도망치고 말았어. 10만 대군 가운데서 살아 돌아간 자는 겨우 수천에 지나지 않았어. 거란의 역사책인 『요사』도 '거란이 이처럼 비참하게 진 적은 없다'라고 기록할 정도였지. 거란의 성종은 소배압의 얼굴 껍질을 벗기겠다며 펄펄 뛰었다고도 해.

*『고려사 절요』 조선 전기 문종 2년에 김종서 등이 왕명에 따라 편찬한 고려시대의 역사 책이다. 역사적 사실을 연대순으로 서술한 편년체로, 인물의 전기를 중심으로 서술한 기전체인 『고려사』와 함께 고려시대를 연구하는 데 아주 중요한 사료이다. 35권 35책.

이 전투가 바로 귀주대첩이란다. 귀주대첩은 고려의 승리요, 강감찬을 민족의 영웅으로 떠오르게 한 전투였어. 여기서 크게 진 거란은 다시는 고려를 넘보지 못했어.

그 뒤 강감찬은 개성 바깥에 성을 쌓고, 군사를 정비하는 등 국방에 힘을 기울였어. 1030년에는 벼슬이 문하시중에 올랐고, 1032년에 숨을 거두니 나이는 84세였어.

강감찬이 죽자 임금은 사흘 동안 조회를 중단하고, 장례를 치르게 도와 주었으며, 인헌仁憲이라는 시호를 내렸어. 백성들은 그 뒤로도 그를 높이 우러러보았고, 조선시대에 씌어진 『고려사 절요』*에서는 강감찬을 다음과 같이 찬양했어.

하늘이 이 나라 백성을 사랑함이 참으로 지극하구나. 나라가 어려움에 빠지면 반드시 어질고 현명한 이를 내어 구하시는구나. 안에서 역적들이 난을 일으키고, 밖에서 거란이 쳐들어왔을 때 강공姜邯이 아니었더라면 나라가 어찌 되었을 것인가?

제9장
승장 김윤후와 삼별초

세계를 제패한 몽골을 가장 고달프게 한 상대가 바로 고려와 삼별초였지.
삼별초는 끝까지 항복을 하지 않고 차라리 죽음을 선택함으로 저항 정신을
굽히지 않았어. 민들레처럼 밟아도 밟아도 다시 피는 이러한 삼별초의 저
항 정신은 결코 꺾이지 않는 우리 겨레의 정신적 깃발이라 할 만해.

- 본문 중에서

고려 무신정권과 몽골족의 성장

1170년 8월, 고려 조정에 큰 난리가 터졌어. 무신들이 반정을 일으킨 거야. 거란의 침략을 물리친 이후 한동안 평화로웠거든. 이 때 고려는 문신을 우대하고 무신을 무시하는 풍조가 심했어. 문신들은 늘 왕을 모시고 잔치를 일삼았는데, 무신들은 짐을 지고 나르며 보초나 서다가 문신들에게 무식하다고 조롱이나 받곤 했으니 화가 날 만도 했지.

그 날도 한바탕 잔치를 마친 의종과 문신들이 보현원이란 절에 머물게 되었어. 거기는 왕궁과 멀리 떨어진 곳이었고, 그 날 낮에도 무신들이 크게 조롱을 당했거든. 그렇잖아도 기회를 노리던 무신들은 대장군 정중부*를 중심으로 난을 일으켰어. 이의방, 이고, 이의민이 앞장을 섰고, 무신들은 조정의 문신 귀족들을 마구 죽였어. 삽시간에 조정에서 힘깨나 쓰는 대신들은 대부분 제거되고 말았지.

정중부는 의종과 태자를 멀리 귀양 보냈어. 그리고 의종의 아우 익양군 왕호를 임금으로

*정중부(1106~1179)_ 고려시대의 무신으로, 왕이 무신을 차별하는 데 불만을 품고 왕의 보현원 거동 때 문신을 죽이고 정권을 장악했다. 스스로 참지정사가 되고 벽상공신에 올랐으며, 중서시랑평장사 · 문하평장사 · 서북면판사 · 행영병마 겸 중군병마판사 등을 지냈다.

세우니, 고려의 19대 임금 명종이야. 이 때부터 고려의 임금은 허수아비일 뿐, 모든 권력은 무신들이 그러쥐게 돼. 이렇게 무신정권시대가 열린 거란다.

나라는 더욱 어지러워졌어. 무신들은 정치를 잘할 능력도 없으면서 더 많은 힘을 가지려고 다투었거든. 이에 김보당*이 의종을 복위시키고자 반란을 일으켰지만 실패했어. 조위총도 정중부와 이의방을 밀어내려고 난을 일으켰다가 패배했지. 이런 때에 천민들까지 난을 일으켜 나라는 어수선하기 짝이 없었어.

그 혼란을 틈타 청년 장수 경대승이 정중부와 그의 아들을 죽이고 권력을 손에 쥐었어. 하지만 그는 권력을 잡은 지 4년 만에 별안간 죽고 말았어.

다음 권력자는 이의민이었어. 그는 13년이나 권력을 누리며 함부로 남의 재산을 뺏기도 해 백성들의 원망을 많이 샀지. 그러다가 결국 1196년 최충헌*, 최충수 형제의 칼에 숨을 거두고 말았어. 그 후 정권은 최씨 집안으로 넘어가 60년간이나 이어지게 된단다.

*김보당_ 고려 후기의 문신으로, 1173년 전왕의종을 세우고자 군사를 일으켰다. 부하를 시켜 거제도에 유배 중이던 의종을 경주로 모셔왔으나, 장군 이의민 등이 이끄는 관군에게 패하여 처형당하였다.

*최충헌(1149~1219)_ 고려 무신정권기의 집권자이다. 1196년 이의민을 죽이고 정권을 장악한 후 최씨 무단정권을 확립했다. 1198년 만적의 난을 토벌하고, 신변 보호 차원에서 도방을 설치했으며, 국정 전반을 감독하는 교정도감을 설치했다.

이 무렵, 중국 대륙에는 새로운 세력이 꿈틀거렸어. 거란과 여진의 지배를 받던 몽골족이 용틀임을 한 거야. 유목민이라 사방에 흩어져 살던 몽골족을 하나로 통일한 이는 테무진이었어.

1206년, 테무진은 다른 유목 민족까지 정복하여 대몽골국을 세웠어. 그리고 스스로 칸

汗:임금, King의 자리에 올랐지. 그가 바로 인류 역사상 가장 넓은 땅을 차지했던 왕 칭기즈칸* 成吉思汗이야.

*칭기즈칸_ 러시아 바이칼호 근처에서 태어났다. 어렸을 때 아버지가 타타르 부족에게 독살되어 부족이 흩어졌기 때문에 빈곤 속에서 성장하였다. 케레이트 부족의 완칸 아래서 점차 세력을 키워, 1189년경 몽골씨족연합의 우두머리로 추대되어 칭기즈칸이란 칭호를 받게 되었다. 1203년 동부 몽골을 평정하였으며, 1204년 몽골 초원을 통일하였다.

몽골을 통일한 칭기즈칸은 본격적인 정복 전쟁을 시작했어. 유목민인 몽골족들은 말을 타고 달리며 활을 쏘고 창칼을 휘둘렀는데, 얼마나 날쌘지 막아 내는 나라가 없었어. 그들은 닥치는 대로 다른 민족을 침략하여 땅을 뺏고, 반항하면 무자비하게 죽였어.

몽골과 고려는 적이 아니라 동지로 처음 만났어. 몽골에게 밀린 거란족이 압록강을 건너 한반도로 넘어왔는데, 고려는 이들을 몰아 내야 했지. 그러던 1218년, 고려는 몽골과 연합군이 되어 거란의 본거지인 강동성을 무너뜨렸어.

결국 거란은 중국 대륙 남쪽으로 밀려갔고, 송나라는 더욱 남쪽으로 내려갔어. 그리고 몽골과 고려가 압록강을 사이에 두고 마주보게 된 거야. 처음엔 서로 국교를 맺어 형제의 나라가 되기로 했어. 그런데 시간이 지나면서 몽골은 조공을 더 많이 바치라고 고려를 협박하기 시작했어. 많은 나라를 정복하고서 힘이 세지자 형제국이던 고려마저 신하국으로 만들려고 한 거지.

이런 때 중대한 외교 문제가 터졌어. 1225년, 몽골의 사신 착고여가 고려에 왔다가 돌아가던 길에 피살된 거야. 몽골은 고려의 짓이라 단정하고 복수하겠다고 으름장을 놓았지.

하지만 당장 쳐들어오지는 못했어. 그들은 송나라, 거란과 싸우느라 바빴거든. 또 1227년, 칭기즈칸이 죽는 바람에 고려를 칠 겨를이 없었어. 몽골이 쳐들어온 건 거란과 송을 더욱 남쪽으로 몰아부친 다음이었어.

1231년, 몽골의 원수 살리타이는 군사를 이끌고 압록강을 건넜어. 약 30년간 이어진 몽골과 고려의 기나긴 싸움은 이렇게 시작된 거야.

처음 고려로 쳐들어온 몽골 군사는 3만 명이었어. 성종 때 거란 침략군에 비해 1할도 되지 않는 적은 병력이잖아. 고구려가 수나라, 당나라와 싸운 데 비하면 아무것도 아니었지. '이 정도쯤이야' 하고 고려가 얕볼 수도 있었어.

하지만 대제국을 건설한 몽골족에게는 그만한 비결이 있었어. 대체 그들은 어떤 능력이나 비결이 있어서 그토록 전쟁을 잘했을까? 결코 다른 민족보다 힘이 세거나 덩치가 큰 건 아니었어. 그런데도 연전연승하는 비결이 있었어. 그 비결을 잘 들어 봐.

몽골군은 모두가 말을 탄 기마병이었어. 어려서부터 드넓은 초원에서 말타기를 하며 자란 유목민이라 말 다루는 솜씨는 어떤 민족보다도 뛰어났거든.

기마병은 경기병과 중기병으로 나누어졌어. 전체의 6할을 차지하는 경기병은 가벼운 옷차림을 하였고, 활과 칼도 작고, 말도 작았어. 중기병은 갑옷을 입고 덩치가 큰 말에는 투구까지 씌워 놓았어. 그런 중기병과 경기병이 항상 합동 작전을 펼쳤어. 먼저 중기병이 거세게 달려들어 상대방의 진영을 흔들었지. 그 사이 경기병은 재빨리 상대 진영의 옆구리로 돌아가 활을 쏘아 대는 거야. 그러면 상대는 손 쓸 틈도 없이 모래성처럼 무너지는 거지.

　몽골군은 그 어떤 군대보다 빠르고 용감했어. 잔인하기도 그지없어 대들면 남녀노소를 가리지 않고 짐승까지 모조리 죽였어. 그들은 싸움이 모든 것의 기준이었어. 학문과 덕과는 관계 없이 전쟁의 공로에 따라 계급을 매겼어. 오로지 싸움을 위해 태어난 종족 같았지. 병사 한 명이 세 마리의 말을 번갈아 타니 말도 지치지를 않았어.

　몽골군은 양식에 대한 걱정도 없었어. 그들은 소나 말의 고기를 잘 말려 가루로 만든 다음, 그것을 자루에 담아 허리에 차고 다녔어. 그것은 더운 물에 타면 영양가 높은 죽이 되거든. 그럴 시간조차 없을 때는 말을 타고 달리며, 혹은 싸우면서도 마른 고기를 질겅질겅 씹어 먹는 거야.

　마른 고깃가루가 든 봉지는 크지도 않고 무겁지도 않았어. 몽골군은 모두 그것을 허리에 차고 전쟁에 나섰어. 한 봉지로 한 명이 한 달을 넘게 살 수 있었어. 이런 탓에 그들은 식량을 나르는 부대가 따로 필요 없었지. 그러니까 기마대 3만 명은 군수 지원대가 없으니 5만 명 이상의 능력을 발휘하는 거야. 모든 군사는 오로지 최고 싸움꾼들일 뿐이었지. 이런 여러 가지 이유로 몽골은 많지 않은 병력으로 짧은 시간에 수많은 민족을 정복한 거야.

　압록강을 건넌 몽골군은 세 갈래로 나누어 무서운 속도로 내려왔어. 고려의 몇 개의 성이 순식간에 무너졌지. 하지만 고려도 그리 만만하지는 않았어. 항상 넓은 들판을 달리며 마음껏 솜씨를 뽐내던 그들에게 고려는 성에서 맞섰어. 김경손과 박서가 지휘하는 귀주성에서 몽골군은 몹시 고전을 했어.

기마 전술이 통하지 않게 되자 몽골군은 바위를 날리는 발석차를 썼어. 성보다도 높은 망루가 달려 있는 수레인 누거 위에서 공격하기도 했지. 그 사이 튼튼한 뚜껑이 달린 수레를 타고 다가와 성 밑을 파 굴을 만들기도 했어.

하지만 이 방법도 통하지 않았어. 고려군은 성벽 구멍으로 쇳물을 부었어. 쇳물은 누거를 불태웠고, 누거가 무너져 그 밑에서 땅을 파던 몽골군들이 깔려 죽었어.

"내가 평생을 전쟁터에서 여러 나라와 싸워 보았지만, 이렇게 잘 싸우는 군사들은 처음이다."

백전노장 몽골군들도 혀를 내두를 지경이었지.

한 달 남짓 귀주성을 공격하던 몽골군은 결국 말머리를 돌렸어. 그러나 전쟁을 포기한 건 아니었어. 그들은 귀주성을 버려둔 채 남쪽으로 달렸어.

몽골군이 지나가는 곳에는 아무것도 남아나지 않았어. 집과 창고가 불타고, 가축이 죽고, 들판의 곡식도 남아나지 못했어. 그들이 지나간 자리에는 까만 재와 어지러운 말 발자국뿐이었지. 몽골군은 이렇게 고려를 불바다로 만들며 항복하라고 협박해댔어.

개경이 포위되자 고려는 강화를 제의했어. 왕족인 왕정을 보내 항복의 예를 올리고, 예물과 인질을 보내겠다고 했어. 몽골이 이 뜻을 받아들여 일단 전쟁은 중단되었어. 몽골의 1차 침략은 이렇게 끝났어.

승장 김윤후와 충주성의 천민들

고려에 항복을 받은 살리타이는 다루가치*
40명을 남겨 두고 돌아갔어. 다루가치들은
고려 조정에 간섭하면서 고려를 속국으로 만
들 준비를 했지.

최씨 무신정권은 이를 용납하지 않았어. 몽
골에 공물도 보내지 않았고, 다루가치들을 죽이거나 내쫓아 버렸어.
그리고 도읍을 강화도로 옮기고, 백성들도 산성이나 섬으로 숨으라 하
고는 다시 싸울 태세를 갖추었지.

살리타이는 분통을 터뜨리며 정예 군사 1만 명을 이끌고 다시 고려
로 쳐들어왔어. 1차 침략 때 이미 고려의 절반을 불바다로 만들어 놓았
으므로 1만 기마병이면 충분히 항복을 받으리라고 생각한 거지.

그들은 순식간에 개성까지 짓쳐들어왔어. 개성은 텅 비어 있었지.
고려 정부는 강화도로 도읍을 옮긴 상태였거든. 살리타이는 바로 강화
도 공격을 준비하는 한편, 직접 5백 명의 별동대를 이끌고 용인을 공

*다루가치_ 고려 후기에 원나라가 고려의 내
정을 간섭하기 위해 설치한 민정(民政) 담당자
를 말한다. 1231년(고종 18년) 고려는 살리타이
가 이끄는 몽골군에게 개경이 함락될 위험에
처하자 화친을 제의했는데, 이 때 몽골군은 철
군하는 대신 서경을 비롯한 서북면 지역에 72
명의 다루가치를 배치했다.

격했어. 노략질로 금품을 모으기 위해서였지.

용인의 처인성은 천민들이 사는 특수한 지역이었어. 그 곳에는 피난민과 고려의 패잔병과 천민들이 몽골군을 피해 모여 있었거든.

이 성의 지도자는 승려인 김윤후였어. 전쟁이 일어나자 그는 제자들을 거느리고 성으로 들어왔는데, 성 안의 작은 암자에서 부처님의 가르침을 베풀며 백성들을 보살폈어. 그리고 새벽에 일어나 경을 읊고, 밤이면 몰래 활쏘기를 연습했지.

"스님이 활을 익혀 무엇에 쓰시렵니까?"

제자들이 물으면 김윤후는 이렇게 대답했어.

"승려도 이 나라의 백성이다. 전쟁이 나면 마땅히 나라를 위해 싸워야 하느니라."

살리타이가 공격 전에 처인성을 정탐하러 왔어. 그는 처인성을 얕잡아 보고 겨우 군사 10여 명만 데리고 나온 거야. 그들이 동문 근처 숲에 이르렀을 때였어.

"핑!"

바람을 가르는 소리와 더불어 살리타이의 비명이 울려 퍼졌어. 화살 하나가 정확하게 살리타이의 심장에 박힌 거야.

"쳐라!"

숲에서 김윤후가 불쑥 몸을 일으키며 명령했지. 숨어서 기다리던 처인성 사람들은 갈팡질팡하는 몽골군을 깨끗하게 섬멸했어.

졸지에 사령관을 잃어 놀라움과 분노로 가득찬 몽골군이 말을 타고 몰려왔어. 김윤후는 침착하게 흥분한 몽골군의 허를 찔렀어. 길섶에 숨어 있다가 기습을 한 거야. 이미 대장을 잃은 몽골군은 부랴부랴 도망치고 말았어.

살리타이가 승려 김윤후에게 죽었다는 소문이 온 나라에 퍼졌어. 몽골군은 당황하기 시작했고, 고려군은 사기가 치솟았지. 그 때부터는 싸우는 족족 고려군이 이겼어.

몽골의 부대장 테게는 급히 강화를 맺고 물러가고 말았지. 몽골의 2차 침입은 김윤후의 활약에 힘입어 이렇게 고려의 승리로 끝났어.

고려 조정은 김윤후에게 상장군 벼슬을 내렸어. 하지만 김윤후는 정중히 사양했어. 자신은 승려이고 공도 높지 않으니 그처럼 높은 벼슬을 받을 수 없다면서 말이야. 그러자 조정에서는 섭랑장 벼슬을 내렸어.

다시 전력을 정비한 몽골군은 재차 침략을 감행했어. 얼마간 사이를 두고 3차, 4차, 5차로 끈질기게 이어졌지. 그들은 고려의 남쪽 끝까지 몰려가 온 나라를 불바다로 만들 작정이었어.

고려 조정은 각 산성으로 방호별감이라는 특별한 직책을 가진 장수들을 보냈어. 기마대가 주축인 몽골군과 싸우기엔 산성이 가장 유리했거든. 산성으로 백성과 군사들을 모아 방호별감의 지휘로 대항하게 한 거야. 김윤후도 방호별감이 되어 충주로 갔어.

충주성은 몽골에게 이미 한번 승리를 거둔 곳이었어. 그 곳의 군사는 대부분 노비와 천민이었는데, 귀족과 관리들이 도망치고 없는 성을 꿋꿋이 지켜 냈거든. 김윤후는 이들의 사령관이 되어 다시 몽골군과 한판 싸움을 치르게 된 거야.

"쳐라!"

충주산성

"살리타이의 원수를 갚자!"

몽골군은 악착같이 덤볐지. 자기들에게 조금이라도 반항하면 살려 두지 않는 그들이었어. 살리타이를 죽인 김윤후가 있는 곳이니 쉽사리 물러설 턱이 없었지.

"돌을 굴려라!"

"활을 쏘아라!"

노비와 천민들로 이루어진 고려군은 김윤후의 지시대로 안간힘으로 막아 냈어. 충주성이 무너지면 곧장 경상도까지 불바다가 될 판이었지.

그러나 사람의 힘에는 한계가 있는 법, 두 달 동안 이어진 공격에 모두 녹초가 되고 말았어. 양식마저 떨어져 더 버틸 힘이 없었지. 군사들이 제풀에 하나 둘 나가떨어졌어. 돌을 들다가 그대로 엎어져 잠든 듯이 쓰러지기도 했지. 눈동자마저 풀려 더 이상 싸울 기운을 찾아볼 수가 없었어. 명령에 따라 흐느적흐느적 움직이고는 있었지만, 살아 있는 군사들이 아니었지. 몽골군이 다시 공격해 오면 그대로 당할 수밖에 없는 상황이었어.

이 때 김윤후가 우렁찬 목소리를 토해 냈어.

"여기를 보아라!"

지휘대에 선 김윤후가 종이 뭉치를 들어 펼쳐 보였어.

병사들이 희멀건한 눈으로 쳐다보았지.

"이것들을 불태우나니, 모두 불처럼 일어나 싸우자!"

김윤후는 손에 든 종이 뭉치에 불을 붙였어. 그것은 바로 노비 문서들이었어.

노비 문서가 불에 타오르자 병사들의 눈에는 생기가 돌기 시작했어. 단비를 맞고 새로 고개를 드는 풀잎처럼 그들은 새로운 삶을 맞은 셈이었지. 밥을 먹지 않아도 힘이 솟는지 모두들 핏줄이 불끈거렸어. 눈물을 흘리며 얼싸안고 춤을 추는 이들도 있었어.

"저 못된 원수 몽골군을 무찌른다면 계급과 신분을 따지지 않고 벼슬과 상을 줄 것이다!"

김윤후의 말에 군사들은 크게 함성을 울렸어. 바람 앞의 촛불 같던 충주성이 장작불처럼 힘이 넘쳤어.

몽골군이 다시 쳐들어왔어.

"얼마든지 오너라, 못된 오랑캐들아!"

충주성의 백성과 군사들은 더욱 힘을 내 싸웠어. 활을 쥔 손에 힘이 솟고, 바위 덩어리도 살아 있는 듯 몽골군을 정확하게 맞추었지.

"세상에, 이렇게 지독한 놈들은 듣도 보도 못했다."

그악스럽게 덤비던 몽골군이 마침내 도망치기 시작했어. 성을 포위한 지 70일 만이었지. 김윤후는 도망치는 몽골군의 뒤를 쳐 더욱 멀리 쫓아 버렸어.

"만세! 우리가 이겼다!"

충주산성에는 승리의 메아리가 오래오래 울려 퍼졌어.

김윤후는 이 공로로 상장군이 되었어. 그는 약속대로 노비들을 해방시켜 주고, 공로가 큰 자에게는 관직도 내렸어. 적에게 뺏은 말과 소도 모두 백성과 군사들에게 고루 나누어 주었어.

김윤후는 승려이면서 이처럼 뛰어난 장수였어. 일찍이 인간의 평등을 깨달은 그는 노예를 해방시킨 선각자이기도 했지. 두려움이라고는 모르던 몽골군도 김윤후라는 이름 앞에서는 몸이 움츠러들었대. 하지만 그가 언제 어디서 태어났는지 모르는 것처럼, 어떻게 사라졌는지도 아무도 몰라. 다시 산으로 들어가 더 높은 도를 닦기 위해 온몸을 던졌다고 짐작할 수밖에.

꺼지지 않는 고려의 혼불 삼별초

1259년 3월, 끊임없이 이어지는 몽골의 침략에 고려 조정은 마침내 항복했어. 27년 동안 일곱 차례에 걸친 몽골의 침략에 두 손을 들고 만 거야.

고려의 태자는 몽골로 가서 새 황제 쿠빌라이*에게 신하의 예를 갖추었어. 고려는 몽골의 사위 나라가 되기로 약속했어. 무섭고 지겨웠던 긴 전쟁은 이렇게 끝나는 듯했지.

하지만 고려 사람 모두가 항복한 건 아니었어. 무신들 가운데서는 몽골과 싸울 것을 주장하는 사람이 많았어. 항복한 이들은 무신정권에서 벗어나고자 하는 고려의 문신들이었지.

*쿠빌라이_ 칭기즈칸의 손자로, 몽골제국 제5대 칸이며 중국 원나라의 시조이다. 1251년 형 몽케가 제4대 칸의 자리에 오르자, 그는 중국 방면의 대총독에 임명되었다. 쿠빌라이는 고비 사막 남쪽의 금연천을 근거지로 삼고 지금의 중국 윈난성에 있던 대리국을 멸망시켰으며, 티베트와 베트남까지도 공격하였다.

이 즈음 무신들의 힘은 많이 떨어져 있었어. 최이는 나름대로 소신껏 나랏일을 돌보았으나, 그의 아들 최항은 지도자다운 모습을 전혀 보여 주지 못했어.

*원종(1219~1274)_ 고려 제24대 왕이다. 1235년(고종 22년) 태자에 책봉되고, 1259년 강화를 청하기 위하여 몽골에 갔다. 고종이 죽자 1260년에 고려로 돌아와 즉위하였다. 도읍을 개경으로 옮기려다가, 1269년 임연에 의해 폐위되었고 원나라의 문책으로 다시 복위되었다.

최항이 죽고 나자 무신들 간의 권력 다툼이 잦아졌어. 최항의 서자 최의가 1258년에 유경, 김준, 임연 등에 의해 제거되었어. 원종*과 대립하던 김준은 임연에게 죽었고. 그 뒤 임씨가 얼마간 정권을 잡았으나, 1270년 임유무가 문신들에 의해 죽임을 당함으로써 무신정권은 막을 내리고 만 거야.

권력을 잡은 문신들은 곧바로 조정을 개경으로 옮기려 했어. 이는 곧 다시는 몽골과 싸우지 않겠다는 뜻이거든. 마침 몽골로 갔던 원종은 몽골군과 함께 돌아오는 중이었어. 무신들은 도읍을 옮기는 데 결사적으로 반대했어.

"철천지 원수인 저 몽골 놈들에게 항복한 이는 우리 임금이 될 수 없다! 나라를 구하려는 싸울아비는 모두 모여라!"

삼별초의 지도자 배중손이 반란의 깃발을 높이 들었어. 이 소식을 들은 고려인들이 강화도로 모여들었지. 배중손은 승화후 왕온을 새 임금으로 삼고 몽골과 끝까지 싸울 것을 다짐했어.

삼별초는 원래 최우가 개경의 경비를 위해 만든 부대로 야별초夜別抄가 근원이야. 점점 그 수가 늘어나 좌별초와 우별초로 나뉘었고, 몽골에 잡혀 갔다가 도망쳐 온 군사들을 모아 신의군을 만들었지. 이 셋을 아울러 삼별초라고 부르게 된 거야.

삼별초는 비록 나랏돈으로 키웠지만 관군이 아닌 사병이나 다름없었어. 그들은 무신정권의 선봉 부대이며 또한 고려군의 최정예 부대였거든. 삼별초는 산성이나 섬으로 파견되기도 하고, 수십 명 또는 수백 명씩 강화도에서 나가 몽골군을 기습하기도 했지.

몽골은 삼별초를 눈엣가시처럼 여겼어. 원종은 왕권을 위협하는 무리로 생각했지. 때문에 몽골의 지시를 받은 원종은 장군 김저지에게 삼별초를 없애고 그들의 명단을 뺏어 오라는 명을 내렸어. 이에 삼별초의 지도자 배중손이 반란의 깃발을 치켜든 거야.

"여기는 개경과 가까우니 우리가 불리합니다. 다른 데로 본영을 옮기고 다시 싸울 준비를 합시다."

배중손은 노영희, 승화후 왕온과 더불어 대책을 의논했어.

"나도 여기 있는 건 불안하오. 어디가 좋겠소?"

온이 물었어.

"몽골군은 수군이 없습니다. 그 때문에 오늘날까지 저들이 고려를 완전히 정복하지 못한 것입니다. 따라서 섬을 우리 터전으로 삼는다면 저들이 쉽사리 우리를 넘보지 못할 것입니다."

"생각해 두신 데가 있습니까?"

노영희가 말했어.

"먼 남쪽 바다에 있는 진도가 적당할 것입니다. 섬이 커서 농사를 지을 수 있을 뿐 아니라, 멀지 않은 곳에 넓은 평야가 있으니 군량미를 마련하기도 여기보다 훨씬 수월할 것입니다."

"좋습니다. 진도로 갑시다."

배중손과 삼별초는 곧 배를 띄워 모든 물자와 사람을 실었어. 이 때 강화도를 떠난 배가 무려 1천 척이나 되었다니, 마치 나라를 옮기는 듯했겠지.

*김방경(1212~1300)_ 고려시대의 명장. 삼별초의 난을 평정하고 원나라가 일본을 정벌할 때 참전했으나, 두 번 다 태풍과 전염병으로 실패하고 돌아왔다.

진도에 온 삼별초는 성을 쌓고 궁궐도 지었어. 그리고 바다와 섬을 먼저 손에 넣은 다음 나주, 전주의 관아를 점령했어. 관리들은 삼별초와 제대로 싸워 보지도 않고 성을 내주었어. 관군들보다 삼별초가 훨씬 강했고, 대부분 백성들도 삼별초와 한편이었거든. 백성들은 진도를 찾아들어 스스로 삼별초가 되기도 했어.

놀란 조정은 급히 몽골군과 연합군을 만들었어. 김방경*을 사령관으로 삼아 삼별초를 토벌하게 한 거야.

삼별초와 연합군은 울돌목에서 맞붙었어. 울돌목은 훗날 임진왜란 때 이순신이 왜군 함대를 크게 무찌른 곳이지. 여기서 배중손이 이끄는 삼별초는 연합군을 크게 무찔렀어.

그 다음에도 삼별초는 해전에서는 항상 이겼어. 몽골군들조차 삼별초와는 선뜻 싸우려 들지 않았어.

거듭 이기다 보니 삼별초는 지나친 자신감을 갖게 되었어. 그들은 틈틈이 병력을 다른 섬으로 보내거나, 느긋하게 바다를 둘러보게 했지. 이제 감히 바다에서는 연합군이 덤비지 않을 거라고 생각한 거야.

1271년 5월, 삼별초의 많은 병력이 남해안으로 나간 때였어. 그 틈을 노려 여몽 연합군은 대대적인 공격을 펼쳤어. 연합군은 기습 상륙전을 감행했어. 기습을 받은 진도의 삼별초는 끝까지 싸웠으나, 결국 최후의 보루 용장산성은 무너지고 말았어. 승화후 왕온과 배중손도 거기서 최후를 맞았지.

몽골과 고려 조정은 삼별초가 허물어졌다고 여기고 연합군을 해체했어.

그러나 삼별초는 아직 깃발을 내린 게 아니었어. 새로운 지도자가 된 김통정이 남은 무리를 이끌고 제주도로 간 거야. 그들은 전력을 정비해 다시 바다를 누비고 다녔어. 그들은 조정의 세미선세금으로 내는 쌀을 싣고 가는 배을 습격하여 뺏고, 때로는 뭍에까지 가서 관가를 습격하기도 했어.

1273년 봄, 연합군이 조성되어 다시 제주도를 쳤어. 병력은 1만이었는데, 이번에도 사령관은 김방경이었어.

삼별초는 바닷가의 성을 지키며 대항했지. 바위틈에 숨어서 다가오는 연합군을 향해 돌과 화살을 날렸어. 하지만 이미 진도 시절의 삼별초가 아니었어. 왕을 대행할 인물도 없었고, 병력 또한 너무 적었으며 제주는 큰 섬이라 다 지킬 수가 없었어. 연합군은 함덕에 상륙하여 공격해 왔어. 이 싸움이 『고려사』「열전」 김방경 편에 다음과 같이 그려져 있어.

반적(삼별초)들은 바위 사이에 숨어 있다가 고함을 지르며 뛰어나와 중군(연합군)의 진격을 막았다. 김방경이 소리 높여 이들을 꾸짖으며 배들을 나아가도록 재촉하니, 고세화가 먼저 자기 몸을 돌보지 않고 적진으로 뛰어들어갔고, 여러 군사들이 서로 늦을세라 돌진하였다. 이에 장군 나유가 정예 군사를 이끌고 뒤따라가 적을 죽이고 수많은 포로를 잡았다.

연합군이 섬에 발을 딛자 삼별초는 여지없이 무너졌어. 밀물처럼 밀려든 연합군은 불화살을 퍼부어 삼별초의 진지를 불바다로 만들었어. 항파두리성에서 끝까지 저항하던 삼별초는 결국 성을 버리고 한라산 골짜기로 도망쳤어. 김방경은 김통정의 친척까지 내세워 항복하라고 했지만, 고려 무인의 마지막 저항자 김통정은 부인과 더불어 스스로 목을 매고 말았어. 그를 따르던 무리도 자결을 했지.

항파두리 항몽 유적지

이렇게 몽골과의 항쟁은 30여 년 만에 막을 내렸어. 세계를 제패한 몽골을 가장 고달프게 한 상대가 바로 고려와 삼별초였지. 삼별초는 끝까지 항복을 하지 않고 차라리 죽음을 선택함으로써 저항 정신을 굽히지 않았어. 민들레처럼 밟아도 밟아도 다시 피는 이러한 삼별초의 저항 정신은 결코 꺾이지 않는 우리 겨레의 정신적 깃발이라 할 만해.

제10장
지지 않는 태양
이순신

임진년 이래 왜적이 전라도와 충청도를 바로 치지 못한 것은 우리 수군이 바다의 길목을 지켰기 때문입니다. 보잘것 없는 신에게 아직 전선이 12척이나 있습니다. 배가 비록 적기는 하지만 신이 죽지 않는 한 왜적이 감히 우리 수군을 업신여기지는 못할 것입니다.

- 이순신의 장계

다가오는 전쟁의 먹구름

　　1392년에 태조 이성계가 조선을 세운 이후, 약 200년 동안은 매우 평화로웠어. 왕권 다툼과 몇 번의 반란, 북방 여진족과 남방 왜구들의 작은 노략질은 있었지만 나라가 흔들릴 만큼 위태로운 적은 없었거든. 특히 세종 임금 때부터 100년간은 나라가 안정되고 경제와 문화가 크게 일어난 황금기였지. 이를 역사의 꽃인 태평성대라고 해.

　　연산군 때부터 정치가 혼란해지더니, 나라가 안팎으로 어수선해진 것은 명종 때야. 조정에서는 외척들이 당파을 이루어 권세를 다투고, 연거푸 흉년이 들고, 화적 떼가 날뛰었으며, 왜구들의 소란이 심해졌어. 우유부단하고 약골이던 명종은 아무런 업적도 남기지 못한 채 34세 젊은 나이로 세상을 떠났지. 임금의 자리는 중종의 서자인 덕흥군의 셋째 아들에게 전해졌어. 그가 바로 선조*란다.

　　선조는 학문이 깊고 나랏일을 보살피는 데

*선조_ 조선 제14대 왕이다. 16살의 나이에 왕위에 올라 처음에는 명종의 비 심씨가 수렴청정하다가 이듬해부터 친정을 하였다. 처음에는 많은 인재를 등용하여 국정 쇄신에 노력했다. 그러나 당파의 치열한 경쟁 속에 정치기강이 무너져 정치의 방향을 잡지 못했고, 두 차례 야인(野人)의 침입과 임진왜란을 당했다. 임진왜란이 끝난 이후에는 민심을 안정시키고 적의 재침을 막기 위한 노력을 기울였으며, 전후 복구사업에도 힘을 기울였다.

도 밝았어. 그는 나랏일을 쥐고 흔들던 훈구 대신과 외척들을 내쫓고, 이황과 이이 같이 학문과 덕이 높은 선비들을 뽑아 일을 맡겼지. 조정은 점차 안정을 되찾아갔어. 기근과 흉년이 사라지니 도적 떼도 줄어들고, 백성들의 생활도 편안해졌어.

하지만 이는 태풍이 불어닥치기 전날 밤의 고요함과 다름없었어. 7년 대전쟁이라는 거대한 먹구름이 조선을 향해 몰려오고 있었거든. 일본이 조선을 넘보기 시작한 거야.

16세기 말에 이르러 일본은 하나로 통일되었어. 66개 주로 나뉘어 다툼을 일삼던 전국시대를 끝내고 최고 통치자가 된 이는 도요토미 히데요시*豊臣秀吉였어.

통일 전쟁을 치른 일본의 군사력은 말 그 어느 때보다도 강했어. 이 즈음 일본은 유럽 여러 나라와 교류하면서 상업이 크게 일어났어. 백성들의 힘이 날로 커져 점점 다스리기가 어려워졌지. 게다가 각 지방의 군벌들이 언제 반기를 들지도 알 수 없었어.

이에 도요토미는 조선 침략을 계획한 거야. 넘쳐나는 힘을 바깥으로 돌리고, 백성들의 뜻을 한 곳으로 모으려는 전략이었지.

이 무렵 조선의 군사력은 말이 아니었어. 새 나라를 세우고 대마도를 정벌할 때의 기백은 사라진 지 오래였지. 외척을 물리치고 사림을 등용했더니 새로운 파당이 생겨 당파 싸움만 날로 심해졌어. 위기를 예측하고 군사 10만 명을 길러야 한다는 율곡 이이의 주장도 받아들여지지 않았어.

*도요토미 히데요시_ 일본의 무관이자 정치가이다. 오다 노부나가 휘하에서 점차 두각을 나타내다가 노부나가가 죽자 일본 통일을 이룩했다. 그 후, 중국 대륙을 침략하기 위하여 우리나라를 공격하였다. 임진왜란을 일으켰으나 실패하였다.

율곡이 죽은 다음, 일본이 쳐들어올 것이라는 소문이 꼬리에 꼬리를 물었어. 일본에서는 사신을 보내고 첩자를 보내 정보를 캐내며 전쟁 준비를 서둘렀어. 이에 조선 조정에서도 일본에 사신을 보냈어.

돌아온 사신들의 보고는 당파에 따라 의견이 달랐어. 서인 황윤길은 일본이 쳐들어올 것이라 하였고, 동인 김성일은 그런 일은 없을 것이라고 주장했어.

대신들은 서로 자기 당파의 사신이 말한 바가 옳다고 소리를 높였어. 결국 전쟁은 나지 않으리라는 쪽으로 의견이 기울었어. 그 때문에 무너진 성을 다시 쌓고 군사를 정비하던 일조차 흐지부지되어 버렸고. 이런 와중에 전쟁의 불벼락이 떨어질 날은 하루하루 다가오고 있었지.

험난한 벼슬살이

1572년, 어느 가을날이었어.

은행잎이 노랗게 물든 훈련원 뜰에 우렁찬 함성이 울려 퍼졌어. 팔도에서 모인 장사들이 재주와 힘을 겨루는 소리였어. 무관을 뽑기 위한 시험을 치르는 중이었지.

한 젊은이가 기세도 당당하게 말을 몰아 달렸어.

"대단한 솜씨로구먼!"

구경꾼들과 시험관들이 모두 감탄하며 바라보았어. 말은 먼지를 일으키며 더욱 빠르게 달렸지. 그런 어느 순간, 말이 기우뚱하더니 젊은이가 떨어져 뒹굴었어.

"저, 저런!"

"아이쿠! 아까운 사람 하나 죽는구나!"

지켜보던 모든 사람들이 자리에서 일어나 혀를 찼어.

"어서 들어 내 치료해 주어라!"

시험관이 황급히 명령했어.

그 때 말에서 떨어졌던 젊은이가 비틀거리며 일어났어. 젊은이는 절뚝거리며 버드나무 아래로 갔어. 한쪽 다리가 힘없이 흔들리는 것이 뼈가 부러진 게 틀림없었어.

"원, 세상에!"

"조선에 저런 장사가 있다니!"

사람들은 다시 한 번 놀랐어. 버드나무 껍질을 벗겨 부러진 다리를 질끈 동여맨 젊은이가 다시 말에 오른 거야. 그는 이를 악물고 아픔을 참으며 끝까지 달려 시험을 끝마쳤어.

"안타까운지고!"

시험관이 그 젊은이의 성적표를 보며 혀를 찼어. 성적은 뛰어났지만 말에서 떨어진 사람을 무관으로 뽑을 수는 없었거든. 이렇게 시험에 떨어진 장사가 바로 이순신이야.

이순신은 1545년 서울 건천동지금의 을지로 5가에서 태어났어. 대제학을 배출한 문신 집안에서 태어난 그는 글을 잘 짓고 글씨도 뛰어났어. 학자로서도 충분히 크게 될 소질이 있었어. 그런데 그는 문관보다는 무관에 뜻을 두고 있었어. 이를 두고 어릴 적 친구인 유성룡*은 『징비록』*에서 다음과 같이 적었어.

순신은 어려서부터 얼굴 모양이 뛰어나고 기풍이 있어 남에게 구속받지 않으려 하였다. 다른 아이들과 모여 놀 때는 나무를 깎아 화살을 만들어 전

*유성룡(1542~1607)_ 조선 선조 때의 재상이다. 대사헌·경상도 관찰사 등을 거쳐 영의정을 지냈다. 임진왜란 때 도체찰사로 군무를 총괄했다. 이순신, 권율 같은 명장을 추천하였으며, 화기 제조, 성곽 수축 등의 군비 확충과 군대 양성을 위해 노력하였다. 문장과 서예에도 뛰어났는데, 저서에는 『서애집』, 『징비록』, 『신종록』 등이 있다.

*『징비록』_ 조선 선조 때, 유성룡이 1592년부터 7년에 걸쳐 일어났던 임진왜란의 상황을 기록한 책이다. '징비'란 『시경』의 「소비편(小毖篇)」의 "미리 징계하여 후환을 경계한다(予其懲而毖後患)"는 구절에서 딴 것이다.

쟁놀이를 하였는데, 뜻에 거슬리는 사람이 있으면 눈을 쏘려고 하였다. 때문에 어른들도 그를 꺼려 감히 집 앞을 지나다니려 하지 않았다.

이순신은 스무 살 이전에는 충실하게 학문을 닦았어. 그러다가 스물두 살부터 본격적인 무관 훈련을 했어. 말타기, 칼쓰기, 활쏘기를 익혔어. 『육도삼략』*, 『손자병법』* 같은 병법책을 두루 읽었지. 어떤 이유인지 스스로 밝히지는 않았지만 문관의 집안에서 태어나 뛰어난 재주를 가지고도 무관의 길을 택한 거야.

말에서 떨어진 지 4년 후 다시 무과에 도전하여 합격했어. 하지만 이순신의 벼슬길은 출발부터 순탄하지 않았어. 무관으로서는 늦은 나이인 32세에 시작한 벼슬살이는 험난하기만 했어. 잠시 훈련원 봉사를 맡았던 그는 함경도 동구비보 권관, 충청 병사군관, 전라도 발포 수군 만호를 지냈어. 주로 서울에서 먼 벽지로 떠돈 거야.

벼슬살이가 고달프게 된 건 올곧고 아부할 줄 모르는 그의 성격 탓이 컸어. 처음 그의 인물됨을 알아본 사람은 병조판서 김귀영이었어. 김귀영은 이순신을 자기 사람으로 만들기 위해 서녀첩에서 난 딸를 첩으로 주겠다고 제의했어. 이순신은 이를 한마디로 거절했지.

"처음 벼슬길에 나선 사람이 어찌 권세 있는 집안에 장가들어 의지할 수 있으랴."

이순신이 훈련원 장문관으로 있을 때는 이

*『육도삼략』 『육도』와 『삼략』을 아울러 이르는 말로, 중국의 병서이다. 『육도』의 도(韜)는 화살을 넣는 주머니, 깊이 간직하는 것을 말하는데, 깊이 감추고 나타내지 않는다는 뜻에서 병법의 비결을 의미한다. 『삼략』의 략(略)은 기략(機略), 즉 상황에 알맞게 문제를 잘 찾아내고 그 해결책을 재치 있게 처리할 수 있는 슬기나 지혜를 의미한다.

*『손자병법』 춘추시대 오나라 명장 손무가 지은 중국 고대의 병법서로, 손자는 손무를 높여 부르는 호칭이다. 예로부터 많은 중국의 무장들이 즐겨 읽었는데, 우리 나라에서도 많은 무신들이 이를 지침으로 삼았다. 조선시대에는 역관초시(譯官初試)의 교재로 삼기도 하였다.

런 일도 있었어. 하루는 병조 정랑이 자기와 친한 사람을 마음대로 뽑아 쓰게 해 달라지 뭐야.

"이는 훈련원의 서열을 무시한 일이므로 안 됩니다."

이순신은 자신보다 높은 지위에 있는 사람의 부탁도 원칙을 내세워 거절했어.

성격이 사나운 병조 정랑은 이순신을 불러 몹시 꾸짖었어. 잘못한 게 없는 이순신이 조금도 뜻을 굽히지 않자 병조 정랑이 뜻을 꺾고 말았지.

"저 양반이 무관으로서 어떻게 벼슬살이를 하려고 병조 정랑에게 대든단 말인고. 앞날이 캄캄하구먼."

사람들이 올곧기만 한 이순신의 태도를 비아냥거렸어. 병조 정랑은 종6품밖에 되지 않지만, 관리들의 직책을 조정하는 권한을 갖고 있었어. 그의 비위를 거스르는 건 승진과 보직에 막대한 불이익을 받을 수 있었지.

그 염려는 오래되지 않아 맞아떨어졌어. 이순신은 먼 벽지로만 떠돌았고, 발포 수군 만호가 된 지 2년 만에 파직되었어. 병조 정랑의 부탁을 받은 군기 검열관이 사소한 일로 트집을 잡아 파면해 버린 거야.

파직된 지 4개월 만에 다시 벼슬을 받은 이순신은 머나먼 함경도로 갔어. 조산보 만호 겸 녹둔도 권관을 맡은 거야.

녹둔도는 두만강 하류 가운데 있는 섬인데, 여진족이 자주 쳐들어와 노략질을 했어. 가을걷이를 하고 나면 쳐들어와 양민을 죽이고 양식을 뺏어가곤 했지. 이를 지키는 군사는 턱없이 적어서 항상 위태로웠어.

*이일 조선 중기의 무신이다. 1592년 임진왜
란 때 순변사로 상주·충주에서 왜군과 싸워
패배하였으나, 이듬해 평안도병마절도사 때 명
나라 원병과 평양을 되찾았다. 그 후 훈련도감
이 설치되자 좌지사로 군대를 훈련시켰고, 후
에 무용대장을 지냈다.

이순신은 여러 번 병마사에게 군사를 더 보내 달라고 공문을 보냈어. 병마사 이일*은 이를 무시해 버렸어.

1587년, 가을걷이가 끝나자마자 여진족이 곡식을 뺏으러 녹둔도로 쳐들어왔어. 그들은 조선 병사 11명을 죽이고, 백성을 160명이나 포로로 잡아갔어. 섬에 불을 지르고 말과 양식을 뺏어 간 건 두말할 필요도 없지.

이순신은 적은 군사로 힘을 다해 싸웠어. 적의 장수를 베고, 백성 60명을 구해 냈어. 이처럼 어렵게 여진족을 녹둔도에서 몰아 내기는 했지만, 녹둔도의 피해는 컸어.

병마사 이일은 이순신과 경흥 부사 이경록을 처형해야 한다고 조정에 아뢰었어. 죄를 이들에게 덮어 씌워 자신은 책임을 벗으려는 속셈이었지. 이일은 이순신을 혹독하게 심문했어.

"너는 녹둔도 군관으로 백성을 지키지 못했으니 죽음이 마땅하지 않으냐?"

허벅지에 화살을 맞으면서 백성을 구해 낸 일은 젖혀 두고 잘못만을 꾸짖는 거야.

"녹둔도의 군사가 너무 적어 오랑캐를 막기 어렵다고 저는 여러 번 공문을 보냈습니다. 여기 그 공문 초고가 있습니다. 만일 임금께서 이를 보신다면 저의 죄가 아님을 아실 것입니다. 또한 저는 죽음을 무릅쓰고 적을 물리쳤으며, 잡혀갔던 백성을 구해 왔습니다. 그런데도 저를 죽이려 하십니까?"

이순신이 공문 초고를 줄줄이 내놓자, 이일은 더 이상 죄를 묻지 못했어. 조정에서도 이순신과 이경록을 죽이지 말고 백의종군*白衣從軍을 하라는 명을 내렸어.

그 이듬해, 병마사 이일은 기병 2천5백 명을 앞세워 여진족을 쳤어. 녹둔도를 침략했던 여진족에게 복수하고 백성을 구해 온 거야. 이 전투에서 이순신과 이경록은 큰 공을 세워 비로소 죄인의 몸에서 벗어났어.

죄인은 면했지만 벼슬이 없어진 이순신은 오랜만에 서울 집으로 돌아왔어. 그리고 한가하게 쉬고 있는데, 전라 순찰사 이광이 이순신을 추천해서 그의 선전관이 되었어. 그리고 1589년 12월에 정읍 현감 벼슬을 받았는데, 45세에 고작 종6품의 지방 관리가 된 거야.

이 무렵 일본은 이미 침략 준비를 끝내고 침략할 구실을 찾는 중이었어. 그것도 모르고 조선에서는 별 대책을 세우지 못한 채 당파 싸움으로 날밤을 지샜어. 우의정 유성룡만이 가슴을 졸이며 전쟁 준비를 해야 한다고 주장했지. 하지만 같은 당파인 동인마저 도와 주지 않아 큰힘을 발휘하지는 못했어. 유성룡을 벗처럼 여기는 임금이라도 마음을 알아 주는 게 불행 중 다행이었지. 유성룡이 계속 전쟁을 대비해야 한다고 하자 선조는 명했어.

"나라를 지킬 만한 인재를 뽑아 올려라."

1590년, 유성룡은 두 사람을 임금에게 뽑아 올렸는데, 바로 권율과 이순신이야.

벼슬을 내놓고 쉬고 있던 권율은 의주 목사가 되었다가, 이듬해 전라도 광주 목사 직책을 받았어.

이순신은 전라좌도 수군 절도사에 임명되었어. 종6품에서 정3품이 되니, 무려 7계급이나 뛰어넘은 특별한 일이었지.

대신들이 이를 그냥 두고 볼 리 있나. 잘못된 인사라며 취소하라고 소리를 높였어. 사헌부에서 줄줄이 상소를 올려 물리라는 거야. 유성룡이 홀로 아무리 나라가 위급하다고 해도 통하지 않았어. 어쩔 수 없이 이순신은 다시 정읍 현감으로 눌러 앉아야 했어.

다음 해, 유성룡은 다시 이순신을 전라 좌수사로 추천했어. 이번에도 대신들은 잘못된 인사라며 물러야 한다고 주장했지. 유성룡을 지지하는 선조는 이번에는 뜻을 굽히지 않았어. 『조선왕조실록』선조 24년 2월 16일 간원과 선조의 대화를 들어 볼까.

사간원이 아뢰었다.

"전라 좌수사 이순신은 현감으로서 아직 군수에도 부임하지 않았는데 좌수사에 임명하시니, 인재가 모자란 탓이기는 하지만 벼슬을 아무렇게나 내리는 일이 너무 심하옵니다. 체차 벼슬을 다시 물림시키소서!"

임금께서 대답하셨다.

"이순신의 일이 그러한 것은 나도 안다. 다만 지금은 규칙에만 얽매일 수가 없다. 인재가 모자라니 어쩌겠는가. 그 사람으로 충분히 감당하면 되는 것이지, 벼슬의 높고 낮음을 따질 필요가 없다. 다시 이 일로 말을 꺼내 그의 마음을 흔들지 말라!"

선조가 못을 박아 말하자 간원들도 더는 어쩌지 못했어. 이렇게 하여 이순신은 임진왜란이 터지기 꼭 1년 전에야 어렵사리 전라 좌수사가 된 거야.

만일 대신들의 주장대로 그를 정읍 현감에 눌러 앉혀 놓았더라면 어찌 되었을까?

생각만으로도 끔찍하지. 이를 통해 보건대, 유성룡이 빼어난 재상이었음을 새삼 칭찬하지 않을 수 없어. 장차 임진왜란의 총사령관이 될 권율과 최후의 보루인 이순신을 추천해 적당한 자리에 앉혔으니 말이야.

이순신 동상

전라 좌수영이 있는 여수에 도착한 이순신은 곧바로 전쟁 준비에 들어갔어. 군사를 모집하여 훈련시키고, 새로 대포와 총통을 만들고, 허물어진 성벽을 쌓았지. 그리고 세계 최초의 철갑선인 거북선을 만들었을 때는 이미 임진년1592이 된 다음이었어.

거북선과 한산도대첩

임진년 4월 15일 맑음

오늘은 공혜 왕후성종 임금의 비의 제삿날이라 나랏일을 보지 않았다. 순찰사에게 보낼 답장과 별록을 써서 역졸을 시켜 보냈다. 해질 무렵 영남 우수사 원균이 공문을 보내왔는데, '왜구의 배 90여 척이 나타나 부산 앞 절영도에 닻을 내렸다'고 하였다. 또 수사 박홍도 공문을 보냈는데, '왜구의 배 350여 척이 이미 부산포 건너편에 도착했다'고 하였다. 즉시 서울로 장계를 올리고 순찰사, 병사, 우수사(이억기)에게도 공문을 띄웠다.

이순신이 남긴 많은 업적 가운데서도 한 가지 특별한 것은 바로 『난중일기』*를 남긴 거야. 장군이 전쟁을 치르면서 개인적인 기록을 남긴 것은 매우 드문 일이지. 그는 전쟁이 일어날 것을 예측한 듯이 임진년 1월부터 일기를 적기 시작했어.

1592년 4월 13일, 일본은 20만 대군을 배에 싣고 부산으로 쳐들어왔어. 서양에서 들여

*『난중일기』_ 임진왜란 때 충무공 이순신이 전쟁 중에 쓴 일기이다. 임진왜란이 일어난 1592년부터 1598년까지의 일을 간결하고 명료하게 기록하였다. 국보 제67호.

온 조총으로 무장한 왜군은 소란스럽게 밀려들었지. 부산진 첨사 정발과 동래 부사 송상현이 목숨을 걸고 싸웠지만 상대가 되지 않았어. 부산을 무너뜨린 왜군은 밀물처럼 서울을 향해 진격했어.

조선군은 제대로 싸워 보지도 못하고 줄행랑을 놓거나 힘없이 무너졌어. 이일이 상주에서 크게 졌고, 탄금대에서 배수진을 치고 왜군과 맞닥뜨렸던 신립의 군대도 완패하고 말았어.

바다에서도 일본의 일방적인 승리가 이어졌어. 경상 좌수사 박홍은 수백 척의 일본 배가 나타나자 배를 버리고 뭍으로 도망쳐 버렸어. 경상 우수사 원균은 싸워 보지도 않고 남해로 후퇴했어.

경상도 앞바다를 차지한 왜군은 전라도로 나아갔어. 전라도와 충청도를 거쳐 서울과 평양으로 상륙해 육군과 합동 작전을 펴려는 거였지.

원균은 간간이 적선과 싸우면서 이순신에게 구원병을 보내 달라고 공문을 보냈어. 이순신은 섣불리 나서지 않았어. 자신의 지역을 지키는 한편 조정의 지시를 기다렸어. 그러면서 전쟁의 상황을 꼼꼼하게 살피며 정보를 수집했어.

5월 2일, 마침내 조정의 출전 명령이 떨어졌어. 5월 4일 새벽, 이순신은 전라 우수사 이억기*와 함께 경상도 앞바다로 배를 몰았어.

이순신이 처음으로 적과 맞닥뜨린 곳은 거제도 옥포였어. 왜군을 몰래 기습한 조선 수군은 첫 싸움에서 적군의 배 26척을 부수는 전과를 올렸어. 이순신의 첫 승리이자 임진왜

*이억기(1561~1597)_ 조선 중기의 무신이다. 경흥·온성부사를 역임하면서 북방의 경비를 맡았고, 임진왜란 때 당항포·옥포 등지에서 이순신을 도와 크게 승리했다. 이순신이 원균의 참소로 하옥되자 무죄를 변론했고 칠천도 싸움에서 전사했다.

란을 통틀어 조선의 첫 번째 승리였지.

기세가 오른 조선 수군은 잇따라 왜군을 무찔렀어. 합포에서 5척, 적진포에서 11척의 적선을 부수었어. 어찌 된 일인지 왜군은 이순신 앞에만 오면 허둥대다가 배가 부서져 가라앉거나 도망치곤 했어. 이러는 동안 조선 수군은 겨우 가벼운 상처를 입은 사람 한 명뿐이었다니, 참으로 놀랍지.

이순신은 여수로 돌아와 전력을 정비한 다음, 2차 출동에 나섰어.

"좌수사, 적의 큰 배들이 사천 앞바다에 있소. 그 놈들부터 해치웁시다."

남해 앞바다에서 만난 원균이 말했어.

이순신은 뱃머리를 사천으로 돌렸어. 왜군들은 큰 배 12척과 작은 배들을 나란히 대 놓고 굳게 진을 치고 있었어.

"썰물 때라 가까이 다가갈 수가 없소. 저들을 넓은 바다로 끌어 내야 합니다."

이순신의 작전에 따라 작고 빠른 배들이 먼저 공격을 했어.

"하하하! 가소롭구나! 얼마 되지 않는 조무래기들이다. 쳐라!"

일본 장수가 자신만만하게 명령했어.

뭍에 숨어 있던 일본 장병들이 배에 올랐어. 조선 수군들은 맹렬하게 공격하다가 밀리는 척 물러났어.

"쫓아라! 한 놈도 살려 두지 마라!"

일본 장수가 소리를 높였어.

우렁찬 함성과 함께 12척의 배가 차례로 좁은 바다에서 넓은 곳으로 달려나왔어. 그런 그들의 눈앞에는 난생 처음 보는 괴물이 떡 버티고 있지 뭐야.

"아니, 저게 뭐냐!"

"괴물이다!"

왜군들은 눈이 휘둥그레졌어. 어린진을 펼친 조선 수군 맨 앞에 난생 처음 보는 희안한 배가 버티고 있었거든. 세계 최초의 철갑선인 거북선이 처음으로 싸움에 나선 거야.

거북선은 생김생김부터 적의 간담을 서늘하게 만들었어. 크기는 큰 배인 판옥대선만 하고, 뱃머리는 용의 머리였어. 철갑으로 뒤덮인 등에는 날카로운 쇠창살이 촘촘하게 꽂혀 있어 올라탈 엄두조차 낼 수가 없었지. 돛대도 접혀 보이지 않고, 군사들도 보이지 않았어. 그런 채로 용머리와 옆구리와 꼬리에서 사방으로 포를 쏘아 대는 거야.

"공격하라!"

이순신이 명령을 내리자 깃발이 휘날리고 힘찬 북 소리가 울렸어.

거북선이 빠르게 물살을 갈랐어. 왜군은 거북선을 향해 콩 볶듯 조총을 쏘아 댔지만 조총 따위는 거북선에게 간지럼도 태우지 못했어.

"쾅!"

거북선이 사정없이 적선을 들이받았어. 배 난간이 부서지며 흔들리자, 왜군들은 바람에 날린 낙엽처럼 나뒹굴었어.

"펑! 펑!"

거북선의 입과 옆구리에서 대포가 발사되었어. 사방에서 포를 쏠 수가 있으니 굳이 방향을 바꿀 필요도 없었지. 왜군들은 배를 서로 잇대고 총을 쏘거나, 남의 배를 타 넘어 칼을 휘두르며 싸우는 전법이거든. 그런데 거북선에는 총도 통하지 않고 올라탈 수도 없으니 대책 없이 갈팡질팡할 뿐이야.

"쳐라!"

이순신의 판옥대선을 앞세운 조선군이 밀어닥쳤어. 태풍이 불고 천둥이 울리는 듯 소란스런 전투가 이어졌어. 이 때 상황을 『난중일기』는 다음과 같이 기록해 놓았어.

나는 여러 장수들의 힘을 북돋우고 명을 내려 일시에 달려들어 활을 소나기처럼 쏘고 총과 대포를 바람과 천둥같이 쏘아 댔다. 이에 적들은 두려워 도망치고, 화살에 맞은 자는 그 수를 알 수 없으며, 왜구의 머리를 벤 것도 많았다. 군관 나대용이 이 싸움에서 탄환을 맞았고, 나도 왼쪽 어깨에 탄환을 맞아 등을 관통했으나 중상은 아니었다. 활 쏘는 군사와 노 젓는 사람 가운데 역시 탄환을 맞은 자가 많았다. 적선 13척을 불살라 태우고 돌아왔다.

이순신과 이억기, 원균이 연합 함대를 만든 조선 수군은 가는 곳마다 승전가를 불렀어. 이순신의 배는 23척, 이억기는 25척, 원균은 3척의 배를 갖고 있었지.

일본 본토에서 이 소식을 들은 도요토미 히데요시는 노발대발했어.

"우리는 섬나라이고 배도 훨씬 많은데 조선 수군에게 진다는 게 말이 되느냐. 전 수군을 동원해서라도 당장 바닷길을 뚫어라!"

엄명을 받은 왜군은 거제도와 통영 반도 사이의 바닷길인 견내량으로 모여들었어. 무려 73척이나 되는 대함대였지. 총사령관은 와키자카였는데, 왜군 가운데서도 해전에 뛰어난 명장이었어. 그는 조선 수군을 단번에 깨뜨리고 바닷길을 열겠다고 큰소리 탕탕 치며 함대를 끌고 온 거야. 구키, 가토 같은 장군들과 함께 싸우라는 도요토미의 명령이 있었지만, 와키자카는 자기 혼자서도 충분하다고 자신만만했지. 실제로 그는 육전에서 5천의 군사로 5만 조선군을 물리친 적도 있으니 자신감을 가질 만도 했지.

이순신은 작전 회의를 열어 전략을 짰어.

"견내량은 좁아서 우리 판옥대선이나 거북선이 움직이기 어렵습니다. 왜구를 한산도 앞바다로 유인하여 무찌르는 게 좋겠소."

이억기와 원균을 비롯한 장수들이 고개를 끄덕거렸지.

1592년 7월 8일 아침, 한산도 앞바다는 잔잔하고 맑았어. 판옥대선 몇 척이 바다를 가르며 견내량으로 접근했어.

"장군, 조선 함대가 이 쪽으로 옵니다!"

견내량 입구에서 조선 수군과 맞닥뜨린 일본 순찰선이 부리나케 와키자카에게 보고했어.

"기다리고 있었다. 일본 수군의 진짜 맛을 보여 주리라!"

와키자카가 공격 명령을 내렸어.

왜구들은 요란스럽게 조총을 쏘며 달려들었어.

조선군은 맞서 싸우는 척하다가 넓은 한산도 앞바다로 도망쳤어.

"저런 보잘것 없는 조선군에게 잇따라 졌다니, 오늘 그 동안 진 빚을 다 갚아 주마!"

한산도대첩 기록화

와키자카는 기세 좋게 배를 몰아 곧장 한산도 앞바다로 나왔어. 조선 수군은 만반의 태세를 갖추고 기다리다가 일제히 학익진*을 펼쳤어. 드디어 조선과 일본 양국이 운명을 건 한 판을 겨루게 된 거야.

"제법 병법을 흉내내는구나. 단숨에 박살내 주마."

와키자카의 명령에 따라 왜군들은 빠르게 싸움 태세를 바꾸었어. 큰 배를 머리에 세우고 고깃비늘을 펼친 듯 늘어섰어. 2층 배인 층각선을 비롯한 80여 척의 배로 50여 척밖에 되지 않는 조선 수군의 가운데를 단숨에 깨뜨리겠다는 뜻이었지.

조선 수군이 먼저 공격을 감행했어. 도망치

*학익진_ 전투에서 진을 치는 방법의 하나로, 학이 날개를 펼친 듯한 형태로 적을 포위하여 공격한다 하여 붙여진 이름이다. 먼저 일(一)자 형태를 하고 있다가 적이 공격해오면 중앙의 부대는 뒤로 물러나고, 좌우의 부대는 앞으로 나아가 반원 형태로 적을 포위하여 공격한다.

던 판옥선이 방향을 바꿔 달려들었어. 그 뒤를 다섯 척의 거북선이 빠르게 물살을 헤치며 밀려왔어. 거북선을 본 왜군들은 눈이 휘둥그레져 할 말을 잊었지.

"펑! 펑!"

거북선이 거침없이 다가와 왜군 배를 들이받고는 대포를 쏘아 댔어. 싸움 태세를 채 갖추기도 전에 역습을 당한 와키자카는 당황했어.

"쳐라!"

적이 흔들리자 이순신이 총공격을 명했어.

거북선이 사방으로 치고 다니며 흩트려 놓은 진영을 판옥대선이 다가와 들이받았지. 좁고 긴 일본 배들은 높고 큰 판옥대선에 부딪혀 힘없이 부서졌어. 그 다음은 화살 세례였어. 판옥대선 높은 곳에서 조선 수군들이 화살을 소나기처럼 쏟아 부었어. 왜군은 제대로 대항조차 못하고 죽어 갔어.

"후퇴, 후퇴하라!"

한나절 싸움 끝에 와키자카는 줄행랑을 놓았어.

"만세!"

승리의 함성이 하늘까지 메아리쳤어. 조선 수군은 적선 60여 척을 부수었고, 12척을 사로잡았어. 이 전투에 왜군 1만 명이 참전하였는데, 겨우 2백 명 남짓만 살아 도망쳤다니 전멸이나 다름없었지.

이틀 후, 가토와 구키의 함대 42척이 와키자카를 도우러 왔어. 조선 수군은 이들도 모두 쳐부수었어. 이렇듯 큰 전투에서도 조선 수군의 배는 단 한 척도 부서지지 않았다니 참으로 놀랍지.

*세계 4대 해전_ 살라미스해전(기원전 480년), 칼레해전(1588년), 한산도대첩(1592년), 트라팔가해전(1805년)을 말한다. 살라미스해전은 아테네가 주축이 된 그리스 연합해군이 살라미스 해협에서 페르시아 해군을 괴멸시킨 싸움이고, 칼레해전은 영국의 해적 드레이크와 해군 제독 하워드가 지휘하는 함대가 스페인의 무적함대를 물리친 싸움이다. 한산도대첩은 우리나라 한산도 앞바다에서 조선 수군이 일본 수군을 크게 무찌른 전투이며, 트라팔가해전은 넬슨 제독이 지휘하는 영국함대가 에스파냐 남단의 트라팔가에서 프랑스-에스파냐의 연합함대를 격파한 전투이다.

이 위대한 승리가 바로 세계 4대 해전*에 들어간다는 한산도대첩이란다.

이 전투를 영국의 전쟁 역사가 헐버트는 다음과 같이 평가했어.

한산도의 승리는 넬슨 제독의 영국 함대가 스페인의 무적함대를 무찌른 트라팔가해전과 비길 만하다. 도요토미는 이 싸움으로 사형 선고를 받은 것이나 다름없었다.

한산도대첩 이후 왜군은 아예 바다로 나오지도 않았어. 육군과 합동 작전을 펴려던 계획은 물거품이 되고 말았지.

이순신은 수군 총사령관인 삼도 수군 통제사가 되어 조선의 바다를 완전히 장악했어.

기적의 대반전 명량대첩

한산도대첩의 승리에 힘입은 조선군은 서서히 반격을 시작했어. 전국 곳곳에서 의병이 일어나 용맹을 떨쳤고, 이여송*이 이끄는 명나라의 지원군도 도착하니 전세는 바뀌어 갔지.

*이여송_ 중국 명나라의 장수이다. 임진왜란 때 병사 4만 명을 이끌고 우리 나라를 도우러 와서 고니시 유키나가의 군을 무찔렀으나, 벽제관싸움에서 고바야카와 다카카게에게 크게 패하였다.

전라도로 나아가려던 왜군은 진주대첩에서 패하여 뜻을 이루지 못했어. 평양에서는 명나라와 조선 연합군이 왜군을 몰아 내고 성을 되찾았고, 권율은 행주산성에서 3천 군사로 3만 왜군을 무찔렀어.

서울로 모인 왜군은 남쪽으로 쫓겨나면서 전쟁을 그만두자는 화의를 청해 왔어. 남의 나라에서 별로 싸우고 싶지 않은 명나라는 그 뜻을 받아들이려 했지. 조선은 한사코 화의를 반대했어. 조선과 명나라가 실랑이를 하는 사이 왜군은 대부분 자기네 나라로 탈출해 버렸어.

그 후로 전쟁은 마무리되지 않은 상태에서 화의 협상만 계속되었어. 일본은 패전하여 도망친 주제에 조선 땅을 절반이나 떼줄 것을 요구했고, 명나라 황제의 딸을 바치라는 요구도 했어. 그로 인해 2,3년간이나 지리하게 끌던 화의는 깨지고 말았지. 화가 난 도요토미 히데요시는 광분하여 소리쳤어.

"다시 조선으로 진격하라! 이번엔 반드시 항복을 받아야 한다!"

정유년1597 1월 15일, 일본은 15만 군대를 편성하여 또다시 침략을 시도했어.

이 때 이순신이 바다를 지키는 한 이기기 어렵다고 생각한 그들은 이중간첩을 먼저 보냈어. 간첩 요시라는 대마도 사람이었어. 그는 조선에 도움을 주는 척하며 슬쩍 거짓말을 흘렸어.

"전쟁이 그치지 않는 것은 가토 기요마사 때문입니다. 그가 며칠 내로 다시 군사를 이끌고 부산으로 온답니다. 이순신이 나가면 그를 사로잡을 수 있을 것입니다."

요시라는 가토의 배가 어떻게 생겼는지까지 자세하게 말해 주었어.

경상 병사 김응서는 이 말을 그대로 조정에 보고했어. 조정에서는 귀가 솔깃하여 이순신에게 출전 명령을 내렸어.

하지만 이순신은 나가지 않았어. 자신이 본영인 한산도를 비우면 그 틈에 왜군이 치고 들어오려는 잔꾀를 눈치채고 있었던 거지. 이 틈에 가토는 적은 병력으로 몰래 부산에 상륙했어.

"가토가 이미 조선에 들어왔습니다. 미리 알려 주었는데도 그를 잡지 못하다니 참 안됐소이다."

요시라가 다시 찾아와 혀를 차며 말했지.

이에 조정 대신들은 이순신을 벌 주어야 한다고 소리를 높였어. 특히 유성룡의 반대파인 서인이 심했어. 그 가운데서도 원균이 가장 악

랄하게 모함하고 나섰어.

원균은 이순신보다 선배이며 나이도 많았어. 경상 우수사를 맡고 있던 그는 적은 배를 거느리고 이순신과 연합하여 많은 공을 세웠어. 그러나 통제사가 된 이순신의 지휘를 받기 싫어하여 늘 문제를 일으키곤 했어. 자주 술에 취해 있고, 작전도 치밀하지 못해 덤벙거렸어. 이순신은 선배인 원균을 다스리기가 어려워 충청 병사로 보냈어.

원균은 이순신을 시기하여 헐뜯었어. 이순신은 겁쟁이라 싸움을 피하고, 자기 공로를 가로챘다고 주장한 거야. 이순신이 조정의 명령을 듣지 않은 것은 더없이 좋은 빌미였지. 원균은 이순신을 심하게 헐뜯는 상소문을 올렸고, 서인 대신들도 한목소리로 이순신을 벌 주라고 하였어.

"지엄한 명령을 어긴 통제사 이순신을 잡아들여 문초하라!"

1597년 2월 마침내 선조의 명이 떨어졌어.

금부도사가 한산도로 가서 이순신을 서울로 압송해갔어. 새로운 통제사에는 원균이 임명되었고, 이는 일본이 바라던 바였지.

대신들은 이순신을 국문하여 죽이자고 소리를 드높였어. 유성룡도 더 이상 손쓸 수 없는 지경에 이르렀지. 자신이 추천한 사람을 두둔하면 오히려 더 나쁜 사태가 벌어질까 봐서였어. 이 때 판중추부사 정탁*이 간절히 아뢰었어.

"이순신은 명장입니다. 그가 가벼이 나가 싸우지 않은 데는 분명이유가 있을 것입니다. 뒷일을 생각하시어 그의 죄를 용서해 주시옵소서."

이에 선조는 처형할 뜻을 거두고 다음과 같

*정탁(1526~1605)_ 조선 선조 때의 문신이다. 임진왜란 때 이순신·곽재우·김덕령 등 명장을 발탁했으며, 왕을 호위한 공으로 서원 부원군에 봉하여졌다. 저서로 『약포문집』, 『용만문견록』 등이 있다.

이 명했어.

"이순신의 관직을 거두고 권율을 따라 백의종군하게 하라!"

고문까지 받은 몸으로 풀려난 이순신은 몸을 추스를 새도 없이 전장으로 가야 했어. 권율의 진영으로 가기 위해 고향 아산을 지나던 그에게 슬픈 소식이 날아들었어.

"노마님께서 돌아가셨습니다."

집안의 종이 달려와 울음을 터뜨렸어. 문초를 받은 아들의 소식에 놀란 아흔 살 노모가 쓰러져 숨을 거둔 거야. 이순신은 게바위라는 포구에서 어머님의 마지막 모습을 보았어. 이 때의 심정이 『난중일기』에서 다음과 같이 적혀 있어.

쫓아나와 훌쩍훌쩍 울었다. 벌써 캄캄해졌다. 즉시 게바위로 쫓아갔다. 배는 이미 닿아 있었다. 길에 쓰러져 가슴이 찢어질 듯하여 통곡만 하였다. 이 슬픔을 어찌 다 기록하랴!

"아, 평생 애오라지 충성과 효도를 바랐더니 두 가지를 다 잃고 말았구나!"

이순신은 게바위에서 곡을 하고는 다시 길을 떠났어. 금부도사에게 끌려가는 죄인의 몸이라 장례조차도 치를 수 없었던 거야.

이순신의 자리를 이어받은 원균은 한산도를 엉망으로 만들어 놓았어. 그가 어떻게 했는지 유성룡은 『징비록』에 다음과 같이 기록했어.

원균은 한산도에 도착하자마자 이순신이 쓰던 전법을 모두 바꾸어 버렸다. 이순신이 아끼던 부하들을 내쫓고, 원균 자신의 지난 일을 아는 사람들은 가까이하지 않았다. 자신의 첩과 살면서 늘 술에 취해 장수들조차 만나지 않았고, 공연히 엄한 형벌로 군사들을 못살게 굴었다. 이에 병졸과 장수들이 비웃으니 통제사의 위엄을 찾을 길이 없었다.

1597년 가을, 일본은 다시 15만 대군으로 조선 땅에 진을 쳤어. 도요토미의 양자 우키다를 비롯한 지휘부는 바닷길을 통해 남해와 서해안으로 올라가 한강에서 육군과 만나 서울을 점령할 계획을 짰어. 그러자면 조선 수군을 먼저 깨뜨려야만 했거든. 이번에도 일본은 간첩을 이용해서 정보를 헷갈리게 했어.

"곧 일본 수군이 대대적으로 한산도를 칠 것이오."

요시라의 말이 권율의 귀에까지 들어갔어. 대원수 권율은 즉시 원균에게 출전 명령을 내렸어.

원균은 별다른 작전도 없이 밤을 새워 부산으로 향했어. 일본 수군은 이미 알고 진을 치고 기다리고 있었어. 한 번도 진 적이 없던 조선 수군은 제대로 싸워 보지도 못하고 쫓기기 시작했어. 원균은 많은 배와 병사를 잃고 겨우 칠천도로 도망쳤어. 부산까지 잠도 자지 않고 달려간 탓에 지쳐 싸울 힘도 없었던 거지.

고성에서 이 소식을 들은 권율은 원균을 불러 곤장을 때리고 다시 나가 싸우라고 명했어. 하지만 원균은 홧김에 술을 먹고 널브러져 버렸어. 참모인 배설이 일단 한산도로 후퇴했다가 다음 기회를 보자는 말도 듣지 않았어.

바로 이날 밤, 왜군은 대규모로 칠천도를 기습했어. 싸움은 하나마나였지. 조선 수군은 크게 져서 흩어졌어. 이순신과 더불어 용맹을 떨쳤던 전라 우수사 이억기는 전사하고 말았고, 뭍으로 도망치던 원균은 소나무 아래서 숨을 헐떡이다가 추격한 왜군의 칼에 죽임을 당했어.

200여 척의 대함대로 바다를 장악했던 조선 수군은 이렇게 맥없이 무너지고 말았어. 겨우 배설의 함대 12척만이 도망쳐 수군의 명맥을 잇게 되었지.

조선 수군의 본영인 한산도를 손아귀에 넣은 왜군은 거침없이 진격했어. 남해 순천을 거치며 빠르게 전라도 지역까지 점령했어. 바닷길이 뚫리자 육지에서도 왜군은 기세를 드높였어.

"아, 이를 어쩌면 좋단 말인가?"

선조는 어쩔 줄 몰라 부들부들 떨었어. 당파 싸움을 일삼던 대신들도 꿀먹은 벙어리처럼 말이 없었지. 이 때 병조판서 이항복이 주청했어.

"사태가 이렇게 된 데는 원균의 책임이 큽니다. 다시 이순신을 통제사로 삼아 일을 맡기시옵소서."

선조는 '옳도다' 하고 이순신을 통제사로 삼는다는 교서를 내렸어.

조선 수군은 군사래야 고작 120명에다 배는 12척뿐이었어. 왜구들의 간담을 서늘하게 했던 거북선은 단 한 척도 남아 있지 않았고. 조정에서는 차라리 수군을 아주 없애고 육군으로만 싸우라는 명을 내렸어. 그러자 이순신은 다음과 같은 장계를 띄웠어.

임진년 이래 왜적이 전라도와 충청도를 바로 치지 못한 것은 우리 수군이 바다의 길목을 지켰기 때문입니다. 보잘것 없는 신에게 아직 전선이 12척이나 있습니다. 배가 비록 적기는 하지만 신이 죽지 않는 한 왜적이 감히 우리 수군을 업신여기지는 못할 것입니다.

이순신이 다시 통제사가 되었다는 소문이 퍼지자 백성들이 몰려들었어. 스스로 군인이 되기도 하고, 양식을 바치기도 했어. 이순신은 부서진 12척의 배를 수리하여 싸움에 나섰어.

1597년 9월 16일음력 8월 15일, 이순신이 이끄는 12척의 배와, 일본에서 가장 뛰어난 수군 대장이라는 마다시의 배 133척이 진도의 울돌목명량에서 맞닥뜨렸어.

왜군은 울돌목을 지나며 조선 수군의 진영을 완전히 파괴하고, 충청도로 가서 육군과 합동 작전을 펼칠 계획이었지. 식량 창고나 다름없는 전라도를 손에 넣기 위해서였지.

울돌목은 진도와 화원반도 사이의 좁은 바닷길이야. 여기는 물살이 매우 세고, 밀물과 썰물이 바뀔 때면 바닷물이 거꾸로 흘러. 더욱이 길이 좁아 배가 한 대씩밖에 지나갈 수가 없었어. 이순신은 이 점을 이용하여 왜군의 대함대와 맞섰어. 『난중일기』에 따르면 이 날의 작전을 이순신의 꿈에 신령이 나타나 일러 주었다고 해. 그가 꿈 속에서도 나라를 구할 생각에 골몰했다는 걸 알 수 있지.

조선의 배 12척이 나란히 서서 울돌목 서쪽을 막았어. 뒤쪽 먼 곳에는 피난민과 어부들의 배를 전투함인 척 띄워 놓았지.

맑은 가을날이었어. 서쪽으로 세차게 흐르는 물길을 타고 일본 수군은 기세 좋게 달려나왔어. 그 기세에 눌린 중군장 김응함과 거제 현령 안위의 배가 뒤로 슬며시 빠졌어. 이순신은 그들을 꾸짖을 틈도 없이 가까이 온 적과 맹렬하게 싸웠어. 깃발을 세워 빨리 공격하라는 명을 내릴 뿐이었지.

싸움은 더욱 열기를 띠었어. 이순신이 탄 판옥대선으로 왜군들이 몰려들었어. 이를 본 김응함과 안위가 배를 몰아왔어.

"안위야, 네가 진정 군법에 죽고 싶으냐! 도망가면 어디서 살 것이냐? 김응함, 너는 중군장으로서 대장을 버리고 도망갔으니 어찌 그 죄를 면하겠느냐. 사태가 급하니 목숨을 걸고 싸워 죄를 씻으라!"

이순신이 김응함과 안위를 엄하게 꾸짖었어.

김응함과 안위가 맹렬하게 적진으로 파고들었어.

그 무렵 서쪽으로 흐르던 물살이 갑자기 방향을 바꾸었어. 시간이 지날수록 물살은 더욱 거세게 동쪽으로 쏠렸어.

갑작스런 사태에 적들은 당황하기 시작했어. 밀리던 조선군은 더욱 함성을 높였어. 이날의 상황을 이순신은 『난중일기』에 자세하게 적어 놓았는데, 그 가운데 가장 열띤 순간을 들여다볼까.

김응함과 안위의 배가 적진을 향해 나아가자, 적장의 배가 아래 배 2척을 지휘하여 안위를 에워쌌다. 왜구들이 개미 떼처럼 안위의 배에 들러붙어 올라가려 했다. 안위와 군사들은 죽을힘을 다해 싸웠다. 모난 몽둥이로 내리치고, 창으로 찌르고, 혹은 돌덩이로 내리찍었다. 그들이 힘을 거의 다했을 때 나는 뱃머리를 돌려 다가가 마구 총을 쏘니 적들이 거의 쓰러졌다. 이 때 녹도 만호 송여종과 평산포 대장 정응두의 배가 따라와 함께 공격하니 적이 한 놈도 움직이지 못했다.

"저기 붉은 비단 옷을 입은 자가 마다시 장군입니다!"

항복해 조선군이 된 일본 포로 준사가 가리켰어. 대장선의 왜군은 모두 죽어 널브러졌고, 지휘소에 덩치가 우람한 장군이 쓰러져 꿈틀거리고 있었어.

"돌손아, 저놈을 낚아 올려라!"

이순신의 명에 따라 갈고리 던지기의 명수 김돌손이 나섰어. 돌손은 높은 판옥대선에서 커다란 갈고리를 빙빙 돌리다가 집어던졌어. 갈고리가 간간이 꿈틀대는 마다시의 허리를 걸었고, 이윽고 적장의 몸이 판옥대선으로 올라왔어.

"틀림없는 마다시입니다."

준사가 눈을 크게 뜨고 소리쳤어.

마다시의 몸뚱이는 토막이 나고 머리가 판옥대선에 걸렸어. 이를 본 조선군의 사기는 하늘을 찔렀고, 놀란 왜군은 갈팡질팡하며 도망치기 바빴지.

조선 수군은 더욱 거세게 밀어부쳤어. 왜군들은 거센 물살에 떠밀려 자기들끼리 부딪혀 부서지고 처박히며 허겁지겁 내뺐어.

황금빛 노을이 울돌목을 뒤덮을 즈음, 승리의 북 소리가 울려 퍼졌어.

명량대첩!

세계 해전 사상 비교할 데 없이 큰 승리였어. 단 12척의 배로 적선

명량대첩비

133척을 맞아 대승을 거둔 거야. 기적과도 같은 승리였지. 이 승리로 인하여 조선군은 다시 승기를 잡았고 일본은 밀리기 시작했어.

이 소식을 듣고 백성들은 수군이 되겠다며 몰려들었어. 피난민들도 이순신이 다스리는 곳에 살겠다고 보따리를 이고 지고 진도로 찾아왔어.

이순신은 본영을 고금도로 옮겼어. 백성들도 따라와 농사를 지었어. 이로써 이순신이 통제사가 된 지 채 6개월이 못 되어 조선 수군은 한산도 시절보다 더욱 풍성하게 되었어. 뒷날, 이 일을 두고 좌의정 이덕형은 다음과 같은 장계를 올렸어.

신이덕형은 전에 이순신의 얼굴도 본 적이 없습니다. 단지 전날 원균에게 그이순신가 일처리를 옳지 않게 한다는 말을 들었을 뿐입니다. 신은 짐작하기를, 이순신은 재능은 있지만 진실성과 용감성이 남보다 떨어지나 보다 생각했습니다.

그런데 신이 본도전라도에 내려가서 보니, 바닷가의 백성들이 한목소리로 이순신을 칭찬하였습니다. 또한 4월에 고금도에 들어갔는데 서너 달 동안에 한산도에서 마련하였던 것보다 더 많은 군량을 마련했다는 말을 들었습니다. 이에 그이순신의 재능이 남보다 뛰어났다는 것을 알게 되었습니다.

내 **죽음**을 알리지 말라

이 즈음 명나라 수군 제독 진린이 함대를 이끌고 조선을 도우러 왔어.

진린은 성격이 포악하고 욕심이 많았어. 대우가 소홀하다고 임금 앞에서 조선 관리를 발로 마구 짓밟고 찰 정도였지. 이를 본 대신들이 모두 진린이 강직한 이순신과 좋게 지내지 못하리라고 걱정했어.

이순신은 슬기롭게 진린을 맞아들였어. 그에게 잔치를 베풀어 환영하고, 조선군의 공로를 명나라의 공로로 돌렸어. 적군을 무찌르는 게 중요하지 공을 차지하는 게 중요한 건 아니라고 여겼거든. 이러한 이순신의 인품에 진린은 감탄하여 스스로 이순신의 지휘를 받고자 고개를 숙였어.

1598년 가을, 침략의 원흉 도요토미 히데요시가 별안간 죽었어. 그는 마지막 순간에 조선 침략을 후회하면서 철군하라는 명을 남겼어. 사기가 땅에 떨어진 왜군은 마음대로 돌아갈 수조차 없었어. 다시 바다를 장악한 이순신이 뱃길을 틀어막고 있었거든.

겨울이 다가오니 왜군은 더욱 다급해졌어. 그들은 명나라와 다시 화의를 시도했어. 조선은 반대했지만 명나라는 이를 받아들였어.

　11월 19일, 대규모의 왜군이 배를 타고 조선 탈출을 시도했어. 남해와 하동 사이의 노량 앞바다에 모인 일본 배는 무려 5백 척이나 되었어.

　이순신의 함대는 이들을 치기 위해 출동했어. 일본의 뇌물을 받고는 싸울 뜻을 보이지 않던 진린도 얼마 뒤 이순신을 따라왔어.

　"쳐라! 한 놈도 살려 보내서는 안 된다!"

　이순신의 고함과 더불어 우렁찬 북 소리가 울려 퍼졌어.

　마지막 싸움이라 여기고 왜군도 죽기살기로 대항했지. 있는 무기를 몽땅 쓰려는 듯 맹렬하게 조총과 화살을 쏘아 댔어.

　"명나라 황제의 위엄을 보여라!"

　진린도 전쟁에서는 앞장서는 인물이었어. 그는 이순신보다 더 깊숙이 적진을 파고들었어. 그러다가 적선에 둘러싸이고 말았어. 명나라 제독이 탔음을 알고 적들이 사로잡고자 한 거야.

　"진 제독이 위험하다! 어서 노를 저어라!"

　이순신이 다급하게 북을 치며 진린 쪽으로 달려갔어. 투구와 갑옷마저 벗어 던지고 맹렬하게 진군 북 소리를 울렸어.

　왜군들이 사방에서 몰려들어 가로막았어. 이순신은 그 사이를 뚫고 진격했어. 이순신이 탄 판옥대선과 일본의 배가 붙은 듯이 닿았을 때였어.

　"탕!"

　한 발의 탄환이 허공을 꿰뚫었고, 다음 순간 이순신이 왼쪽 가슴을 움켜쥐며 쓰러졌어. 탄환이 박힌 가슴에서 피가 솟아났지.

"장군님!"

"아버님!"

곁에서 같이 싸우던 부하와 이순신의 아들이 달려왔어. 그들은 피를 흘리는 이순신을 급히 선실로 옮겼어.

"바야흐로 싸움이 급하니 내가 죽었다는 걸 알리지 말라."

이 한마디를 남기고 이순신은 눈을 감았어.

"아버님!"

아들이 선실 바닥을 치며 통곡을 하려 했어.

"이러시면 안 됩니다. 장군의 뜻을 따라 죽음을 알리면 안 됩니다."

비장 이문욱이 말했어.

"옳은 말이오. 지금은 싸움의 고비이니 기세가 꺾여서는 안 되오. 내가 북채를 잡겠소."

조카 이완이 눈물을 떨치고 일어섰어. 그는 오래 전부터 이순신을 따라다녔는데, 담력과 기상이 이순신 못지 않았어. 그는 이순신의 투구를 쓰고 북채를 잡았어.

"돌격하라! 진 제독을 구하라!"

이완이 소리치며 북 소리를 높였어.

"와아!"

통제사의 북 소리가 들리지 않자 주춤하던 조선군이 다시 기세를 드높였어. 이완은 이순신을 대신하여 진린을 구해 주고 도망치는 적들을 닥치는 대로 깨뜨려 바다에 가라앉혔어. 이 날의 상황을 적은 장계의 기록을 『조선왕조실록』에서 옮겨 볼까.

사천, 남해, 고성의 적들이 탄 배 3백여 척이 노량도에 도착했다. 통제사 이순신은 곧바로 수군을 거느리고 내달아 마주 싸웠다. 명나라 군사도 함께 싸웠다. 왜적이 크게 져서 물에 빠져 죽은 자가 이루 헤아릴 수 없었다. 배 2백여 척이 박살이 나서 가라앉는 바람에 죽은 자가 수천여 명이었다. 왜적의 시체와 깨어진 배의 널판, 무기, 옷 따위가 바다를 덮어 물이 흐르지 못할 지경이었다. 바닷물이 온통 핏빛으로 벌겋게 되었다.

"만세!"

노량 앞바다에 승리의 북 소리가 울려 퍼졌어. 5백 척의 일본 배 가운데 2백여 척이 가라앉았어. 사로잡히거나 부서진 배도 셀 수 없었지. 무사히 도망친 것은 겨우 50척 남짓밖에 되지 않았어. 저들 마음대로 침략해 왔다가 9할이나 잃고서야 도망친 거지. 일본의 완전한 패배였어.

"이 통제사! 고맙다는 인사를 하러 왔소이다!"

진린이 고함을 지르며 판옥대선으로 건너왔어.

"통제사께서는 숨을 거두셨습니다."

비로소 북채를 손에서 놓은 이완이 울음을 터뜨렸어.

"이럴 수가!"

진린은 무릎을 꿇고 목놓아 울었어. 조선군도 울고 명나라 군사도 울었어. 승리의 함성으로 가득하던 노량 앞바다는 울음 바다가 되었지. 임진년에 시작되어 7년을 끌어 온 대전쟁은 비장한 승리로 이렇게 막을 내렸단다.

일본 수군의 칩입을 막아 낸 이순신의 활약

    승리 소식과 더불어 이순신의 죽음이 알려지자 온 나라가 슬픔에 잠겼어. 『징비록』에는 그 때 상황을 다음과 같이 전해 준단다.

    우리 군사와 중국 군사들의 진영에는 울음이 그치지 않아 마치 어버이를 잃은 듯 애통해하였다. 관을 실은 수레가 가는 곳에는 백성들이 제사 음식을 차려 나와서는 울어 대는 통에 수레가 나아가지 못할 지경이고, 길에 늘어선 사람 모두가 슬피 울었다.

    『조선왕조실록』의 사관은 이순신을 다음과 같이 평가했어.

    순신은 일편단심 충성스러운 마음을 나라를 위해 바쳤고, 한 몸을 아낌없이 의리를 위해 바쳤다. 비록 옛날의 훌륭한 장수라 하더라도 그보다 더하지는 못할 것이다.

애석하다!

조정에서 사람을 제대로 쓰지 못하여 순신이 자기 재능을 한껏 펴 보지도 못하였느니. 병신, 정유년 사이에 순신을 통제사에서 바꾸지 않았다면, 어찌 한산싸움에서 지고, 호남과 호서가 적의 소굴이 되었겠는가?

아, 슬픈 일이다!

이순신의 삶은 개인적으로 보면 불행하기 그지없었어. 늦은 나이에 벼슬길에 나온 그는 미관말직으로 변경을 떠돌았지. 올곧은 성품 때문에 시샘을 받아 몇 번이나 죽을 고비를 넘기고, 두 번이나 백의종군이라는 모욕을 겪었어. 그 때문에 아버지의 임종을 못했는데, 또한 어머니를 여의고도 장례조차 치르지 못했지. 고향에서 가족을 지키던 막내아들 면은 왜군과 맞서다가 죽었지.

이런 인간적 고통 때문에 이순신의 삶은 더욱 장엄하고도 감동적이야. 마치 임진왜란을 대비하여 하늘이 내려 준 사람 같은 느낌마저 들어. 문관의 집안에서 태어나 스스로 무관의 길을 걸은 것, 온갖 시샘과 어려움 속에서도 뛰어난 전술로 적을 무찌른 것, 7년 대전쟁의 마지막을 빛나는 승리로 장식한 것, 단 한 번의 패전도 없이 마침내 할 일을 마치고서야 숨을 거둔 그의 삶은 그 어떤 영화나 소설보다도 감동적이지.

이러한 그의 삶은 곧 겨레의 승리요 역사의 승리라 할 수 있을 거야.

제11장
신이 된 장군
임경업

그가 죽는 날 산천의 풀과 나무들이 서리를 맞은 듯
시들었다고 한다. 사람들은 충신이 원통하게 죽었기 때문에
초목도 눈물을 흘리는 것이라고 하였다. 그가 타던 천리마도
주인이 죽었다는 말을 듣고 하늘을 보고 울부짖다가 죽고 말았다.

-「해동명장전」

丙子録

인조반정과 정묘호란

임진왜란으로 조선의 농토는 파괴되고 백성들은 굶주림에 지쳤어. 선조 역시 긴 전쟁에 당파싸움까지 날로 격렬해지니 전쟁의 상처조차 복구하지 못한 채 59세로 숨을 거두었어. 왕위는 광해군으로 이어졌어.

왕위 계승권은 적자인 영창대군이 1순위, 장남 임해군이 2순위였고, 광해군은 그 다음이었지. 하지만 영창대군은 당시 너무 어렸고, 임해군은 난폭하고 덕이 없어 지지를 받지 못했어. 반면에 광해군은 정치적 식견이 뛰어나 세자감으로 일찌감치 낙점되었는데, 서자인데다 차남이라 책봉을 받지 못했어. 그러다가 임진왜란이 터지자 어쩔 수 없이 급히 광해군을 세자로 책봉하였어. 광해군은 전쟁 중에 분조조정을 나누어 그 하나를 책임지는 것을 잘 이끌어 훌륭하게 제왕수업을 받은 셈이었지. 그러나 상국인 명나라의 고명세자, 혹은 왕으로 승인받는 것을 받지 못한데다 영창대군과 임해군을 지지하는 세력이 있어 불안한 왕좌를 지키고 있었단다.

이 무렵 권력의 실세를 움켜쥔 당파는 이이첨을 비롯한 대북파였어. 그들은 광해군을 등에 업고 왕권을 안정시킨다는 명목으로 몇 가지 일을 꾸몄어. 먼저 임해군에게 죄를 꾸며 덮어 씌운 다음 귀양 보내 죽였고, 배 다른 아우 영창대군마저 역모죄에 얽어 죽였어. 그리고 영창대군의 어머니이자 광해군의 서모인 인목대비는 서궁에 가두어 버렸지.

이런 일들로 인해 광해군은 백성들과 반대파 신하들의 원망을 샀어. 그렇지만 광해군은 전쟁으로 엉망이 된 백성들의 삶을 돌보기 위해 많은 노력을 했어. 선혜청을 만들어 굶주린 백성들에게 양식을 나누어 주는가 하면, 세금을 줄이고, 농사지을 땅을 정리했지.

이렇게 조선이 안정을 찾기 위해 노력할 때, 북쪽에서는 새로운 세력이 자라고 있었어. 만주의 여진족 누르하치는 조선과 일본과 명나라가 전쟁을 치르는 동안 여러 부족을 평정하여 후금을 세우고는 명나라를 압박하고 있었어.

실리를 중시했던 광해군은 기울어 가는 명나라 몰래 후금과 국교를 맺으려 했어. 대북파를 뺀 대부분 대신들은 이를 반대하고 나섰지. 임진왜란 때 도와 준 명나라를 배반할 수 없으며, 여진족은 오랑캐이므로 손잡을 수 없다는 거야.

바로 그 때 명나라에서 지원병을 요청해 왔어. 명나라가 후금과 싸우는데 조선더러 군대를 보내라는 거야. 임진왜란의 피해도 아직 복구하지 못했는데 또 전쟁이라니. 엎어진 사람한테 짐을 맡기는 거나 다름없었지. 게다가 한창 세력이 자라는 후금을 섣불리 쳤다가는 무슨 보복을 당할지도 모르잖아. 그렇다고 명나라의 청을 나 몰라라 할 수도 없는 곤란한 상황이 되고 말았어. 그러자 광해군은 실리적인 작전을 고안해 냈어.

"명나라와 힘을 합해 싸우는 척하다가, 명나라가 기울거든 즉시 후금과 화의를 맺도록 하시오. 그래야 우리 나라와 백성들이 해를 입지 않을 것이오."

광해군은 도원수 강홍립에게 밀지비밀스런 명령를 내렸어. 언뜻 보면 비겁한 선택이었지만, 국제 정세의 흐름에 맞는 실리적인 판단이었지. 이는 또한 큰 나라 사이에 끼여 살아남기 위한 약소국의 자구책이라고 볼 수도 있어.

1619년, 강홍립은 군사 1만 명을 이끌고 후금을 치기 위해 출전했어. 명나라는 이미 저무는 태양과도 같았어. 그들은 후금에게 밀리기만 하다가 기어이 대패를 하고 말았지. 그러자 강홍립은 곧바로 후금에 투항하여 화의를 맺었어.

이를 두고 조선의 사대부와 대신들은 비판의 목소리를 높였어. 비록 광해군이 나라를 위해 그런 선택을 했다 해도, 대의명분을 중시하는 유교 사회에서는 받아들이기 힘들었거든. 이는 대북파에게 밀린 대신들에게 반정을 할 결정적 구실이 되어 버렸지.

과연 그 몇 년 뒤인 1623년에 인조반정이 일어났어. 김류*, 이귀를 비롯한 반정군은 광해군을 몰아 내고 능양군을 새 임금으로 세우니 바로 16대 임금 인조야.

새 임금이 들어서고 권력 판도가 바뀌었지. 조선은 다시 명나라를 상국으로 모시고 후금

*김류(1571~1648)_ 조선 중기의 문신이다. 1596년(선조 29년) 문과에 급제하여 벼슬길에 올랐다. 1623년 인조반정 때 대장으로 추대되었고, 거사의 성공으로 정사(靖社) 1등 공신이 되었다. 이후 인조의 절대적 신임 속에 이조판서·좌의정·도체찰사·영의정 등을 지냈다. 문집에 『북저집』이 있다.

을 적대했어. 이이첨을 비롯한 대북파도 대부분 처형되었어. 그러니 후금이 이를 그냥 두고 볼 리 없잖아.

1627년, 후금은 3만 군사를 이끌고 조선으로 쳐들어왔어. 정묘호란, 곧 여진족의 1차 침략이었지.

이들을 맞아 최일선에서 싸운 이는 이순신의 조카 이완이었어. 노량 해전에서 통제사를 대신해 북을 쳐 싸움을 승리로 이끌었던 이완은 3천 명의 군사를 거느리고 의주성을 지켰어. 그러나 화살과 화약이 떨어지자 성은 무너졌고, 이완은 끝까지 싸우다가 장렬하게 전사하고 말았지.

후금은 그 기세를 몰아 장주, 박천, 안주를 차례로 점령하며 서울로 진격했어. 평양과 황주까지 빼앗기자 조정은 도읍을 다급히 강화도로 옮겼어. 몽골족이 쳐들어왔을 때처럼 버티어 볼 작정이었지.

후금은 싸우지도 않고 조선의 서울을 차지했어. 그리고 강화도의 조정을 향해 항복할 것을 요구하며 백성들을 괴롭혔어.

조선은 최명길*을 내세워 서둘러 화의를 했어. 오래 버틸 군사도 식량도 없었거든. 이에 후금은 조선과 형제 관계를 맺고 돌아갔어.

번개 눈을 가진 사람

진달래가 흐드러지게 핀 봄날이었어.

충주 달천 고갯마루에 나팔 소리가 울려 퍼지고 깃발이 펄렁거렸어.

"물러서거라! 영남 관찰사 행차시다!"

벽제벼슬아치의 길을 안내하며 소리를 외치는 일 소리에 밭일하던 사람들이 허리를 숙였고, 길가던 사람은 서둘러 비켜나 엎드렸어.

"쳇, 온 나라가 흉년으로 엉망인데 요란스럽기는."

백성들은 엎드린 채 궁시렁거리며 시끌벅적한 행차를 지켜보았어.

고개를 거의 다 내려와 구비를 돌 때였어. 거기엔 지게들이 나란히 놓여 마치 방책을 만든 것처럼 되어 있지 뭐야. 소 먹이던 아이들과 나무하던 아이들이 전쟁놀이를 하는 중이었던 거야.

"어서 치우지 못할까!"

아전이 지게를 집어던져 버릴 듯이 잡고 흔들었어.

"이것은 군사의 진지라 허물 수 없습니다. 돌아서 가십시오."

전쟁놀이를 지휘하던 소년이 나와서 소리쳤어. 그 소년은 차림새는 초라했지만 떡 벌어진 어깨와 부리부리한 눈이 예사 아이들과는 달랐어.

"이 버르장머리 없는 녀석아, 이 분은 관찰사이시니라. 곤장을 맞고 싶지 않으면 어서 썩 치우거라."

소년은 아전을 노려보다가 불쑥 관찰사 앞으로 나섰어.

"우리는 지금 전쟁 중인데 과연 진지를 허물어야 되겠습니까?"

당돌한 소년의 말에 관찰사는 너털웃음을 터뜨렸어.

"허, 그놈 참 대단한 배짱일세. 대장군감이야."

관찰사가 한바탕 웃고 나더니 아전에게 명했어.

"여봐라. 어찌 전쟁 중에 진영을 허물겠느냐. 두둑한 배짱이 기특하니 우리가 돌아서 가자."

관찰사 앞에서도 또랑또랑 큰 소리를 치던 소년이 바로 임경업이야. 『대동기문』, 『해동명장전』*에 실린 위 이야기 말고도 임경업에게는 신비한 이야기가 많아.

임경업은 유학을 공부하다가 그만두고, 병법과 말타기와 활쏘기를 익혔대. 그는 '힘은 능히 산을 뽑을 만하고 기개는 세상을 덮을 법했다'는 초패왕 항우와 비슷했다고 해. 그의 기개가 얼마나 대단했는지는 『금계필담』*의 일화를 보면 알 수 있어.

한 재상이 임경업의 선산에 마음대로 묘를 써 버렸어. 그 때문에 임경업 조상의 묘가 좀 허물어졌어. 몰락하여 인물도 없고 가난한 그의 집안을 우습게 여긴 거지.

*『해동명장전』_ 조선 후기의 문신이자 학자인 홍양호(1724~1802)가 김유신, 장보고, 흑치상지, 을지문덕, 이순신 등 삼국시대부터 조선 인조 때까지의 명장 46명의 전기를 엮은 책이다.

*『금계필담』_ 조선의 역대 국왕과 신하들의 국사처리에 관련된 고사(故事) 및 명사들의 기행문을 수록한 책인데, 지은이는 알 수 없다.

임경업은 재상을 찾아가 묘를 옮겨 달라고 했으나 콧방귀만 뀌지 뭐야.

"시골의 힘없는 선비가 권세 있는 재상을 어찌 힘으로 당하겠습니까. 내 조상 묘까지 허물면서 묘를 쓴 지관을 혼내 주겠습니다."

임경업이 점잖게 한마디 한 다음 지관을 찾아가 눈을 부릅떴어.

"어디 묘를 쓸 곳이 없어서 내 선산의 머리를 찌그러뜨리고 송장을 집어 넣었느냐. 당장 빼내지 않으면 죽을 줄 알라!"

천둥 같은 고함과 더불어 임경업의 눈에서 번갯불이 번쩍했어. 그 빛이 얼마나 센지 횃불 같아서 저녁 어스름

임경업

을 밝힐 정도였대. 마치 호랑이 눈빛 같았겠지. 그 빛을 본 사람은 모두 반쯤 넋이 나가 벌벌 떨었어.

"사, 살려 주십시오."

지관이 새파랗게 질려 말했어.

지관은 재상을 설득하여 부랴부랴 묘를 옮겼어.

임경업은 임진왜란이 한창이던 1594년 충주 달천에서 태어났어. 멀

지 않은 곳에 월악산이 우뚝 솟아 있고, 남한강과 달천이 만나는 강변 마을이었지. 어려서부터 힘이 장사였고 배짱과 기백이 남달랐던 임경업은 1618년에 아우 임사업과 함께 무과에 급제하여 조정에 나왔어. 무관이 되어 멀리 함경도 변방을 전전하던 그가 세상에 이름을 드러낸 건 1624년 '이괄의 난'을 통해서였어.

이괄은 인조반정을 일으킬 때 군사를 동원한 공신이었어. 그런데 이귀, 김유 등이 권세를 차지하고 무관인 자기를 푸대접하는 게 불만이었던 거야. 중앙 조정에서 밀려나 평안병사가 되었거든. 이런 참에 자신의 아들이 반란을 꾀했다는 누명을 썼어. 당연히 이괄도 붙잡아 국문해야 한다는 소리가 높았지. 하지만 인조는 이괄의 국문은 허락하지 않았어. 다만 그의 아들을 잡으러 금부도사를 보냈어. 그러자 성정이 꽤나 괄괄했던 이괄은 홧김에 반란을 일으키고 만 거야.

이괄은 병법과 용력이 뛰어난 장수였어. 게다가 그의 부대는 대부분 임진왜란 때 활약한 실전 경험이 많은 최정예 부대였지. 이런 이괄의 반란군은 거침없이 관군을 격파하며 빠르게 서울로 밀고 들어왔어. 조선 역사상 처음으로 반란군에게 대궐을 내주는 일까지 벌어졌지. 서울을 지키는 병사는 겨우 천 명 남짓인데, 반란군은 무려 만 명이 넘었거든. 서울을 차지한 이괄은 선조의 아들 흥안군을 왕으로 세우고 모든 권세를 움켜쥐었어.

하지만 이괄의 천하는 오래가지 못했어. 곧 지방군과 힘을 합한 관군의 반격이 시작되었거든. 이미 서울을 차지한 이괄은 관군을 우습게 보았지. 그래서 성을 지키려 하지 않고 서울 외곽 광주에서 방어를 했어.

길마재란 고개에서 도원수 장만이 이끄는 관군과 반란군이 맞붙은 거야.

처음 전세는 바람이 좌우했어. 세찬 바람이 관군 쪽으로 몰아쳤어. 반란군의 화살과 돌은 바람에 더욱 힘이 붙어 관군에게 피해를 주었어. 관군이 점점 밀릴 수밖에. 이 때 산 위에서 호랑이 울음 같은 목소리가 터져 나왔어.

*정충신(1576~1636)_ 조선 중기의 무신이다. 임진왜란 때 권율의 휘하에서 종군했고, 이괄의 난 때 황주와 서울 안현에서 싸워 이겼다. 1627년 정묘호란 때 부원수가 되었지만 조정에서 후금과 단교하려는 데 반대해 유배되었다. 저서로 『만운집』, 『백사북천일록』, 『금남집』 등이 있다.

"내 화살을 받아라, 이 역적 놈들아!"

성난 호랑이처럼 두 눈을 번득이며 공격하는 젊은 무장은 바로 임경업이었어. 그는 어느새 부하들을 데리고 산 위로 올라가서 소나기처럼 화살을 쏘아 댔어. 나무 둥치와 돌을 굴리기도 했지. 놀란 반란군이 주춤거렸어. 이 때 마침 바람의 방향이 거꾸로 바뀌었어. 그 바람을 타고 관군이 기세를 올려 공격을 마구 퍼부었지.

기세가 꺾인 반란군은 당황하기 시작했어. 임경업 부대가 함성을 지르며 산사태가 난 듯이 높은 곳에서 밀려내려오자 마침내 반란군은 까마귀 떼처럼 흩어지고 말았어. 이윽고 관군이 승리의 북 소리를 울렸고, 그 소식을 들은 이괄은 서울을 탈출했다가 결국 배신한 부하들에게 죽임을 당하고 말았지.

정충신*의 부하로 참전했던 임경업은 1등 공신이 되었고, 갓 30세에 벌써 가선대부종2품에 올랐어. 이 때부터 임경업의 이름이 조선 팔도에 널리 알려진 거야.

넘치는 힘을 써 보지 못하고

여진족 후금의 세력은 더욱 커져 갔어. 만주와 요동을 다 차지하고, 만리장성을 넘어 명나라의 본토까지 넘볼 정도가 된 거야. 명나라 장군 공유덕, 경중명은 아예 후금으로 투항하려고 했어. 다급해진 명나라는 그 배신자들을 무찌르기 위해 조선에 지원병을 요청하기에 이르렀어. 조선에서는 청북방어사 겸 안변부사로 있던 임경업을 보냈어.

1633년, 임경업은 명나라와 협력하여 후금으로 가려던 배반군을 모조리 무찔렀어. 이 때 임경업의 용력이 명나라까지 알려져, 명나라 황제가 푸짐한 상과 더불어 총병 벼슬까지 주었지.

돌아온 임경업은 다시 의주평안도 부윤 겸 청북방어사가 되어 백마산성을 지켰어. 백마산성은 고려시대 강감찬이 조성한 것인데, 산세가 험악해서 한 사람이 백 명도 막을 수 있는 요새였어. 그런데 군사와 백성들이 살기가 어려워 오래 있을 수가 없었어.

'백성이 살아야 성이 안정되는 법인데…….'

고민하던 임경업은 한 가지 꾀를 냈어. 의주가 국경인 점을 이용해 장사를 한 거야. 조선 물건을 중국에 팔고, 다시 중국 물건을 사와 조선에 파는 중계 무역이었지.

임경업은 여러 번 무역으로 많은 이익을 남겼어. 그 돈으로 허물어진 성을 고치고 무기를 갖추었지. 여진족에게 쫓겨난 백성들을 불러모아 논밭을 개간하도록 도왔어. 이렇게 하자 백성들도 모여 안정이 되었고, 백마산성은 튼튼한 요새로 탈바꿈했어.

이 공로로 임경업은 가의대부* 품계를 받았는데, 시샘하는 자가 많아 곧 벼슬을 내놓아야 했어. 무역해서 번 돈을 가로챘다는 모함을 받은 거야. 결국 임경업은 파직되고 말았어.

이 무렵 후금은 국호를 청淸으로 고치고, 다시 조선을 압박했어. 명나라와 관계를 끊고 신하국이 되라는 거였어. 오랫동안 중화사상*에 젖어 있던 조선은 오로지 명나라만을 섬기겠다는 뜻을 바꾸지 않았어. 하지만 명나라는 점점 기울어 가고, 청나라의 힘은 날로 커져 갔어.

청나라의 요구가 거세지고, 군사들의 움직임도 예사롭지 않았지. 이에 도원수 김자점은 임경업을 다시 쓸 것을 인조에게 주청했어.

"청나라 오랑캐를 막을 자는 오직 임경업뿐이옵니다."

인조의 명으로 임경업은 다시 의주 부윤이 되어 백마산성에서 전쟁 준비를 서둘렀어. 압록강 건너편에는 청나라 군사들이 훈련하는 모습이 자주 보였어. 곧 전쟁이 터지리라는 소문이 빠르게 퍼져 갔지.

"오랑캐를 막으려면 군사 2만 명이 필요합

*가의대부_ 조선시대 문관 종2품의 품계이다. 이에 해당하는 관직은 돈령부 · 의금부 · 경연 · 춘추관 · 성균관 등과 6조의 참판 · 한성부의 좌우윤 · 사헌부의 대사헌 · 8도 관찰사 등이다.

*중화사상_ 중국 사람이 자기 민족을 세계 문명의 중심이라고 생각하여 자기 민족의 우월성을 자랑하여 온 사상이다. 춘추 전국 시대부터 오랫동안 한민족(漢民族)의 기본 사상이 되어 왔다.

병자록 병자호란 때 명신 나만갑이 자신이 겪은 전쟁 경험과 병자호란 전후의 상황을 정리하여 만든 책

니다. 황해도의 군사를 저에게 붙여 주십시오."

임경업은 급히 장계를 올렸지만 조정에서는 허락하지 않았어.

백마산성 근처의 백성들은 보따리를 싸서 피난을 갔어. 군사들도 하나 둘 빠져 나갔어. 백마산성에는 힘없는 노인과 여자를 합하여 겨우 8백 명밖에 남지 않았어. 이 군사로는 도무지 적을 막을 수가 없었지. 그렇다고 요새인 백마산성을 포기할 수도 없잖아. 임경업은 백성과 군사들을 모두 불러 모아 명을 내렸어.

"나무와 베를 구해 와 허수아비를 만들어라!"

백성과 군사들은 밤낮없이 일을 해 허수아비 수천 개를 만들었어. 그리고 옷을 입혀 산성에 죽 늘어 세워 놓고는 긴 작대기를 꽂아 놓았어. 멀리서 보면 영락없이 창검을 쥐고 파수를 보는 병사들이었지.

1636년 12월 한겨울, 청나라 태종은 마침내 조선 정벌을 외치며 12만 대군을 이끌고 압록강을 건넜어. 이게 바로 병자호란이야.

임경업은 수백 명의 군사를 이끌고 백마산성을 지켰어. 그런데 어찌된 일인지 청군은 의주를 포기하고 먼 길로 둘러서 진격하는 거야. 임경업의 소문을 듣고 겁을 먹었는지, 아니면 허수아비들이 지키는 험한 요새를 포기했는지는 알 수 없는 일이었지.

청군은 물밀 듯이 쳐 내려가 10일 만에 서울에 다다랐어. 이번에는 임금이 강화도로 피할 겨를조차 없었어.

"소신이 오랑캐 진영으로 가서 사정을 살피고 시간을 끌겠습니다."

정묘호란 때도 화의를 주도했던 최명길이 나섰어. 그는 목숨을 걸고 청나라 진영으로 가서 화의를 하자고 하며 시간을 벌었어. 그 동안 인조는 부랴부랴 남한산성으로 들어갔어.

청 태종은 곧 남한산성을 포위하고 항복하라고 압박했어.

이를 안 임경업은 놀라운 작전을 계획했어.

"지금 저들의 서울 심양지금의 만주 봉천은 거의 비어 있을 것입니다. 군사 1만이면 충분히 무너뜨릴 수 있습니다. 이렇게 되면 오랑캐들은 제 안방에 불이 난 듯 부랴부랴 군사를 돌이킬 테고, 당황한 그들을 치면 우리가 이길 수 있습니다."

임경업은 상관인 병마절도사 유림에게 비밀 편지를 보냈어. 이는 분명 전세를 뒤집을 수 있는 기발하고도 대담한 작전이었거든. 하지만 유림은 받아들이지 않았어.

"우리에게는 임금을 지키는 일이 더 급하네."

임경업은 백마산성을 지키며 때를 기다리는 수밖에 없었어.

한겨울의 남한산성은 점점 어려워졌어. 안간힘으로 버티었지만, 대포를 쏘아 대는 청군을 당해 낼 수는 없었어. 혹독한 추위와 굶주림으로 군사들은 지쳐갔어. 식량마저 떨어져 가마니를 뜯어 말먹이를 하고, 또 그 말을 잡아 사람이 먹을 지경이 되었어. 이에 하는 수 없이

*삼전도_ 서울 송파구 삼전동에 있던 한강 상류의 나루로, 1439년(세종 21년)에 만들어졌다. 당시 서울과 광주의 남한산성을 이어주는 나루였다.

항복 깃발을 내거니 남한산성에 들어온 지 50일 만이었어. 이에 대한 자세한 내용은 『명재상 이야기』 「최명길」 편에서 설명했지.

우리 역사상 가장 치욕스런 항복이었어. 인조는 임금 옷을 벗고 죄인처럼 삼전도*로 나가 머리를 땅에 찧으며 청 태종에게 절을 올렸어. 청은 세자와 왕족과 대신을 비롯한 수많은 조선 사람을 자기 나라로 끌고 돌아갔지.

아마도 청 태종은 임경업의 용력을 두려워했던 것 같아. 그는 자신의 조카 요태로 하여금 임경업을 방어하며 압록강을 건너려 했거든. 요태가 정예 기병 3백 명을 이끌고 압록강에 다다랐을 때였어.

"멈추어라! 올 때는 마음대로 왔지만 갈 때는 마음대로 돌아가지 못하리라!"

백마산성에서 이를 갈고 있던 임경업의 기습이었어. 이겨서 사기가 높은 요태의 정예 기병은 말머리를 돌려 대들었어. 임경업은 항복한 분풀이를 하듯 단숨에 이들을 무찔렀어. 잡혀가던 백성 120명과 말 60필까지 구해 냈지.

놀란 청나라에서는 이 사실을 조선 조정에 알렸어. 이미 항복을 했고 화의가 이루어졌으니 싸우지 말라는 어명이 날아왔지. 임경업은 눈물을 머금고 복수의 칼을 거둘 수밖에 없었어.

비록 부분적인 전투였지만, 통쾌한 복수를 한 임경업은 백성들의 영웅으로 떠올랐지. 청나라는 조선군 전체보다 임경업 한 명을 두려워한다는 말이 백성들 사이에 자자했어. 인조의 명령만 아니었어도 임경업이 청 태종의 항복을 받아 냈을 거라고도 했지. 그로 인해 임경업에 대한 신비한 이야기는 더욱 늘어난 거야.

임경업은 청나라에 복수하겠다고 다짐했어. 그러

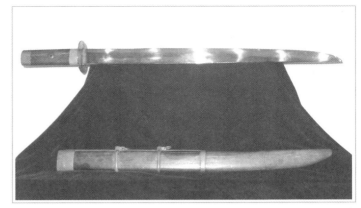

임경업 장군이 사용하던 칼인 '추련도'

나 기회는 오지 않았어. 오히려 청나라에서 임경업을 보내 달라는 요청이 왔어. 청나라와 이제 속국이 된 조선이 연합군을 만들어 기울어 가는 명나라를 완전히 무너뜨리자는 거였어. 그 조선군 장수로 반드시 임경업을 보내 달라는 거야. 청나라에서도 임경업의 용력을 높이 평가한 걸 알 수 있지.

임경업은 어명에 따라 군사를 이끌고 청나라로 갔어. 하지만 이런 저런 핑계로 시간을 끌며 명나라를 치지 않았어. 어쩔 수 없이 전투가 벌어지면 명나라 군사와 미리 짜고 허공에다 총과 화살을 쏘아 댔어. 청나라는 조선의 원수요, 명나라는 임진왜란 때 도와 주었잖아. 게다가 자신에게 총병관 벼슬을 내린 나라인데 임경업이 칼을 겨눌 수는 없었던 거지. 그래서 싸우는 척하며 기회를 엿보다가 청나라를 칠 작정이었어. 이는 영의정 최명길의 뜻이기도 했어. 주화론자이며 친청파로 알려진 그도 복수의 기회를 노리고 있었던 거지.

하지만 이런 비밀은 곧 탄로가 나고 말았어. 명나라에 배신자가 생겨 청나라에 고자질을 한 거야. 그 때문에 최명길은 청나라로 잡혀갔고, 임경업은 명나라로 망명해 버렸어. 명나라에서는 그에게 평로장군 벼슬을 내리고 군사 4만 명을 주었어. 드디어 임경업이 청나라에 복수할 힘을 갖게 된 거지.

임경업은 군사를 이끌고 청나라로 진군했어. 그런데 하필 이 때 휘청대던 명나라가 청나라에게 항복해 버렸지 뭐야. 임경업을 따르던 군사들도 청나라에 붙거나 놀란 참새 떼처럼 흩어져 버렸어. 그리고 임경업은 배신한 명나라 장수에게 잡혀 청나라 수도인 북경으로 끌려갔단다.

청 태종은 이미 임경업을 잘 알고 있었는 듯해. 그는 임경업을 신하로 삼으려고 달래고 꼬드겼어.

"그대 같이 뛰어난 장수를 차마 어찌 죽이겠는가. 나와 더불어 천하의 주인이 되어 부귀와 영화를 누리지 않겠는가?"

임경업이 두 눈을 부라리며 대거리했어.

"대장부가 어찌 두 임금을 섬기리요. 어서 죽이시오!"

태종은 아쉬워하며 임경업을 조선으로 보냈어.

이 때 조선에서는 임경업을 제거할 뜻을 품은 자들이 생겼어. 바로 영의정 김자점*이었어. 김자점은 천만 뜻밖에도 임경업을 심기원의 역모 사건에 얽어 넣었어. 한때 그는 임경업을 매우 아끼고 또한 친했어. 임경업이 의주 부윤에서 쫓겨났을 때

*김자점(1588~1651)_ 조선 중기의 문신이다. 인조반정 때 공을 세워 영의정이 되었다. 효종이 즉위한 후 파직당하자, 이에 앙심을 품고 조선이 북벌(北伐)을 계획하고 있음을 청나라에 밀고하였다. 이후 유배되었다가 아들 익의 역모사건이 발생하자 처형되었다.

도 돌아오게 해 주었고, 명나라로 망명할 때도 도와 주었어. 그런데 이제 그 일이 드러나 자기도 죄를 받을까 봐 두려워 죽이기로 한 거야.

임경업이 돌아오자 김자점은 심문관들에게 다짜고짜 임경업을 고문하도록 지시했어. 임경업은 자신이 계략에 빠진 걸 알아채고 한탄했지.

"천하의 일이 매듭지어지지 않았는데, 나를 죽이는 건 큰일을 그르치는 게 아니냐!"

임경업이 모진 고문을 이기지 못하고 숨을 거두니 53세였단다.

백성들의 충격은 컸어. 병자호란을 겪으면서 유일하게 위로가 되었던 영웅의 죽음이 너무도 아쉬어 백성들은 땅을 치며 한탄했어. 『해동명장전』에 다음과 같이 적혀 있단다.

그는 기어코 감옥에서 죽고 말았다. 그가 죽는 날 산천의 풀과 나무들이 서리를 맞은 듯 시들었다고 한다. 사람들은 충신이 원통하게 죽었기 때문에 초목도 눈물을 흘리는 것이라고 하였다. 그가 타던 천리마도 주인이 죽었다는 말을 듣고 하늘을 보고 울부짖다가 죽고 말았다.

인조도 임경업이 죽었다는 말을 듣고 몹시 안타까워하였어. 그는 임경업이 뛰어난 장수이며 나라를 지킬 인재라고 여기고 있었어. 『조선왕조실록』의 기록을 볼까.

승지 이시해가 나아가 아뢰었다.
"임경업이 죽었습니다."

임금이 슬퍼하며 말씀하셨다.

"경업이 죽었단 말인가? 그가 역적이 아니라는 걸 내가 밝혀 알려 주려 하였는데 틀렸구나. 제법 장대하고 튼튼해 보이더니, 어찌 이렇게도 빨리 죽었단 말인가. 그는 담력이 커서 나라가 믿고 의지할 만하였다. 그런데 흉악한 무리의 꾐에 빠져 헛되이 죽고 말았으니, 애석할 뿐이다."

돌이켜 보건대, 임경업은 당대에 가장 뛰어난 기백을 가졌던 장군이었어. 그러나 안타깝게도 그 기백과 힘을 제대로 한번 써 보지 못했어. 정묘호란 때는 전라도에 있다가 군사를 몰고 오니 이미 화의가 이루어졌고, 병자호란 때는 백마산성에서 적을 기다렸는데 적들이 피해 버려 싸울 수가 없었지. 명나라 장군이 되어 복수를 하려 했으나 명나라가 망하고 배신하는 바람에 허사가 되고 말았어. 그러다가 억울하게 누명을 쓰고 숨을 거두고 만 거야.

역사에서는 이런 임경업을 용력은 뛰어나지만 대세의 흐름을 파악하지 못한 무능한 장수로 평가하기도 해. 하지만 그건 임경업을 다시 죽이는 억울한 평이라 할 수 있어. 당시 무관들은 문관 정치가의 결정과 명령을 따르게 되어 있었거든. 그러니 뛰어난 그의 용력을 제대로 활용하지 못한 임금과 대신들의 책임이 더 큰 거지. 임경업이 대담하게 청나라의 도읍을 공격하려 할 때나 치욕을 갚으려고 할 때 아무도 힘이 되어 주지 못했거든. 그로 인해 넘치는 기운을 써 보지도 못하고 한을 품은 채 죽고 만 거지.

임경업은 그렇게 한탄스레 갔지만 백성들은 그를 보내지 않았어. 백성들에게 그는 영웅의 경지를 넘어서서 신이 되어 버렸거든. 그를 둘러싼 더욱 많은 신비한 이야기가 덧붙여져 백성들의 입에 오르내렸어. 그리고 조정에서도 1697년숙종 23 그의 누명을 벗겨주고 관작을 복구시켰으며, 고향인 충주 달천에 사당 충렬사를 지어 위로했단다.

그는 「임경업전」이나 「임장군전」 같은 소설의 주인공이 되어 조선 백성들의 사라지지 않는 영웅이 된 거야. 심지어 백성들은 곳곳에 임경업의 사당을 세우고 그를 받들었어. 그에게 기도하면 병이 낫고 복을 받는다고도 하였어. 이리하여 임경업은 우리 전통 무속 신앙의 신이 된 거란다. 김유신, 장보고, 최영 등 여러 장군신 가운데서도 임경

임경업 장군을 모신 '충주 충렬사'

업이 가장 힘이 뛰어난 장군이라고 하니 당시 백성들의 마음을 짐작할
만하지.

　　때여, 때는 다시 오지 않나니
　　한번 태어나서 한번 죽는 것이 여기 있노라
　　장부 한평생 나라에 바친 마음
　　석자 추련도를 십년이나 갈고 갈았노라

　　　　　－ '추련도'에 새겨져 있는 시

제12장

겨레의 지킴이 녹두장군
전봉준

때를 만났을 때는
하늘과 땅이 힘을 모으더니
운이 다하니
영웅도 스스로를 어쩔 수 없구나
백성을 사랑하고 정의를 바란 것이
무슨 허물이 되랴
나라 사랑하는 일편단심
그 누가 알까

− 전봉준의 절명시 「단심가」

키 작은 젊은 훈장

　때는 1893년 초겨울, 전라도 고부지금의 정읍의 한 작은 마을에서 벌어진 일이야.

　"안 됩니다. 제발 이 송아지만은 놔 주세요."

　한 농부가 포졸의 바짓가랑이를 잡고 통사정을 하는 거야.

　"놔라! 물을 썼으면 마땅히 세금을 내야 할 게 아니냐."

　포졸이 농부의 가슴팍을 발로 차고 송아지 고삐를 잡아챘어.

　"아이고, 이방 나리. 물세로 쌀 서 말을 냈지 않습니까."

　농부는 뒷짐을 지고 선 이방의 바짓가랑이를 잡고 늘어졌지.

　"이 미친놈아. 지난번 쌀은 우리 사또 어른의 부친 송덕비를 세우느라 걷은 것이지, 그게 어찌 물세냐. 네가 관가로 가서 곤장을 맞아야 정신을 차리겠느냐!"

　이방이 농부를 걷어차고는 사립문을 나서자 포졸들이 송아지를 발길질로 툭툭 차며 몰고 나갔어.

　"아이고, 삼년 흉년에 물세가 웬 말이냐. 우리가 만든 저수지 물을 우리가 쓰는데 툭하면 세금이라니."

농부의 아내가 땅바닥을 치며 울었어.

"뭐야, 툭하면 세금이라고? 그 말은 사또께서 나랏일을 잘 못한다는 말이렷다?"

사립문을 나서던 이방이 돌아섰어.

"여봐라. 저년을 당장 묶어라!"

포졸들이 득달같이 달려와 아낙을 잡으려 했어. 농부는 결사적으로 아내를 감싸안으며 막았지. 포졸의 육모 방망이가 사정없이 농부의 머리통을 때렸고, 농부는 피를 흘리며 쓰러졌어. 포졸들은 농부의 아내를 잡아 묶어 개처럼 끌고 나갔어.

"이놈아. 네 마누라 데려가려면 쌀 한 섬은 가져 와야 할 것이야. 감히 관장에게 욕을 하다니, 그 죄가 얼마나 큰지 아느냐?"

농부는 피를 흘리며 쫓아갔으나 포졸의 발길질에 다시 나뒹굴고 말았어.

집집마다 세금을 후려낸 관가의 수레에는 쌀, 옷감, 돈 따위가 집채만큼 높다랗게 실려 있었어. 송아지, 돼지, 닭들이 굴비 두릅으로 묶인 채 뒤를 따랐지. 그렇게 이방과 포졸들이 사라지는 광경을 사람들은 성난 표정으로 바라보았어. 불끈 쥔 주먹이 떨렸고, 눈에 핏발이 서고, 이를 뿌드득 갈았지.

"이대로는 안 돼. 뭔 수를 내야지."

"쳐죽일 놈들, 도대체 올해 들어 세금을 몇 번씩이나 걷는 거야."

"하늘도 무심하시지. 구렁이 같은 탐관오리한테 벼락도 안 내리시다니."

누군가 한마디하자 여기저기서 불만 가득한 목소리가 터져 나왔어.

"훈장님한테 가서 얘기해 봅시다. 그 어른 말고 누가 우리 심정을 헤아려 주겠습니까?"

"그래. 그 양반밖에 없어. 구슬도 꿰어야 보배라고, 누가 앞장을 서야 저 벼락 맞을 놈들을 엎어 버리던가 하지."

사람들이 팔소매를 걷어붙이고 한갓진 산비탈로 몰려갔어. 방 두 칸 짜리 작은 초가에서는 글 읽는 소리가 낭랑하게 울려났지. 젊은 훈장이 마을 아이들을 모아 글을 가르치는 중이었던 거야.

사람들이 들어서자 좁은 마당이 꽉 찼어. 웅성거리는 소리에 곧 문이 열리고 훈장이 얼굴을 내밀었어.

"어쩐 일로 오셨습니까?"

훈장이 책을 손에서 놓고는 밖으로 나왔어.

"더 이상 참을 수가 없어서 의논을 드리고자 찾아왔습니다요."

육모 방망이에 맞아 깨진 머리에 낡은 천을 친친 감은 농부가 말했어. 주먹을 불끈 움켜쥔 나머지 사람들의 눈에서도 파란 불꽃이 일었어.

"오늘은 그만하자꾸나. 내일 또 오너라."

훈장의 말에 아이들은 방에서 나와 큰 소리로 인사를 하고는 우루루 달려나갔어. 훈장은 사람들을 좁은 방으로 들이고는 얘기를 들었어.

"정해진 세금만 걷으면 누가 뭐랍니까. 멀쩡한 효자를 불효했다고 불러 가서 곤장을 때리고 돈을 울궈내지 않나, 하늘에 대고 삿대질을 했다고 벌금을 물리지 않나, 코에 걸면 코걸이요, 귀에 걸면 귀걸이니 우리 같이 힘없는 백성은 그저 죽으라는 말이지 뭡니까.”

 “확 세상을 뒤집어야 해요!”

 다 듣고 난 훈장은 조용한 목소리로 말했어.

 “우선 이렇게 해 봅시다. 잇달아 흉년인데 세금이 너무 무거우니 덜어 달라고 탄원서를 만들어 관가에 올리는 게 어떻겠습니까?”

 사람들은 손사래를 치거나 고개를 가로저었어.

 “무슨 연판장이나 탄원서가 씨알이나 먹히겠습니까요. 오히려 치도곤이나 당하겠지요. 탐관오리들은 그저 몽둥이로 두들겨 쫓아 내야 합니다.”

 “맞아요. 갈아엎어야 한다니까요!”

 그러나 훈장은 여전히 낮은 목소리로 조근조근 타일렀어.

 “나라에서 임명한 관리를 함부로 쫓아 냈다가는 더 큰 화를 불러 올 것입니다. 모든 일에는 순서가 있는 것이고, 탄원을 듣지 않는다면 우리도 구실을 얻는 셈이니 그 때 봉기를 해도 늦지 않을 것입니다.”

 “아유, 선생님은 분하지도 않으세요? 어르신이 왜 돌아가셨는데요!”

 한 젊은이가 뿌드득 이를 갈며 일어섰어.

 2년 전, 고부 군수로 온 조병갑은 매우 악질이었어. 친척이 재상임을 믿고는 온갖 구실을 붙여 백성들의 재산을 우려내 자기 배를 채웠어. 훈장의 부친 전창혁이라는 사람이 백성들을 대표하여 탄원서를 냈지. 그러자 조병갑은 전창혁을 데꺽 잡아들여 곤장을 때렸고, 전창혁은 그 때문에 한 달 만에 죽고 말았던 거야. 젊은이는 그 얘기를 들먹이며 당장 관가를 치자고 충동질이었지.

그래도 훈장은 흥분하지 않았어.

"내가 움직임을 더욱 조심하는 것은 바로 그 일 때문이라네. 모르는 사람들이 보면 내가 사심으로 부친의 복수를 한다고 하지 않겠나?"

모두들 고개를 끄덕거렸어.

마을 사람 모두에게 존경받는 이 젊은 훈장이 바로 전봉준이야. 그는 겨우 다섯 자가 갓 넘는 조그만 사내였어. 어깨가 떡 벌어지거나 뚱뚱하지도 않았어. 얼굴은 하얗고 손은 여자처럼 갸름했대. 그런데 눈빛은 맑고 빛이 났으며, 품은 뜻이 높고 커서 어지간한 일에는 산처럼 흔들림조차 없었어. 그리고 볼품없이 작은 겉모습과는 달리 힘이 장사였대.

그는 어려서부터 한시를 척척 지어 낼 정도로 문장에 뛰어났어. 하지만 돈으로 벼슬을 사고팔던 때라 벼슬은 생각조차 하지 못했어. 그저 서마지기 농사를 손수 지으며, 마을 아이들을 가르치며 살았지. 의술을 익혀 사람들의 병을 고치거나 약을 지어 주기도 했고. 그러다가 동학*에 가입하여 고부 지역 책임자인 접주가 된 것은 나이 서른이 넘어서였어. 마을 사람들은 이런 전봉준을 존경하고 따랐어. 그래서 함께 탐관오리 조병갑을 쫓아 내자고 온 참이야.

그 며칠 후, 전봉준은 탄원서를 만들어 마을 대표들과 관가로 갔어.

"이런 괘씸한 놈들. 나의 어진 다스림 덕에 목숨이 붙어 있는 줄 모르고 세금을 깎아 달라고? 저놈들을 모조리 감옥에 처넣어라!"

*동학_ 1860년(철종 11년)에 최제우가 창시한 민족 종교이다. 당시는 탐관오리의 수탈과 외세의 침입으로 백성들이 큰 고통을 받았다. 최제우는 유불도 삼교를 흡수하고 인내천 사상을 기본 교리로 삼아 세상과 백성을 구제하고자 했다. 그러나 1894년 동학 농민 운동 이후에 정부의 탄압을 받았고, 제3대 교주 손병희 때 천도교로 이름을 바꾸었다.

조병갑은 불호령을 내렸어.

전봉준과 마을 대표들은 매를 맞고 며칠간 감옥살이를 했어. 그 후 다시 탄원서를 올렸지만, 역시 돌아온 건 매타작과 감옥살이뿐이었어. 조병갑은 더욱 백성들을 못살게 굴 뿐, 조금도 반성하지 않는 거야.

"이제 하늘도 더 이상 두고 보지 않을 것이오."

마침내 전봉준은 힘으로 탐관오리를 몰아 내기로 작정했어.

사발통문이 만들어져 돌았어. 사발통문이란 일을 꾸민 사람들의 이름을 사발 모양으로 둥글게 적은 거야. 누가 우두머리인지, 누가 제일 먼저 일을 꾸몄는지 알 수 없게 만든 거지. 전봉준을 비롯한 20명의 동학도들이 만든 사발통문의 내용을 볼까.

1. 고부성을 깨부수고 군수 조병갑의 목을 베어 매달 것.
2. 군기창과 화약고를 차지할 것.
3. 군수에게 빌붙어 백성들을 해치고 재물을 **빼앗은** 관리들을 벌할 것.
4. 전주를 함락하고 서울로 올라갈 것.

이런 사발통문이 전라도를 중심으로 각 고을을 돌아 마침내 봉기의 깃발이 오른 건 1894년 1월 10일이었어. 우리 역사상 처음으로 농민이 주체가 되어 나라를 바로잡으려는 혁명을 시작한 거야.

"때는 바야흐로 왜구와 서양의 오랑캐들이 우리 나라를 집어삼키려 하고 있습니다. 이런 때에 벼슬아치들은 나라는 돌보지 않고 백성들의 피만 빨아 대니 하늘이 분노하고 산천이 통곡합니다. 이제 하늘이 나라의 운명을 우리 백성들의 손에 붙이셨으니, 모두 하나 되어 탐관오리를 내쫓고 기울어 가는 나라를 일으켜 세웁시다!"

말목 장터에 전봉준의 목소리가 쩌렁쩌렁 울려 퍼졌어. 조용조용하고 차분하기만 하던 보통 때와는 완전 딴판이었지. 작고 야윈 몸뚱이에서 호랑이가 울부짖는 듯한 우렁찬 목소리가 터져 나왔거든.

"탐관오리를 몰아 내라!"

"조병갑을 잡아라!"

장터에 모인 천여 명의 동학도들이 전봉준의 말을 따라 외쳤어. 그들은 손에 손에 대나무를 깎아 만든 죽창과 쇠스랑, 곡괭이, 낫, 도끼를 비롯한 농기구들과 단단한 몽둥이를 거머쥐었어.

"와!"

농민들은 뿌옇게 먼지를 일으키며 고부성으로 치달았어.

벌 떼처럼 일어나 달려오는 백성들을 본 군인들은 사방으로 흩어져 버렸어. 동학 농민군은 순식간에 성문을 열고 들어가 관리들을 잡아 무릎을 꿇렸어. 그런데 조병갑은 변장을 하고 도망치고 없었어.

"억울한 백성들은 모두 풀어 주고, 창고의 곡식들을 골고루 나누어 줄 것이다. 그리고 조병갑에게 빌붙어 백성들을 못살게 군 아전과 관리들은 각각 그 저지른 죗값을 받을 것이다."

성을 차지한 전봉준은 차근차근 백성들의 원한을 풀어 나갔어.

고부에는 역사상 한 번도 없었던 새로운 세상이 열렸어. 빈부귀천도 없이 모두가 평등하게 어울려 사는 세상이 온 거야.

황토현의 승리와 전주화약

조병갑은 전주의 전라도 관찰사에게로 도망쳤어. 관찰사 김문현은 고부에서 일어난 일을 조정에 보고했지. 조정에서는 한 달이 넘게 지난 2월 15일에야 다음과 같은 조치를 내렸어. 의정부에서 고종 임금에게 이런 내용을 올렸어.

대개 이번 소란은 사실 원한이 쌓이고, 잘못된 다스림에서 나온 것으로 하루 이틀에 이루어진 일이 아닐 게 뻔합니다. 전라감사 김문현에게는 3기분 녹봉을 주지 말고, 고부 군수 조병갑은 의금부에서 잡아다가 죄를 주고, 후임은 각별히 선택하여 임명하여이조에서 박원명을 임명하였다 보내야 할 것입니다. 또 장흥부사 이용태를 고부군 안핵사로 임명하여 밤을 새워 달려가서 엄격히 조사하여 보고하게 할 것입니다.

고부 군민들의 완전한 승리였지. 조병갑은 죄를 받고, 새 사또 박원명이 왔어. 박원명은 백성들의 요구를 다 들어주었어. 못된 아전들을 쫓아 내고 백성들이 추천한 사람을 쓰고, 동학 농민군을 벌 주지 않기로 한 거야. 이에 농민군은 모두들 자기 집으로 돌아갔지.

*안핵사_ 조선 후기에 지방에서 발생하는 민란을 처리하기 위하여 파견하던 임시 벼슬이다. 목사·군수 등 인근 지역의 수령이 주로 임명되었으나 때로는 경관이 임명되기도 하였다. 철종 때에는 진주·청주·익산·함흥 등지에 파견되었다.

그런데 뜻밖에도 안핵사* 이용태가 문제를 일으켰어. 그는 고부에서 일어난 일을 탈없이 자세히 조사하고 다시는 난리가 생기지 않도록 해야 했는데, 엉뚱하게도 농민들을 조사한다며 불러서 감옥에 가두어 버린 거야. 뿐만 아니라 조사를 구실삼아 백성들을 때리거나 물건을 뺏기까지 했어.

"여우가 가니 늑대가 오고, 늑대가 가니 또 승냥이로구나. 나라의 제도를 바꾸지 않는 한 이 고달픈 일이 끊임없이 되풀이될 것이다."

1894년 3월, 전봉준은 다시 일어섰어. 그는 농민군을 이끌고 순식간에 고부를 점령하여 이용태를 내쫓았어. 이웃 고을의 태인 현감을 체포하고 무기도 뺏었지. 지난번보다 훨씬 많은 동학 농민군들이 죽창과 농기구를 들고 모여들었어. 농민군은 탐관오리를 쫓아 내자는 데서 나아가 나라를 바꾸려고 하였어. 전에는 조병갑만 쫓아 내고 원한을 풀려고 하였는데 거기서 더 나아가 진짜 혁명을 하기에 이른 거야.

"우리가 오늘날 여기까지 온 것은 의를 세우고자 함이요, 수렁에 빠진 백성들을 건지고, 기울어 가는 국가를 바로 세워 튼튼한 반석 위에 두고자 함이다. 안으로 제 욕심만 차리는 벼슬아치를 베고, 밖으로 오랑캐들로부터 나라를 지키리라!"

3월 21일, 백산에 모인 동학군은 무려 1만 명이 넘었어. 모두들 흰옷을 입고 손에는 긴 죽창을 들고 있었기 때문에 '앉으면 죽산 일어서면 백산'이란 말이 생기기까지 했어. 동학 농민군은 모두들 용감무쌍한 표정으로 전봉준의 연설을 들었어.

동학군은 본격적인 군대 조직을 갖춘 것도 이 때부터야. 백산에서 전봉준은 총사령관인 동도대장에 추대되었고, 손화중, 김개남이 총관령이 되어 보좌했어. 김덕명, 오시영이 총참모, 태인 사람 최경선이 총솔장, 송희옥, 정백현이 비서가 되었지. 이들은 모두 뛰어난 통솔력과 지혜를 갖춘 전봉준을 우러러 따랐어.

전봉준은 동학군에게 다음과 같은 명령을 내렸어.

1. 사람을 죽이거나 재물을 손상하지 않는다.
2. 충효를 다하여 세상을 구하고 백성을 편안하게 한다.
3. 일본 오랑캐를 쫓아 내어 하늘의 올바른 도리를 밝힌다.
4. 군사를 거느리고 서울로 가서 권력자와 귀족들을 모두 죽인다.

전봉준은 농민군에게 규칙을 정해 주고, 군사 훈련을 시켰어. 여러 지방으로 다니며 고을마다 동학 농민군을 만들었지. 턱없이 권세나 부리던 부자나 벼슬아치들은 겁을 먹고 몸을 도사렸어. 반면에 백성들은 동학군을 어버이나 형제처럼 반기고 따랐어. 일본의 신문 기자의 기록은 동학군이 얼마나 올바르게 행동했는지 잘 보여 준단다.

동학군은 술과 여자를 탐내지도 않고 담배도 피지 않는다. 군율을 잘 지켜 백성에게 아무런 피해도 끼치지 않는다. 그들은 백성의 행복을 위해 싸운다는 신념을 갖고 있으며, 그대로 행동한다.

동학군이 진격할 때면 많은 주민들이 길가로 몰려 나와 환영하였다. 열광한 군중이 길가의 밭작물을 짓밟으면 동학군은 공포를 쏘아 주의를 주었다. 그들은 아무리 작은 물건이라도 현금으로 샀다. 아무 피해 받을 염려가 없는 백성들은 모두들 동학군을 환영하고 칭송했다.

사람들은 언젠가부터 전봉준을 '녹두장군'이라고 부르기 시작했어. 키가 작은 그를 땅에 붙은 듯이 자라는 녹두에 빗댄 거지.

"녹두장군은 힘이 천하장사래. 아름드리 소나무도 뿌리째 뽑는다던걸."

"비를 부르고 구름을 타고 다닌대. 아마 도사인가 봐."

"야, 나도 녹두장군님 밑에서 싸워 보았으면. 얼굴이라도 보았으면."

백성들은 모이기만 하면 녹두장군과 동학 농민군에 대해 얘기했어. 그의 승리 소식이 전해지면서 많은 이야기들이 부풀려지기도 했겠지. 동학군에 대한 노래도 지어져 아이들부터 어른들까지 즐겨 불렀어.

전봉준의 소식을 들은 조정은 발칵 뒤집어졌어.

"이들은 난민이 아니라 역적이오. 다른 지방으로 번지기 전에 토벌해야 하오!"

조정에서는 전라도 관찰사 김문현에게 동학군을 토벌하라는 명을 내렸어. 김문현은 관군 3백 명에다 돈을 주고 끌어들인 보부상 천여 명을 이끌고 토벌에 나섰어.

4월 6일, 토벌대는 황토현 고개에서 잔치를 벌였어. 전쟁에 나서기

*홍계훈_ 조선 고종 때의 무신이다. 동학 농민
운동 때 양호 초토사(변란이 일어난 지방에 파
견한 임시 무관직)가 되어 관군 8백 명을 이끌
고 전주성을 되찾았으며, 이후 을미사변 때 훈
련대장으로 광화문을 지키다가 피살되었다.

전 실컷 먹여 사기를 높이려는 작전이었지.
전봉준은 그 틈을 놓치지 않고 밤에 기습을
했어. 한바탕 잔치 끝에 곯아떨어져 있던 토

벌군은 갈팡질팡이었지. 순식간에 토벌대를 무찌른 동학군은 정읍, 흥
덕, 고창을 잇달아 점령했어.

점점 불어난 동학군은 해일처럼 전주성을 향해 진격했어. 거기는 양
호초토사 홍계훈*이 이끄는 중앙군이 대포까지 갖추고 지키고 있었어.

홍계훈은 성 안에서 지키고 있을 뿐 감히 동학군을 공격할 엄두를
내지 못했어. 수만 명의 동학군을 보고 겁을 먹은 거야. 그는 청나라의
도움을 받아야 한다고 거듭 장계를 올렸어.

"쿠앙!"

4월 27일 정오, 전주 장터 건너편 용머리 고개에서 천지를 뒤흔드
는 대포 소리가 울렸어. 그것을 신호로 사방에서 총 소리와 함성이 터
졌어. 동학군이 공격을 개시한 거야. 장터에 모여 있던 수천 명도 들
고 일어났어. 장꾼으로 변장하여 이미 장터에 진을 치고 있던 동학군
들이었지.

갑작스런 공격에 혼이 나간 관군들은 진동한동 내빼기에 바빴어. 큰
싸움 없이 동학군은 전라도의 도읍지 전주성을 점령하여 드높은 기세
를 떨쳤어.

이 소식을 들은 조정에서는 청나라에 군사를 보내 달라고 요청했어.
자기 백성들을 무찌르기 위해 남의 군대를 빌린 거야. 많은 신하들이

동학 희생자 위패 봉안소

반대했지만, 대원군과 대적하기 위해 청나라의 힘을 빌었던 명성황후 민씨가 기어코 일을 벌인 거야. 황후도 한때 나라를 지키고 발전시키기 위해 애썼지만, 이 즈음에는 자기 권력을 지키기에 급급했던 거지.

　사태는 엉뚱하게 번져 갔어. 청나라 군대가 출동하자 일본도 질세라 군대를 보낸 거야. 톈진조약*天津條約에 따라 저들 마음대로 군사를 움직인 거지. 조선인 그 누구도 원하지 않는 일이 벌어진 거야. 전라도에서 일어난 동학 농민 전쟁이 국제 전쟁으로 번지게 생겼거든.

　황후는 다급하게 홍계훈에게 동학군과 화의를 명했어. 홍계훈은 다급히 전봉준과 회담

*톈진조약_ 1885년에 중국의 톈진에서 청나라와 일본이 맺은 조약이다. 청나라의 이홍장과 일본의 이토 히로부미가 조선에 있는 청나라군과 일본군을 철수할 것과 군대를 조선에 다시 파견할 때는 서로에게 미리 알릴 것을 합의하였다.

을 가졌어.

"폭도들을 순순히 해산시키면 모두들 안심하고 집으로 돌아갈 수 있도록 통행증을 써 주겠다."

홍계훈이 제의했어.

"우리는 폭도가 아니오. 제 배만 불리는 못된 벼슬아치를 벌 주고, 외세를 몰아 내 벼랑 끝에 선 나라를 구하고자 일어선 것이오."

전봉준은 홍계훈을 나무라며 그 제의를 거절했어. 그러나 청나라와 일본 군대가 들어오는 건 양측 모두 원하는 바가 아니었어.

"남의 군대를 끌어들이는 건 심장을 떼어 오랑캐에게 던져 주는 것이나 다름없소. 우리가 내거는 조건을 받아들인다면 동학군을 해산시키겠소."

이리하여 1894년 5월 8일, 역사적인 '전주화약'이 이루어졌어. 혁명군또는 반란군과 조정이 처음으로 합의를 이룬 건 역사상 처음 있는 일이야. 그만큼 동학군의 위세가 대단했던 거지. 합의 내용을 간추리면 다음과 같아.

쌀을 거두어 가는 관청을 없앨 것, 세금을 무리하게 걷지 않을 것, 탐관오리를 찾아 쫓아 낼 것, 벼슬을 사고팔지 말 것, 수령이 백성들의 재산을 마음대로 빼앗지 말 것.

"이런 일을 시행하고 감독하기 위해 집강소*를 만들고, 그것을 감독할 대도소가 있어야 하오. 이렇게 해 준다면 군사를 물리겠소이다."

홍계훈은 이 모든 제의를 다 받아들였어. 조정이 동학군에게 굴복한 거나 다름없었지. 그만큼 일이 다급했고, 황후도 조선 땅에서 전쟁이 나는 것은 바라지 않았거든.

전라도 53개 군에 집강소를 만들기로 한 동학군은 관군에게 전주성을 내주었어. 그리고 자랑스럽고 당당하게 각자 고향으로 돌아갔어. 우리 역사상 가장 위대한 민중의 승리였어.

*집강소_ 1894년(고종 31년) 동학 농민 운동 때 농민군이 전라도 지방의 각 군현에 설치하였던 농민 자치기구이다. 원래 집강소는 지방 행정의 원활한 수행을 위한 수령의 보조기구였지만 점점 농민군의 지방 통치조직이 되었다. 한 명의 집강과 몇 명의 의사원이 행정 사무를 맡아 보았다.

지지 않는 겨레의 녹두꽃

전주화약이 이루어지자 조선 조정은 서둘러 요청했어.

"동학군이 사라졌으니 일본과 청국은 군대를 물리시오."

청나라는 일본과 같은 날 군사를 물리겠다고 했으나, 일본은 조선이 개혁을 하는 걸 봐서 물러나겠다고 버티었어. 자기들이 원하는 방향으로 조선을 바꾸려는 속셈이었지. 조선을 삼키고자 하는 속내를 드러낸 거야. 청나라도 오래도록 조선에 영향권을 행사해 왔으니 그걸 잃고 싶지 않았고. 그리하여 군대가 출동한 청나라와 일본은 언제 터질지 모르는 화약고처럼 되고 말았어.

선수를 친 건 일본이었어. 6월 23일, 청나라 해군에게 공격을 퍼부은 거야. 남의 땅에서 엉뚱한 나라들이 명분도 없는 전쟁을 벌인 거지.

전쟁은 일본의 일방적인 승리로 끝났어. 청나라는 기울어 가는 중이었고, 서구 문물과 신식 군대로 무장한 일본은 오랫동안 전쟁 준비를 해 왔거든. 그 직후 일본은 경복궁을 점령하고는 고종 임금을 인질로 잡고 조선을 자기 마음대로 주무르기 시작했어.

전봉준은 일본이 조선을 식민지로 삼으려 한다는 걸 훤히 꿰뚫어 보았어.

"저 못된 왜구를 몰아 내고 나라를 구하자!"

1894년 9월, 전봉준은 삼례에서 다시 깃발을 들었어. 전국에서 모여든 동학군의 숫자는 무려 20만 명이나 되었어. 동학군은 이미 전라도뿐 아니라 거의 전국에 걸쳐 조직되어 있었거든. 전봉준이 이끄는 남접 동학군과, 포교에만 힘을 기울이던 최시형의 북접 동학군이 힘을 합친 거야.

일본은 조선 관군과 연합군을 만들어 동학군에 맞섰어. 조정이 이미 일본의 손아귀에 들어간 거지.

10월 23일, 전봉준이 자신의 주력부대를 이끌고 공주로 진격했어. 일본과 관군은 그 길목에 진지를 튼튼하게 만들어 놓고 기다리고 있었지. 남접과 북접이 힘을 모으느라 시간을 끄는 동안 일본은 철저히 대비를 한 거야.

"와와!"

동학군이 함성을 울리며 쳐들어갔어.

"펑! 펑!"

일본군은 우금치 고개* 높은 곳에서 대포를 사정없이 쏘아 댔어. 기관총도 불을 뿜었지. 동학군에게도 대포와 총이 있었지만, 일본의 신식 무기에는 비길 바가 아니었어.

*우금치 고개_ 우금치는 충청남도 공주시 시내에 있는 주미산에 걸친 고개이다.

1만 명의 동학군은 죽음을 두려워하지 않고 공격했어. 동료들의 시체를 넘고 산비탈을 달렸지만 전세는 불리하기만 했어.

전봉준은 조선 관군에게 편지를 보내기도 했어. 함께 외적을 물리쳐야 하는 같은 겨레인데 어찌 총부리를 겨누느냐고 호통을 치기도 하고, 달래기도 했지. 하지만 일본군의 지휘를 받는 그들은 말을 들어주지 않았어.

세 차례에 걸친 대대적인 공격이 모두 실패로 돌아가자 전봉준은 눈물을 머금고 후퇴 명령을 내렸어. 밀고 밀리며 목숨을 걸고 싸웠지만 결국 우금치 고개를 넘지 못한 거야. 용맹만 앞세운 동학군의 주검이 우금치 고개 비탈에 가득 쌓였지.

동학군은 일본군의 대포와 말에게 쫓겨 사방으로 흩어졌고, 추격과 수색이 시작되었어. 비록 전투에는 졌으나 전봉준은 절망하지 않았어. 전라도 순창에 숨은 그는 다시 군사를 일으킬 준비를 하고 있었어. 그러던 중 옛 부하가 배신하여 관가에 고자질하는 바람에 붙잡히고 말았어.

일본군은 전봉준을 서울로 데리고 갔어.

"그대의 능력은 조선 역사상 어느 장군보다도 뛰어나오. 우리에게 협조만 한다면 최고 사령관 자리를 주겠소."

일본 공사는 전봉준을 꼬드기기 위해 온갖 꿀 발린 소리를 다했어. 전봉준은 눈을 감고 고요히 숨을 쉴 뿐 상대조차 하지 않았어. 하는 수 없이 일본 공사는 전봉준을 조선 조정으로 보냈어. 조정에서는 재판을 열었어.

일본 영사가 심문을 하자 전봉준은 두 눈을 번득이며 꾸짖었어.

"너는 나의 적이요, 나는 너의 적이다. 나는 너를 없애려다가 사로잡혔으니 너희는 나를 죽이면 그만이다. 아무것도 묻지 마라. 내 비록 적의 손에 죽기는 할지언정 너희들의 재판 따위는 받지 않으리라!"

잡혀가는 전봉준

기가 질린 일본 영사는 더 심문을 하지 못했어.

"네가 동학도란 죄인 무리의 괴수냐?"

조선 관리가 심문했어.

다시 전봉준의 카랑카랑한 목소리가 법정에 울려 퍼졌어.

"너희는 외적을 끌어들여 자기 백성을 해치는 무리이다. 나는 그것을 바로잡고자 일어났거늘, 어찌하여 내게 죄인이라 하느냐!"

전봉준의 호통에 관리는 땀을 뻘뻘 흘리며 심문도 제대로 하지 못했어.

하나마나한 재판은 사형을 선고하는 것으로 끝났어.

1895년 3월 29일 전봉준은 손화중, 최경선, 김덕명 등의 동지들과 기어이 사형에 처해지고 말았단다. 죽음을 눈앞에 둔 전봉준은 다음과 같은 시를 읊었어.

때를 만났을 때는

하늘과 땅이 힘을 모으더니

운이 다하니

영웅도 스스로를 어쩔 수 없구나

백성을 사랑하고 정의를 바란 것이

무슨 허물이 되랴

나라 사랑하는 일편단심

그 누가 알까

전봉준이 죽은 얼마 뒤, 일본은 눈엣가시처럼 여기던 황후 민씨마저 살해했어. 조선인 옷을 입은 일본 무사들을 경복궁에 들여보내 무참하게 죽이고 시체를 불태웠지. 이른바 을미사변*이야. 그 뒤로는 모든 게 일본 마음대로였어.

1905년, 일본은 을사보호조약을 강제로 맺어 한국의 외교권을 빼앗고 통감부를 만들어 조선을 다스리기 시작했어. 1907년에는 정미7조약을 맺어 한국 군대를 해산하고 고종 황제를 밀어 낸 후 순종 황제를 세웠어. 계단을 밟듯 일이 차근차근 이루어지자 일본은 이윽고 1910년에 한일병합조약*을 맺고 말았어. 1876년 강화도조약을 맺은 지 34년 만에 조선은 일본의 식민지가 되고 만 거야.

*을미사변_ 1895년(고종 32년) 일본의 자객들이 경복궁을 습격하여 명성황후를 죽인 사건이다. 일본 공사 미우라 고로 등이 친러파 세력을 제거하고, 일본 세력을 강화하기 위하여 일으켰다. 이 사건으로 신변에 위협을 느낀 고종은 1896년부터 약 1년간 왕궁을 버리고 러시아 공관으로 옮겨 거처하였다.

*한일병합조약_ 1910년에 우리 나라가 일본과 맺은 조약으로, 대한제국의 통치권을 일본에 넘겨 주고 합병을 수락한다는 내용이다. 대한제국의 내각총리대신 이완용과 제3대 한국 통감인 데라우치 마사타케가 형식적인 회의를 거쳐 조약을 통과시켰다.

전봉준이 죽은 이후에도 동학은 줄기차게 탄압을 받았어. 동학도를 신고하면 그 사람에게 상을 주었고, 가족 중에 동학도가 있으면 온 가족이 괴롭힘을 당했지.

그래도 동학의 불꽃은 꺼지지 않았어. 밟힐수록 뿌리를 잘 뻗는 잔디처럼, 동학도들은 보이지 않게 다시 힘을 넓혀 갔어.

일본군의 총탄에 쫓긴 동학군의 일부는 의병이 되어 싸웠어. 1910년, 3·1 만세 운동 때 3대 교주 손병희가 이끄는 동학도들이 전국적으로 참여했지. 그 뒤 만주와 중국으로 건너간 동학군들은 조선 독립군의 뿌리가 되었어. 그리고 1945년 해방이 되기까지 나라를 찾기 위한 싸움을 멈추지 않았단다.

탐관오리가 백성을 괴롭히고, 힘센 나라들이 조선을 삼키려 할 때 분연히 떨쳐 일어난 녹두장군 전봉준. 그는 꺼져 가는 조선의 마지막 등불이었고, 굳센 지킴이였어.

영웅의 죽음을 안타깝게 여긴 백성들은 노래로 슬픔을 달랬지. 오늘날에도 전봉준은 그 노래와 더불어 많은 문학 작품의 주인공으로 살아 있어. 영원히 지지 않는 겨레의 녹두꽃이 된 거야.

새야 새야 파랑새야
녹두밭에 앉지 마라
녹두꽃이 떨어지면
청포 장수 울고 간다

찾아보기

참고 도서

한국정신문화연구원, 『한국민족대백과』, 1997
북한사회과학원, 『조선왕조실록』
북한사회과학원, 『고려사』
일연 · 최호, 『삼국유사』, 홍신문화사, 1997
김부식 · 최호, 『삼국사기』, 홍신문화사, 1997
신채호, 『조선상고사』, 일신서적, 1995
임승국, 『한단고기』, 정신세계사, 1995
김대문 · 조기영, 『화랑세기』, 장락, 1997
한국역사연구회, 『한국사 강의』, 한울, 1997
이이화, 『이야기 인물 한국사』, 한길사, 1996
김동욱, 『재미있게 간추린 한국 인물 탐사기』, 오늘, 1996
이민수, 『한국의 역사 사상』, 삼성출판, 1985
고동영, 『규원사화』, 한뿌리, 1993
최종철, 『환웅 단군 9000년 비사』, 미래문화사, 1995
박영규, 『한권으로 읽는 조선왕조실록』, 웅진, 2004
박영규, 『한권으로 읽는 고려왕조실록』, 웅진, 2004
박영규, 『한권으로 읽는 신라왕조실록』, 웅진, 2004
박영규, 『한권으로 읽는 고구려왕조실록』, 웅진, 2004
박영규, 『한권으로 읽는 백제왕조실록』, 웅진, 2004
서의식 · 강봉룡, 『뿌리 깊은 학구사 샘이 깊은 이야기』, 솔, 2002
사마천 · 정범진, 『사기』, 까치, 1994
증선지, 『십팔사략』, 자유문고, 1998
이기훈, 『전쟁으로 보는 한국 역사』, 지성사, 1997
김산호, 『치우천황』, 다물넷, 2005
조중화, 『다시 쓰는 임진왜란사』, 학민사, 1996
이순신 · 노승석, 『난중일기』, 동아일보사, 2005

사진 제공 및 자료 출처

경주시청 p140 남산미륵곡석불좌상, p153 김유신의 묘/ **논산시청** p148 황산벌 전적지/ **엔사이버** p21 귀면기와,
p27 귀면 문고리, p72 광개토 대왕릉비/ **연합뉴스** p189 낙성대 3층석탑, p269 임경업 영정, p297 동학 희생자 위
패 봉안소, p303 잡혀가는 전봉준/ **이미지클릭** 표지 김유신 영정/ **장보고기념관** p174 연화문 수막새와 주름무늬
병/ **전쟁기념관** p85 을지문덕 동상, p91 살수대첩 기록화, p125 연개소문 기록화, p161 장보고 영정, p199 귀주
대첩도, p242 한산도대첩 기록화, p274 병자록/ **진도군청** p219 용장산성 왕궁지

＊이 책의 사진은 저작권자의 허락을 받아 게재했습니다. 저작권자를 찾지 못해 게재 허락을 받지 못한 사진은 저작권자가
확인되는 대로 사용료를 지불하겠습니다.